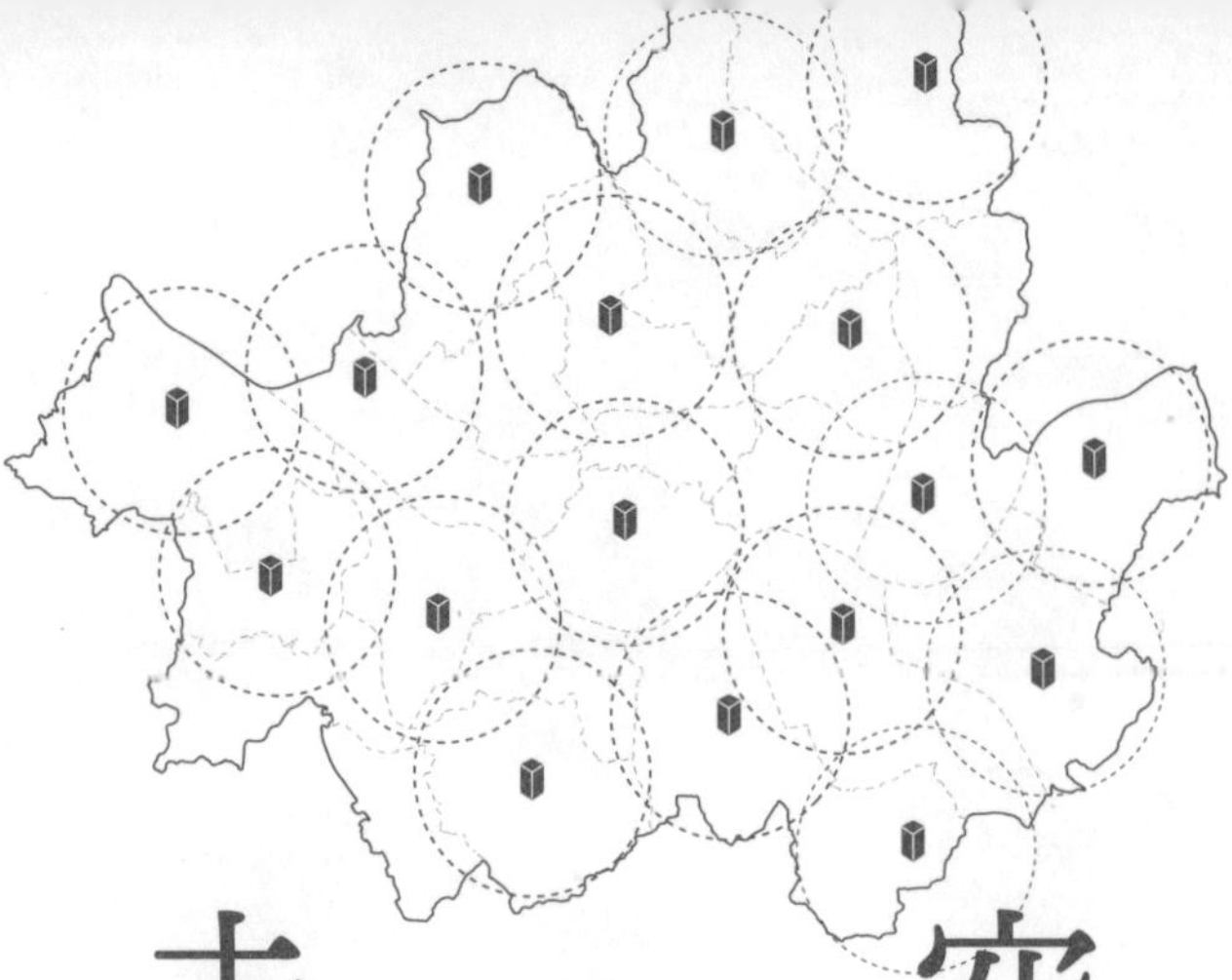

空間の未来

ユ・ヒョンジュン

オ・スンヨン 訳

WELCOME TO THE WORLD OF K-BOOKS
K-BOOK PASS
06
ARRIVED

CUON

空間の未来

공간의 미래 - 코로나가 가속화시킨 공간 변화

by Yoo Hyunjoon

First published in Korea in 2021 by The EULYOO Publishing Co., Ltd.
Japanese translation rights arranged with The EULYOO Publishing Co., Ltd.
through Imprima Korea Agency

This book is published with the support of
the Literature Translation Institute of Korea (LTI Korea).

日本語版序文

もっとも似ている二つの国

韓国にもっとも似ている国はどこかと訊かれたら、私は迷わず日本と答える。韓国にもっとも類似した文化的遺伝子を持っている国は日本だ。両国には共通点が多い。どちらでも稲作がおこなわれている。トーマス・タルヘルム教授の研究によると、稲を作る人々は個人より集団を優先する価値観を持つという。稲作は雨が多い地域でおこなわなければならないので、貯水池や水路を造る土木工事がしばしば伴う。集団労働が多いので、個人より集団を優先するようになったというのだ。稲を作るために、自分の田んぼと隣の田んぼは水路でつながっていなければならない。村の人々が互いに協力しなければ稲は作れない。だから稲作地帯の人々にとっては、近隣の住民と仲よく暮らすことが重要になった。一方、ヨーロッパのように一人で種を蒔き農業を営む麦作地域の社会では、個人主義が発達したという。数千年のあいだ稲作がおこなわれていた韓国と日本では、多くの面で共通の価値観が見られる。言語に関しても韓国語と日本語は語順が同じだ。主語の次に目的語が使わ

れ、最後に動詞が来る。このため私たちは相互の言語をたやすく学習することができる。私たちはともに漢字を使っている。だから日本へ旅行する際に漢字の看板を見ると、見慣れた風景だと感じる。また似ている発音の単語も多い。韓国語で「実現するのが難しい」という意味の「무리《ムリ》」は、日本語でも同じく「無理《ムリ》」と発音する。「가방《カバン》〔鞄〕」「온도《オンド》〔温度〕」「시야《シヤ》〔視野〕」なども同じ発音だ。「今、聞いたのは韓国語かな?」と思うほど似ている。

両国のあいだには異なる点もある。とくに建築の面ではかなり違う。どちらも夏に集中豪雨が発生するモンスーン気候なので、伝統家屋の屋根の形態は似ている。しかし違いもあり、建築が別々の形に発展した一番の理由は〈地震〉にあると思われる。二一世紀の韓国は高層マンションが多い国だ。集合住宅は鉄筋コンクリートを利用することでよりスピーディーに、リーズナブルな価格で供給できる方法だったので、大量に建てられた。しかし地震の多い日本では、高層マンションより低層の木造住宅が好まれる。木造住宅は地震の揺れに強いからだ。過去の建築史を見ても異なる点が多い。韓国は一五〇〇年から一七五〇年まで非常に寒冷な時代だった。その時期は朝鮮時代だったが、寒さのために床下に石を敷き、薪を焚いて温める〈オンドル〉という暖房システムが積極的に導入された。それゆえ朝鮮時代からは、すべての住居が一階建てで造られた。しかし日本では、地震が発生すると床が崩れるので、オンドルを使うことが不可能だったと考えられる。それゆえ日本の暖房システムは軽量な畳の部屋に火鉢を置く方向に発展した。だから韓国と同じ木造でも、二階建ての住居を都心に建てることができた。地震によって日本では早い時期から都市の高密度化が始まった。都市が高密度化して人口密度が高まると、自分の作った商品を購入する消費者が増える。都市の高密度化は商売をする人にとって有利な条件だ。消費者が多くなるので商業が発達し、職業の細分化も起こった。大工でも食べていけるし、うどん屋でも上手に営めば食べていける。だから日本には、韓国に比べて、歴史のある老舗が多い。商業が発達すれば新興富裕層が生まれ、かれらは既得権益層から権力を奪って社会を改革へと導く。日本は明治維新を通してアジアでもっとも早く近代化に成功したが、地震から導かれた密度の高い都市空間が大きな役割を果たしたと思う。

さまざまな相違点があるにもかかわらず、日本と韓国ではともに人口約一千万の都市が首都で、鉄筋コンクリートやエレベーター付きの高層オフィスビルが多く集まる都心を有している。何よりも、両国の人々の成長期の思い出はとても似ている。一九九四年、私がはじめてアメリカに留学した時、同じクラスに日本人の学生がいた。最初は気まずい関係だったが、二、三か月経つうちに一番親しくなった。まず二人とも英語が下手で、対話の相手として気楽だった。いろいろ話してみると、子供の頃から観てきた『マジンガーZ』『未来少年コナン』『ふしぎの海のナディア』『ドラゴンボール』『スラムダンク』のようなアニメや漫画を通して、すでに同じ思い出を共有していた。このような共通の思い出を持っていると、相互に理解しやすい。今でも私の一番好きなアニメは、宮崎駿監督の『天空の城ラピュタ』と新海誠監督の『天気の子』だ。似通った文化的遺伝子と若干の相違点を持っているので、日本と韓国は身近でありつつも互いに新鮮な経験を提供し合っている。韓国人が一番多く訪れる海外旅行先も日本だ。

日本から翻訳出版の提案をいただいた時は、心からうれしい気持ちになった。私の本が日本語で翻訳されれば、言語の壁を乗り越えて意思疎通することができる手紙になりうるからだ。前述した漫画やアニメを私が楽しめたのは、翻訳があったからだ。その意味で『空間の未来』の日本語版の刊行を提案し、誠心誠意尽くして翻訳してくださったオ・スンヨンさんに感謝とお礼を申し上げたい。そして出版のために尽力してくださったクオンのみなさまと代表キム・スンボクさんにも感謝申し上げたい。お二人の愛情と努力がなかったら、〈私の手紙〉を日本の読者に伝えることはできなかったと思う。

この本は、新型コロナウイルスの勢いがピークに達した時期に書かれた。現在は日常生活でマスクを外せるほどコロナの影響から解放されつつあるが、ここに書かれた内容はポストコロナ時代にも読まれる価値があると思う。ある人の本性を知るためには、危機に晒された時の様子を見るべきだといわれる。緊迫した危機の状況で本来の姿が現れるからだ。建築と空間、そしてその中の人間と社会も同じだ。コロナ禍のような危機に直面した際に見られる姿が、私たち人間と社会の断面を如実に見せてくれると思う。この本はそうした断面を見ようと努力した、一人の建築家の観察日記だ。私は二〇歳の頃からずっと、空間と人間の関係について考え続けてきた。建築空間は人間の姿を映す鏡と同じだ。建築空間を見ると人間の姿を類推することができる。建築空間が変われば人間は変わり、同じく人間と社会が変われば建築空間も変わる。新型コロナウイルスによって新たに知ることになった人間の姿と、よりよい社会を作るためにどのような空間が必要なのかについて、私の考えをまとめたのが本書だ。日本の読者に自分の話を聞いてもらう機会を得て、本当にうれしく思う。読書の時間が退屈なものにならないよう願いつつ、日本語版の序文を終わりにしたい。

ユ・ヒョンジュン

二〇二三年四月、ソウルにて

目次

凡例

・文本文中の（）内は原注、〔〕内は訳注を表す。また本文中につけられた［1］、［2］などの番号は訳注で、章末にまとめて掲載した。

・肩書きなどは執筆当時のものを記している。

はじめに

感染症は空間を変え、空間は社会を変える

偽りの預言者たちの時代

もっともハードなスポーツは何だろうか。野球からサーフィン・ボクシング・筋トレ・サッカー・バスケットボール・テニスまでをこなす万能スポーツマンの友人によれば、それはゴルフだという。筋トレの時には一つまたは二つぐらいの関節しか使わないが、ゴルフではつま先から頭のてっぺんまですべての関節を使う。だから関節の動きを一つでも間違えば、思うままにボールを打つことができないというのだ。未来予測も同じだ。いくつかの要素のうち一つでも間違えれば、的外れな結果になる。代表的な例は、歴史上もっとも偉大な未来学者といえる、アルビン・トフラーの「エレクトロニック・コテージ（electronic cottage）」という預言だろう。彼は一九八〇年の著書『第三の波』で、未来は情報化社会になると予測した。テレコミュニケーション技術が発達すれば、人々は出勤せず在宅勤務をすることになり、都市を離れ、森のコテージで暮らすことになると予測した。と

ころが技術は完成したものの、いざ蓋を開けてみると予測とは異なっていた。上司は部下が家で働くことを望んでいなかった。かれらは部下が自分より早く出勤して、自分の監視下で働くことを望んだ。インターネットやコンピューターが発達しても、相変わらず人々はオフィスに出勤して都市で暮らした。予測が外れた理由は、人間の権力欲求への本能を計算に入れなかったからだ。テレコミュニケーションが発達すれば、遠い国の様子もテレビやPCのモニターで見られるので、わざわざ海外旅行に行かないだろうという予測もあった。しかし、テレビの旅番組『歩いて世界の中へ』を観た視聴者たちはその様子を直接確認するために、飛行機に乗って海外に出かけた。予測とは裏腹に、ここ数十年間、海外旅行者の数は爆発的に増えている。その後、新型コロナウイルス感染症という変数が生じると在宅勤務が始まり、海外旅行に行く人も消えた。権力欲求より生存欲求の方がもっと大きかったからだ。こうした本能的要素の力がどの程度、いかに作用するかは予測できないので、科学者たちが一二時の方向へ進むだろうと未来を予測すると、だいたい二時や一一時の方向へ進むのだ。

元国立生態院長チェ・ジェチョン教授は、二〇二〇年のコロナ禍を地球温暖化による一つの現象として説明している。動物は種ごとに異なる方法でウイルスに対応する。人の場合、ウイルスが浸透すれば免疫システムが敏感に反応し、ウイルスを殺す戦略をとる。反対に多くの動物と接触し、無数の個体が群れをなして生きるコウモリは、ウイルスと共存する戦略をとる。そこでコウモリは体内にいろいろな種類のウイルスを抱え込んで生きることになる。このようなコウモリと接触すれば、人間はウイルス感染のリスクにさらされる。幸い人間はおもに四季が明確な温帯地域の都市に住み、コウモリはおもに気温の高い地域に棲息していた。だから両方の棲息地が重なる部分は少なかった。しかし地球温暖化が進み、熱帯地域に住んでいたコウモリが気温の上がった温帯地域（人間の生活空間）にだんだん移動することになり、人と出くわす可能性が増えた。このような状況の中、コウモリによってコロナウイルスが人間の世界に伝播したというのがチェ・ジェチョン教授の説明だ。したがって地球温暖化が進む限り、他の感染症が出現する可能性は高い。地球温暖化はシベリア凍土を溶かし、過去に活動していたウイルスやバクテリアが世の中に出てくる可能性も高める。シベリア凍土の中に凍ったまま閉じ込められているメタンガスも、空気中に大量に噴出され、地球温暖化を加速させるだろうという懸念も提起されている。私たちが生きている時代は気候変動や感染症の時代だといっても過言ではない。

新型コロナウイルスは集まることで生きるしかない人間社会を、集まることで危険にさらされる社会に変化させた。人間はつねに変化する世界を予測し、未来を知るために努力する。正確な予測だけが生存率を高めるからだ。五千年前のエジプトでは、ナイル川の氾濫を予測することができる人だけが生き残った。二一世紀の私たちも生き残るために、住宅の値段や株価を予測しようと努力している。そして今はコロナ以降の世界がどう変わるかを知りたがっている。そうしなければ生き残れないからだ。建築を専門としている者として私も、これからの空間がどう変化するか予測しようと試みた。この本はその推察の産物だ。未来を変える変数には技術の進歩・感染症・気候の変化など、さまざまな要素がある。ある変数は持続し、ある変数は消えるだろう。たとえば、今すぐにでも完璧なワクチンが開発されれば、感染症という要素は変数から消えるかもしれない。しかし技術の進歩や気候の変化という変数は残るだろう。したがってこの本を読む際は、予測の結果よりは思考の過程に重きを置いた方がよい。時代が急変し危機の時が差し迫れば、未来について語るありとあらゆる預言者が出現する。その中の多くは後代に偽りの預言者だと判明するだろう。なにしろ変数が多いので事実上、未来予測をすることは不可能だ。だから私も偽りの預言者になりかねない。こうしたリスクがあるにもかかわらずこの本を出すのは、より多様な分野の人々がより多様な角度から未来予測をした方が、望ましい社会へ進む可能性を高めると思うからだ。

マスクが作る関係と空間

四五センチ以内に入ってくる人は特別な関係の人だ。恋人や両親、子供などがその距離内に入ってくる。ところが満員のバスや地下鉄に乗った時は、見知らぬ人も四五センチ以内に入ってくる。満員のバスや地下鉄で不快に感じる理由だ。近い関係でもないのに、四五センチ以内に入ってくるので、気分がよくないのだ。時には見知らぬ人と近い距離にいても気分がよくなる場合もある。クラブで踊る時だ。入口では門番が私のように雰囲気に合わない人間を選別し、入場を阻止するものだが、だから中に入ることができたあなたは気分がよいのだ。もちろんあなたは気分がよくても、フロアの向かい側で踊っている相手はそうではないかもしれない。とくにその相手が後ろにさがったなら、それは明らかだ。このように関係は人と人とのあいだの距離を決める。そしてその距離は空間の密度を決める。空間の密度はその空間内の社会的関係を決める。コロナによる感染症は人と人との間隔を変えた。近い関係の人たちも遠くへ離れさせた。劇場・野球場・ホールに行けなくなった。人との間隔が変わると、人との関係も変わった。人との関係が変わると、社会も変わる。

対人関係の基本は相手の顔を見て、自分の顔を見せることだ。もっと近い関係の人とは身体的接触として握手をする。コロナはこの二つを不可能にした。他の動物と違って人間の目は、白目が多くの部分を占めている。他人がどこを見ているか、遠くからも認知することができるように進化してきたからだ、と科学者たちは説明する。動物は瞳の白目がほとんど見えないので、どこを見ているのか遠くから把握しにくい。人間が他の動物を圧倒できたのは、言語や表情などを通じて集団内で意思疎通を上手におこない、集団の規模を拡大できたからだ。私たちは高密度の空間を作り、その中でさまざまな人と関係を結び、他人の心理を把握しやすい方向へと進化してきた。心理を把握するのに一番大切なのは表情だ。ところがコロナのせいでマスクをしなければならない。マスクは顔を隠して表情のほとんどを隠す。人間は驚くほど微細な顔面の筋肉の動きを通じて、相手の心理状態を把握する。ところがオンライン授業やテレビ会議の際に、解像度の低い小さなモニターでは表情を把握しにくい。相手の状態がわからないまま会話を進めようとすると、不安やストレスが増幅する。最近の研究によれば、テレビ会議の画面から、大勢の人の表情を同時に把握しなければならないのも、違う種類のストレスを誘発しているそうだ。さまざまな理由で現在の状況では、人間関係は心の通じ合う深いものに発展しにくい。オフライン空間で作られる関係に比べ、オンライン上で作られる関係は皮相的なものになりやすい。このようなことがあちらこちらですこしずつ蓄積され、私たちの生活全体を変えつつある。

マスクは私たちの都市風景も変えている。マスクをした人々の街とそうではない街の風景は全然違う。建築にもこのような事例がある。かつて私たちの都市では、バルコニーに干された洗濯物から、内部にいる人々の生活を窺うことができた。そしてこのような姿が都市の表情だった時代があった。バルコニーの拡張により、このすべての表情は光を反射するガラスの後ろに隠れ、都市の姿は物寂しい印象になった。バルコニーに付けられたアルミニウムシャーシのガラス戸[1]のように、マスクは人々の表情を消してしまった。人々の感情が消された空間は物寂しい。昔、子供向けのテレビ番組『テレタビーズ』を観ると怖かった。理由を考えてみれば、テレタビーズの表情の変化があまりなかったからだと思う。テレタビーズは、まばたきをするか口をすこし動かすだけで顔面の筋肉の変化がまったくない。マスクをした人で満ち溢れるこの都市は活力を失い、だんだんテレタビーズ村になっていくようだ。

感染症、人類、都市

人類史において二〇二〇年は、新型コロナウイルスが全世界を呑み込んだ年として記憶されるだろう。「ニューヨーク・タイムズ」のコラムニスト、トーマス・フリードマンはイエスが誕生した年を起点に、イエス誕生以前を意味するBC（Before Christ）とイエス誕生以降を意味する紀元後AD（Anno Domini）を、これからはビフォーコロナを意味するBC（Before Corona）とアフターコロナを意味するAC（After Corona）に替えなければならないかもしれない、といった。それほど新型コロナウイルスは全世界的に莫大な影響を及ぼした。コロナによる感染症の衝撃は凄まじいが、五千年の人類史からすれば、感染症はさほど新しいものではない。文明が発生するには都市が必要だ。人口密度の高い都市を作るには、感染症の問題を解決しなければならない。最初の文明はメソポタミアやエジプトのような乾燥帯に発生した。乾燥気候は感染症の伝播が最小化する条件だったからだ。中世が終わってルネサンスが始まったのには、ペストという感染症の影響が大きい。ペストがヨーロッパを揺るがす過程で、千年間ヨーロッパを支配してきた教会の力が衰えたからだ。ある者は一九一九年の三・一独立運動[2]も、一九一八年に朝鮮半島を揺るがしたスペイン風邪により疲弊した環境が触媒になったかもしれないと主張する。このように感染症はつねに人類史に影響を及ぼしてきた。コロナによる感染症も反復する歴史の一つであるにすぎない。このような見方が、冷静にコロナ禍に対応する出発点だと思う。

コロナは今後、社会進化の方向を一五度ぐらい変えるかもしれない。が、コロナによって未来が一八〇度変化するようには見えない。多くの専門家はコロナによって既存の社会変化の方向が変わるのではなく、数十年間進行してきた変化の方向と同じ方向に加速度が増すだろうと予測している。既存の変化の方向とは非対面化・個人化・断片化・デジタル化を指す。現在の非対面消費のような変化は、一九九〇年代のインターネットの普及以来三〇年間進行してきたもので、コロナはその変化の速度を加速させている。過去数十年間オフライン空間でなされてきた多くの行為がオンライン空間に移行し、変化はコロナによっていっそう早まっている。世の中の変化にゆっくり反応しがちだった教育部〔日本の文部科学省に相当する行政機関〕と大企業も遠隔授業や在宅勤務を実行した。

今後、オンラインショッピング・在宅勤務・オンライン授業・遠隔診療の比重は増え、産業構造や都市空間構造の再構成が促されるだろう。テレコミュニケーションの発達により対面しなくても人に会えるので、感染症の危険を避けて大都市は解体されるだろうと予測する人もいる。しかし私はその意見には同意しない。デパートはオンラインショッピングやコンビニに代替され、学校の教室も減るだろう。在宅勤務・オンライン授業・遠隔診療が拡大すれば、閑散とした郊外に引っ越す人たちも出てくるだろう。自動運転が実用化すれば、郊外への人口流出はもっと増えるだろう。しかし、インターネットから情報を得てSNSやビデオ通話を通して他人とつながっても、人間はオフライン空間で多様な人たちに会えるチャンスを諦めないと思う。オンライン上だけの関係より、オンラインとオフラインのチャンスを同時に握る方が有利だからだ。恋愛している時にビデオ通話をすることができるからといって、手を握られるデートを諦める人がいるだろうか。同じくビジネスにおいても非対面方式のみよりは、非対面と対面の二つのチャンスを持った企業の方が有利だろう。だから今後もつねに大都市を好む人はいると思う。

経済的な理由だけではなく本能についても考慮しなければならない。私たちはしばしば人間が動物でもあるという事実を忘れている。数十万年間進化してきた遺伝子に刻印された動物的特徴は、意思決定のほとんどの過程で決定的な影響を及ぼす。人間には遺伝子に刻印された交尾の本能がある。コロナ禍の中でも人で混み合うクラブや相席屋〔異性と相席できる居酒屋やラウンジなど〕を見れば、なぜオフライン空間が必要なのかを理解することができる。身体を持っている人間がオフラインで人に会わなければならない理由はさまざまだ。だから過去五千年間そうであったように、今後も人間が集まろうとする傾向はさほど変わらないだろう。もちろん一四世紀のペストのように、どうしようもないレベルの感染症が発生したら話は違う。しかし私たちは一四世紀より進化したバイオテクノロジー（BT）を有していて、これから各国の政府と研究所などの連合対応システムもいっそう整うだろう。

空間の解体と再構成、権力の解体と再構成

私たちが目撃する多くの権力は、空間が生み出す見えない手によって作られる。一般的に視線が集まる場所に立っている人は権力を持つことになる。たとえば、教室で椅子はすべて黒板に向かって置かれている。教室で椅子に座れば、数十名の生徒は前を見ることになる。この場合、前に立っている教師が権力を持つことになる。学校は知識の伝達という機能を持つ。知識を得るために生徒

たちは教室に集合しなければならないし、知識を伝える黒板と教師を眺めなければならない。学校の建物や教室はこのような機能に合わせてデザインされている。ところがこうして作られた空間は付随的に、教師に権力を与える。整列して座っている子供たちは〈授業時間〉という時間的統制だけでなく、空間的にも動けないよう制約を受ける。私たちはこのような時間的・空間的制約から容易に逃れられない。その際の空間的制約が、つまり社会システムだ。空間から作られた社会システムが与える制約は、見えないところで人を操縦する。この時、空間が作る権力の大きさは、集まる人数に比例する。より多くの人が集まっているところでは、空間によってより大きな権力が作り出される。ところが感染症が蔓延している状態で、大勢の人が集合することはできない。生徒たちは学校に行く代わりに家で授業を受ける。教室で教師を眺めることとオンライン授業で教師を眺めることは、教師を眺めるという点では同じ行為だ。しかし、モニター上の教師を一人で眺めることと、教室で数十名のクラスメートと一緒に眺めることとは、空間構造が作り出す権力という観点でまったく異なる。一人で眺める場合、教師の権威は縮小する。もう一つの違いは、オンラインの講義動画には時間的制約がないということだ。いつでも自分が受けたい時に受ければよい。人に時間的・空間的自由を与えれば与えるほど、管理者の権力は縮小する。したがってコロナ以降変化する授業形態は、既存の学校の建築空間が作り出していた権力構造を壊すことになると思う。

場合によっては今後、学校機能の多くは、オンラインとオフライン空間に分けておこなわれるだろう。このように再構成された空間は、異なる形態の権力構造を作り出すだろう。インターネットのデータ通信速度が早くなるとスマートフォンが開発され、ケーブル放送が持っていたメディア権力が、ネットフリックスのような、インターネットを介して映画・ドラマなど各種映像を提供するOTT（Over-The-Top）企業やユーチューバーへ移行したのと同じだ。メディア権力の移行は広告の収益をどちらが多く占めるかによって明らかになった。二〇一九年秋に放送された韓国ドラマ『ストーブリーグ』が視聴率一位だったのに、広告収益の面では赤字だったという事実は衝撃だ。すこし前にユーチューバーたちの間接広告〔映画やドラマなどに商品を登場させて間接的に広告するマーケティング手法の一つ〕が大きな問題になったことも、道徳の問題を超えて、変化する世界における既存のメディアとニューメディアとの権力闘争の葛藤のように見受けられる。空間構造が変われば権力構造も変化する。私たちは今後数年間、急激に変化する権力構造の再編成を目撃することになるだろう。

このような変化をただ受動的に見物していてはいけない。明確な目標の下で、空間構造を再構成してデザインする必要がある。私たちの目標は何か。それは、より多くの人が幸せになる社会を作ることだ。そのためには明確ではないにしろ未来に関する青写真を思い描き、そうした世界のためにどのような空間構造が必要になるのか、準備するよう努力しなければならない。二〇世紀はじめにデパートやオフィスビルといった新しい建築様式が現れたように、ポストコロナ時代にふさわしい新しい建築様式が発明されなければならない。都市のスケールでの空間構造の変化も同時に起こる必要がある。あちらこちらで都市の再生や再建築も実施されなければならないだろう。全般的な空間のリモデリングが始められる時点に来ている。空間のデザインが変われば社会も変わる。この本を読みながら、どのような空間づくりがどのような社会づくりにつながるのか考えていただきたい。

最後に、この本の出版に助力してくださったウリュ文化社のキム・ギョンミン編集長、オク・ヨンヒョン室長、キム・ジヒョンさんに感謝申し上げたい。

訳注

［1］アルミニウムシャーシのガラス戸　韓国のマンションのバルコニーにはすべてアルミニウムシャーシのガラス戸が付けられており、戸を閉めてバルコニーを室内のように使っている。

［2］三・一独立運動　一九一九年三月一日に合わせて朝鮮全土に巻き起った日本の植民地支配に対する民族独立闘争で、以後一年以上にわたって、国内外で断続的に展開された。

1章

庭のようなバルコニーのあるマンション

中間層の家が〈部屋三つのマンション〉である理由

なぜ中間層のマンションは部屋三つにトイレが一つなのだろうか。私たちが当たり前のように思っている生活形態には、じつは必然的な背景がある。一九七〇年代、人々が田舎を離れて都市に移動する過程で、祖父母なしで両親と子供だけが住む「核家族」時代が開かれた。当時の韓国は、国民のわずか五パーセントのみが都市に住み、九五パーセントの人は田舎に住んでいた。今は九一パーセントの人口が都市に住んでいる。一九七〇年代から数十年のあいだ、人口の八六パーセントが田舎から都市に引っ越したのだ。人口が急激に都市に移動して住宅が必要になると、狭い土地にたくさんの家が密集した高層マンションが建てられた。増加する人口問題の解決のために、同時におこなわれた政策は「二人だけ生んで立派に育てよう」だった。このように両親と子供二人という「四人家族」が家族構成の標準になった。二人の子供が部屋を一つずつ使って夫婦が一つを使えば、部屋が三つ必要だった。部屋三つの間取りが標準モデルになったのだ。過去の仕事場は田んぼや畑だった。外で汗をかきながら働くので、出かける前に体を洗う必要がなかった。職場の同僚も親しくしているお隣さんだった。ところが都市で働き始めるようになるとすべてが変わった。まず職場の同僚は隣に住んでいるお隣さんではなくなった。勤務する空間も屋外ではなく室内空間に変わった。通勤の時もバスや地下鉄のような公共交通機関で、不特定多数の人と狭い空間に一緒にいなければならなくなった。このような環境の変化に伴い、出かける前に体を洗わなければならなくなった。毎日シャワーを浴びるライフスタイルが定着し始め、トイレにシャワーが設置された。こうして部屋三つとトイレ一つという中間層向けの間取りが完成した。部屋三つ・トイレ・キッチンを入れると中間層の住宅の大きさは、八五平米（約二六坪）という基準が作られた。時代が進むにつれて共働きの夫婦が増え、毎朝数人が同時にトイレを使う頻度が増すと、中間層向けの間取りではトイレが二つに増えた。

以前は部屋に敷布団を敷き、掛布団をかけて寝ていた。朝起きると布団を畳んで布団箪笥にしまい、その場所にちゃぶ台を置いて家族みなでご飯を食べていた。同じ場所が時間によって眠る場所になったり、ご飯を食べる場所になったりした。ちゃぶ台から食器を片付ければ勉強机になった。時間によって一つの空間が多様な用途で使われていた。女性の権利が伸長し始めると、家事労働を減らす方向に文化が発展した。洗濯機が常用されるようになり、布団を敷いて畳む労働を減らすために〈ベッド〉が使われ始めた。空間的にベッドは一日八時間だけしか使われないにもかかわらず、二四時間場所をとる装置だ。ベッドは空間を浪費する〈空間的贅沢品〉だ。一坪当たり二千万ウォン〔約二一九万円。二〇二三年六月現在のレート、一ウォン＝約〇・一一円で計算〕する家に住んでいるならば、ベッド一台当たりで四千万ウォンを使っていることになる。西洋でベッドを使う理由は暖房システムが〈オンドル〉[1]ではなかったからだ。暖房システムがオンドルの韓国の住宅で、一番暖かい場所は部屋の床だ。寒い冬は布団を敷いて床から近いところで寝なければならない。反対にオンドルのない西洋では床は冷たく、上にあがるほど暖かくなる。暖かい空気は上にあがり、冷たい空気は下にさがるからだ。そのため夜に寒い思いをしないために、床から高く上がったベッドを使わなければならなかったのだ。だから昔のベッドは今よりずっと高さのあるものだった。このような西洋のベッド文化が韓国に入って部屋は狭くなった。

リビングには四人家族が集まってテレビを観る〈ソファー〉も置かれた。ソファーもやはり場所をとる家具だ。床にちゃぶ台を置いてご飯を食べていたが、椅子に座って食卓で食事をすることになると、食卓を置いておく場所も必要になった。部屋という一つの空間が三つか四つの機能を持っていたのに、今は幾つかの異なる機能を持つ三つか四つの空間に分けられ、より広い家が必要になった。ベッド・ソファー・食卓を置き、家が狭くなった問題を解決する便法が〈バルコニー拡張法〉だ。すでに建てられた家は壊せないので、バルコニーを室内空間に転用する方法が選ばれたのだ。

八五平方メートル以上の間取りのマンションを建てると、税金の基準がいろいろ変わる。税制優遇の利点を維持するために、公式面積は八五平方メートルを維持しながら、もっと広い室内の住宅を建てなければならなくなった。窮余の一策として見出された方法が〈バルコニー拡張法〉だ。面積に含まれないバルコニーを拡張して家を広め、公式的に八五平方メートルを超えないマンションにする便利な方法だ。こうして室内面積を増やし、その増やされた空間に、品物をもっと買い入れることができた。子供時代は靴一足で一年を過ごしていたのに、今では数足の靴を持っている。洋服も増えた。所有物が何倍も増えた。バルコニーの拡張で手に入れた空間が生まれたので、もっと品物を買えるようになった。バルコニーの拡張は私たちの消費を拡大させ、結果的に製造業を活性化させる〈空間的触媒財〉となった。所有物が増えれば室内空間を拡大しなければならないし、空間を拡大すれば所有物を増やすといった循環の輪が生成される。私たちは豊かになったが、同時に空間と品物の拡大のためにあくせく生きている。品物を所有すればするほど、家はもっと狭く感じる。そうこうしているうちに二〇二〇年のコロナ禍は、私たちの家に違う形の変化をもたらした。

一五五パーセント増えた家の負荷

コロナによって「ふり飯《トルバプ》ふり飯《トルバプ》」という言葉が生まれた。食事の後片づけが終わって後ろを振り返ると、また食事の準備の時間になっているという意味だ。一日じゅう家で家族と過ごすことになったので生まれた言葉だ。在宅勤務をすればよいことばかりだと思っていたのに、意外にも以前よりストレスを受けるようになった主婦や社会人が多い。家も同じくストレスを受ける。会社に出勤していた大人が家で在宅勤務をし、学校に行っていた子供たちも家でオンライン授業を受ける。以前は平日の昼の時間帯に子供たちは学校に行き、働く大人たちは会社に行っていた。実質的に家という空間は、夕方七時から朝七時までの一二時間と、週末の四八時間を含めて、一週間に一〇八時間ほど使われていた。それ以外の時間帯の家は人口密度の低い空間だった。しかし、在宅勤務やホームスクーリングをすることになり、家で過ごす時間は7日×24時間＝168時間になった。家で過ごす時間が通常より一五五パーセントまで増えた。これは既存の家が耐えなければならない容量を一・五倍超えたことになる。家という空間が過負荷になると、使用者も不便を感じるようになった。実際に家で過ごす時間が増えれば、家の大きさもその分大きくなるのが望ましい。家で過ごす時間が一・五倍増えたので、反対に家が一・五倍小さく感じられるのだ。一日のうちで寝ている時間を除いて目覚めている時間だけを考えれば、家にいる時間は二倍に増えた。目覚めている時間だけを考えれば、家が半分狭くなった気がするだろう。

コロナ禍によって在宅勤務やオンライン授業など、たくさんのことを家でおこなうようになった。より多くのことを家でしようとすれば、もっと大きな家が必要だ。ところが今すぐ再建築するのは無理だし、大きな家に引っ越すことも難しい。だからといって職場から遠い郊外に移ることも難しい。このような問題に対して、今後二つの解決策が出てくると思う。

四都三村と家具の再構成

第一の解決策は、在宅勤務をしたりオンライン授業を受けたりしてもよい日は、地方で過ごすライフスタイルに変化することだ。一週間に四日ほどは都市の狭い家で過ごし、三日ほどは広い空間を楽しめる地方で過ごすのだ。ワンルームを狭苦しく感じるたびに、カフェに行って時間を過ごすのと同じだ。このように四日間は都市で三日間は地方で過ごせば、地方での消費が増え、都市と地方との均衡的な発展にもつながる。地域の均衡的発展のために、今の時代、住民票上の居住地を移すことは重要ではない。その代わり、ある人がどこの地域でどれくらい時間を過ごし、そこでどれくらい金を使うかが重要だ。交通と通信の発達で時間距離が短縮し、空間の意味が変わったので生まれた変化だ。

ところで、このようなやり方は時間的余裕のある人だけが可能だ。第二の方法として、一般人向けのより実質的な解決策は家具を減らすことだ。芸能人の「ファサ」は人気バラエティー番組『私は一人で暮らす』に出演したことがあり、ソファーの代わりに、寝室のベッドをリビングに置いて暮らす様子を見せてくれた。一人暮らしをしていると、気楽に横になれるベッドが一番楽だ。実際、韓国では、人はソファーに座るよりそこで横になることが多い。一人がソファーで横になると、他の家族は床に座ってソファーにもたれる。このようなソファーの使い方は韓国だけの特徴だが、床座生活をしてきた国民だから可能になる。どうせソファーで寝落ちするなら、ベッドがソファーを代替することができる。それに最近はリビングでテレビを観るよりは、ベッドで一人横になって、スマートフォンを見ることが多い。しかしベッドのある部屋はリビングより狭くて窓も小さいので、リビングより暗い。反対にリビングは面積も一番広く、窓も床まで伸びているので明るく快適だ。ホテルの部屋とマンションの部屋の違いは窓の下枠の高さだ。一

リビングにベッドを置いた空間構造

般的にホテルの部屋は窓の下枠が床まで届いているが、マンションの部屋は下枠の位置が高い。ベッドをリビングに移せば、空間的にアップグレードする。二人暮らしの場合、リビングは共通の空間なので難しいが、一人暮らしなら話は違う。すでにこのような形で、居住者によって間取りの解体と変形は始まっている。

四人家族が一つ屋根の下に暮らすことになれば、各自の部屋で生活しつつ、家族全員が集まる共有空間が必要だ。リビングと食卓が置かれる場所がこのような共有空間になった。リビングに集まって同じドラマを観るためにソファーが必要になり、四人が一緒に食事をする食卓も必要になった。ところが四人家族の構成は単身〜二人世帯に変わりつつある。現在、全世帯数の六〇パーセントが単身〜二人世帯だ。四人家族の構成は全世帯の一六パーセントにしかならない。四人家族が集まってテレビを観るのがソファーのおもな機能だったのに、最近はユーチューブやネットフリックスをスマートフォンかノートパソコンで見る。このような状況で単身〜二人世帯の場合、わざわざソファーとベッドを分けてそれぞれの場所に置いておく必要はない。リビングと寝室を一つに合わせて、ソファーとベッドを兼用すれば、より広い部屋を持つことになる。

昔はそれぞれ個人用の机と家族の集まる食卓が必要だったが、単身〜二人世帯の場合、机と食卓を分離する必要はない。一つの大きな机を多用途に使えばよい。リビングに大きなテーブルを置けば、食事を準備する時はキッチンの家具のように使い、食後はオフィスのデスクのように使える。もっと狭いワンルームの場合は、ベッドを折りたたむか天井に上げて隠す方法もある。最近、私がデザインした一人世帯の住居には、天井高を高くしてそこにベッドをリフトアップして収納し、ベッドが置かれる場所をオフィス空間として使えるようにした。かつての四人家族の時代はキッチンと食卓が一つに結ばれていたが、単身〜二人世帯の時代は食卓と机が一つに結ばれている。キッチン・食卓・リビングがおのずと一か所に集められたスリーベイマンション[2]の間取りは、将来的に、リビング・寝室・食卓・机が一つに結ばれた空間として再構成される方がよい。

既存の家は、寝る場所は寝室、休む場所はリビング、食事の準備はキッチンといった形で空間を分離していた。そして、それぞれの空間にそれぞれ違う家具が配置されていた。機能によって空間と家具を分けるのは、近代的思考の産物だ。現代社会では、機能によってものを分けるより、統合する傾向にある。たとえば、以前は電話機とコンピューターがそれぞれあったが、今は二つが合わされてスマートフォンになっている。最近は家族全員が一緒にテレビを観ることがなく、リビングで一人イヤホンをつけて視聴することが可能だ。その場合、誰かが隣の食卓で勉強をしていても、さほど苦にならない。一つの空間で数名の人々が多様に行動することができる、技術的ソリューションが用意されたからだ。消費と行動の個人化や技術的進歩は、空間の意味を変えつつある。現在は、このような傾向に合わせて家具の統廃合または融合がなされ、家具のあり方が新しいものに変化することが必要とされる時期だ。その変化は、最初は家具から始まり、建築の間取り上での部屋の区切りが変わる方向に進むと思う。

キッチンの新しい位置

新しい住居の間取りはキッチンが窓側に移動することになりそうだ。これまでは、キッチンは日当たりのよくない北側にあるのが一般的だった。昔は冷蔵庫がなかったので食べ物が傷まないように、日当たりの悪い北側に台所を造った。水仕事をもっぱら担う女性の社会的地位が低かったので、一番よくない場所に配置したという理由もある。流し台も壁に向かってデザインされ、台所仕事をするあいだ家族との関係は断絶していた。しかし現在は家族の誰もがキッチンで仕事をしている。料理を遊びと捉えて楽しむ文化も生まれた。そして人は以前より料理時に発生する匂いに敏感になった。収入が増えると最初は音に敏感になり、さらに増えると匂いに敏感になる。一九八〇年代になると人々は毎日シャワーを浴び始め、九〇年代に入ると男性も香水を使うようになった。

現在は料理の際、匂いが家中に広がることは好まれていない。だから私はワンルームのデザインをする場合にも、キッチンを通路側ではなく換気のよい窓側に配置する。ほとんどのワンルームの

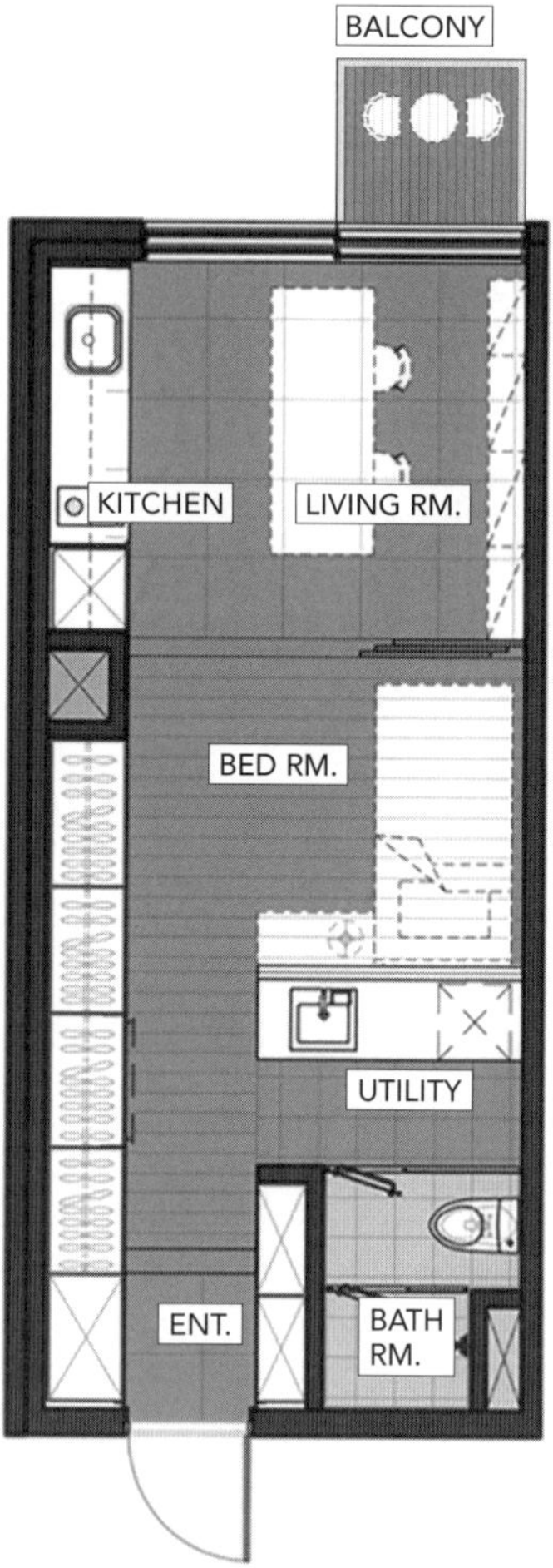

通路側にユニットバス、窓側にキッチンを配置したワンルームの間取り図。
ポスコ・ザ・ショップの新規需要対応型
スタジオタイプの間取り図（2020）、バルコニー型
（設計＝ユ・ヒョンジュン建築士事務所、イウェイ）

ⓒ 포스코건설

キッチンは、通路に面した玄関近くの内側に配置され、ベッドが窓側に置かれる。そうすると料理時に発生する煙や匂いはなかなか換気されない。また窓側で寝ると遮光カーテンなしでは熟睡しにくい。したがって、窓がなくてもよいユニットバスを通路側に配置し、ベッドは通路と窓の中間に配置し、窓側にはキッチンと大きなテーブルを置いた方がより合理的だ。昼はテーブルで仕事をし、食事の準備の時はノートパソコンを片付けて、料理テーブルや食卓として使用すればよいのだ。食後は窓を開けて換気し、ふたたび仕事に戻ればよい。そして窓側のキッチンの前に、小さくても屋外バルコニーがあればもっとよいだろう。何か料理を作れば、すぐに外で食事をすることができるからだ。

プライベートな外部空間の必要性

現在、都市で自然に触れられる場所はすべて公共空間だ。空が見える自然に触れることができるのは公園または道を歩く時だが、このような場所はすべて公の空間だ。現代都市において屋外の空間は顔を洗って身なりを整えて出かけなければ辿り着けない場所であり、名前を知らない他人と共有しなければならない空間だ。通常このような空間は、ソーシャルミックスがおこなわれるよい場所だ。しかし感染症のせいでソーシャルディスタンスを守るべき時代には、危険な空間にもなる。出かけないでソーシャルディスタンスを守れば自然に触れられない。庭やバルコニーがあれば外に出て空気も吸えるのに、それも難しい。国民の五〇パーセントは庭のないマンションに住んでいるし、マンションのバルコニーは拡張のせいで、室内空間になっているからだ。だからソーシャルディスタンスを守れば、自然から隔離された自宅軟禁状態になる。

今後、マンションはバルコニーのある構造に新築されるか、リモデリングされる必要がある。そのためには建ぺい率（敷地面積に対する建築面積の割合）や容積率（敷地面積に対する建築物の延べ床面積の割合）の許容範囲を引き上げなければならない。とくに建築物の立面からバルコニーが突き出していると、前の棟との距離を規定する建築法に引っかかる。韓国には、日当たりのためにマンションの棟と棟の距離を離す厳しい法律がある。この法律に従うと、既存のマンションに追加でバルコニーを付けるリモデリングは不可能だ。問題を解決するためには、突き出したバルコニーを棟と棟の距離計算から除外する法律の改定が必要だ。

バルコニーを造るとしても、既存のマンションに付いているバルコニーを、上階のバルコニーが覆ってしまっては意味がない。空が見えず雨が降り込まないバルコニーは、完全な屋外空間とはいえない。バルコニーを造るならすくなくとも、二階分の高さはあって、雨も降り込み、空が見える

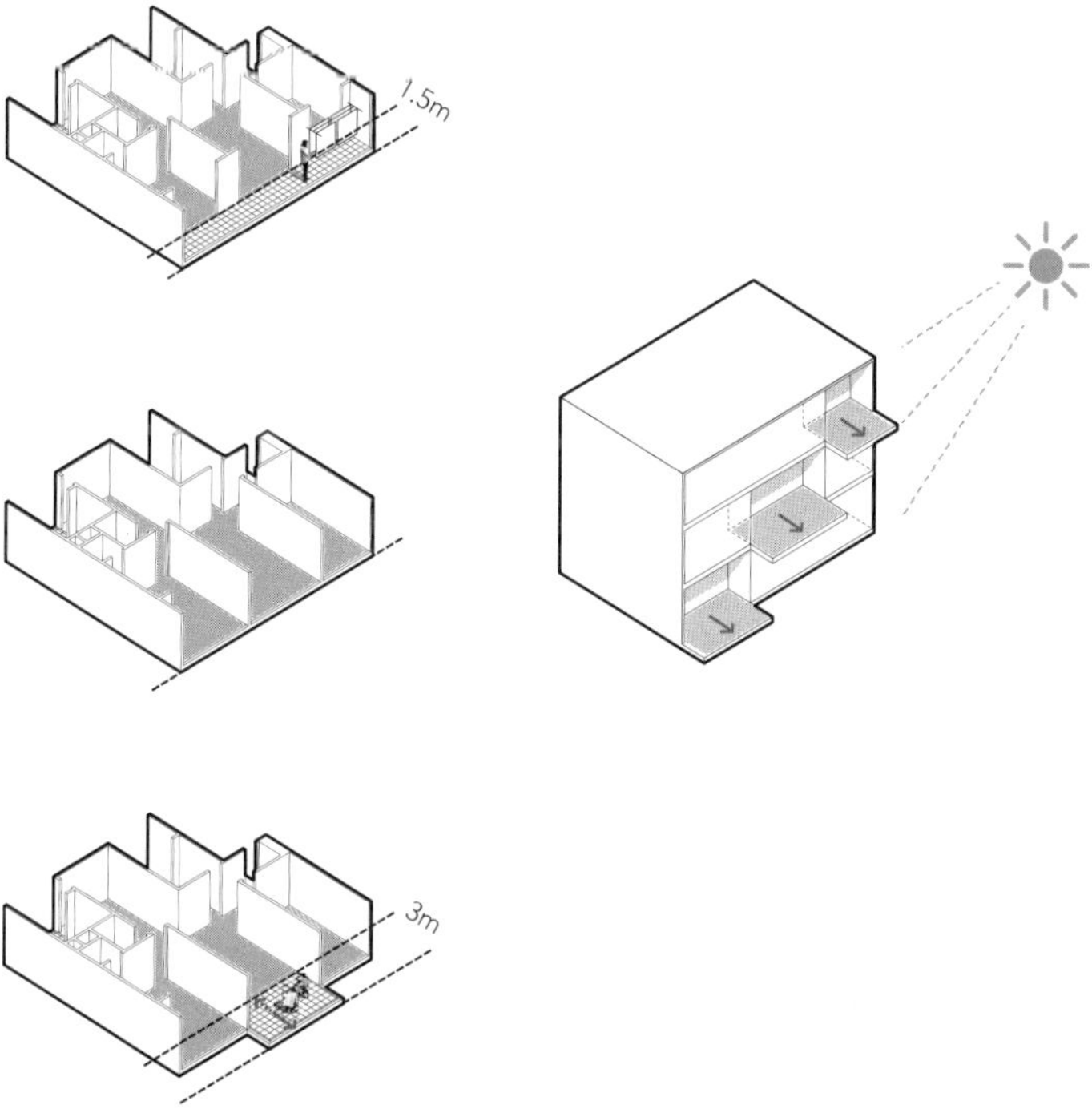

バルコニーを復元し（1.5メートル）、さらに1.5メートル分拡張したバルコニー。
階ごとにバルコニーの位置を変え、下の階の日差しが遮断される問題を解決した。

© 유현준건축사사무소

庭のようなバルコニーのあるマンション、アペールハンガン（設計＝ユ・ヒョンジュン建築士事務所）。
木を植えた花壇をバルコニーに配置し、庭のように設計した計画案。

ⓒ 유현준건축사사무소

ものにすべきだ。下の階と上の階のバルコニーを交差させて配置すれば、空に向かって開かれたバルコニーが完成する。もう一つの問題はバルコニーの幅だ。現在韓国の法律で、室内面積に含まれないバルコニーの奥行は一・五メートルだ。昔に建てられたマンションの場合は、壁の厚さと手すりを除けば一・二メートルあまりだ。そこでは洗濯物を干す以外、できることはあまりない。最低二・五メートルの奥行がなければ、二、三人が向かい合って座れない。三メートル以上になれば、庭のように使えるだろう。ところがバルコニーが広いからといって、かならずしもよいことばかりではない。長く突き出したバルコニーは下の階からすれば長い軒で、部屋に差し込む光を遮断してしまう。奥行の真ん中あたりで妥協するならば、バルコニー改築で消えた一・五メートルを復元し、その先に一・五メートル延ばして増築し、全長三メートルのバルコニーを造ることだ。そうすれば一・五メートルは軒のある区間になり、外側の一・五メートルは雨が降り込むテラスのようになる。下の階からすれば一・五メートルの軒が生じることになるが、その代わり自分の家にも三メートルのバルコニーができるので、日当たりの総量に損はないといえるだろう。以上の話は、既存のマンションをリモデリングしバルコニーを造るケースで、新築の場合なら、もっと積極的にデザインすることが可能だ。

木を植えるバルコニー

ミラノに建てられ、二〇一五年にエンポリス・スカイスクレイパー賞（Emporis Skyscraper Award）を受賞した「ボスコ・ヴェルティカーレ」の例を見てみよう。このマンションはバルコニーに木を植えている。建物の完成後数年が経ち、このマンションの立面はほとんど森になった。カナダの建築家モシェ・サフディがシンガポールに設計したマンション「スカイ・ハビタット」の場合も、多様な形のバルコニーが考案されている。デンマークに建てられた「マウンテン・ドウェリングス（Mountain Dwellings）」という集合住宅は、すべての世帯がテラスを持っている。OMA（Office for Metropolitan Architecture）が設計したシンガポールの「インターレース（Interlace）」も独特な形をしている。このようなマンションが韓国に建てられない理由は一つだ。現在の建築法に従って同じような建物を建てようとすれば、建ぺい率と容積率の損失が多すぎて、ビジネスにならないからだ。建築法とは良質の家を建てるために作られた法律だ。しかしその法律が良質かつ必要なデザインを邪魔する原因ならば、変えなければならない。ポストコロナ時代にふさわしい集合住宅の設計のために、さまざまな法律の廃止と改定が必要だ。

バルコニーに木を植えたマンション
「ボスコ・ヴェルティカーレ」

3つの連絡通路でつながっている「スカイ・
ハビタット」。多様な形のバルコニーがある。

型破りな形態のマンション「インターレース」

テラスのようなバルコニーがあるマンションの元祖は、イスラエル生まれの建築家モシェ・サフディが設計し、一九六七年カナダに建てられた「アビタ67」だ。この建物は工場で製造したコンクリートパネルを、現場に運んできて組み立てたものだ。寒い冬に工事をするのが難しいカナダの実状に適合したやり方だった。各世帯は上の階にあがるほど後ろにさがるような形だが、そうすることで正方形に近い、広い庭のようなバルコニーを持つことになった。このマンションの問題は、上の階にあがるほど世帯が後ろ側に置かれるので、その下に無駄なブランクスペースが多く生じることだ。デンマークの建築事務所BIG〔Bjarke Ingels Group〕は「マウンテン・ドウェリングス」で問題を解決した。このプロジェクトでもモントリオールの「アビタ67」のように、上の階にあがるほど世帯が後ろ側に位置するのだが、その下の空間は広々とした駐車場として使われている。韓国にこのような集合住宅ができない理由は法律のせいだ。このようなデザインは上から見た時、建物が占める土地の面積が大きい。その上マンションの棟と棟を離さなければならない法律を守ろうとすれば、既存の板状マンションより世帯数という面で大損するからだ。韓国では基本的にマンションの建物が占める面積を最小化し、棟と棟のあいだに最小限の距離を設けることが目標になる。そして棟と棟のあいだには、庭園を配置するのだ。高層ビルのあいだに庭園を配置する概念は、二〇世紀近代建築の巨匠ル・コルビュジエが提唱した概念だ。しかしそうやって造られた庭園が、現実的にどれくらい使われているかについては問うてみなければならない。実際、マンションの庭園はお

「アビタ67」の建設現場。事前に製造したコンクリートパネルを運んできて組み立てている。

庭のようなバルコニーのある「アビタ67」。
マンションの後方下層に無駄なブランクスペースが多いという短所がある。

すべての世帯がテラスを持っている「マウンテン・ドウェリングス」

隣さんたちに見下ろされてしまうので気楽に使えない。それにすこしは気を遣って洋服を着て、玄関を開けて、エレベーターに乗って、そこから降りてやっと辿り着ける場所だ。このようなハードルがいくつもあるものより、小さくても普段着のまま、顔を洗わなくても外に出られる我が家のバルコニーの方がずっと用に立つ。何よりポストコロナ時代にはソーシャルディスタンスを守りつつも、自然を楽しめるプライベートな外部空間が必要だ。今、私たちに必要なのは、マンションの庭園より自分のバルコニーなのだ。必要なら建築法を変えるべきだ。

壁式構造からラーメン構造へ

すべての住居は時代によって間取りのニーズが変わる。人類史を見れば、一人当たりの住居面積はだんだん増えてきた。先史時代の竪穴式住居と現代の住居を比較すれば、おびただしく広くなってきたことがわかる。所有物が多くなってきたからだ。私たちの身体の大きさはそのままだが、所有物は徐々に大きくなり種類も増えてきた。一九七〇年代の自分より、二〇二〇年の自分は、一〇倍ほどの靴や洋服を持っている。一九七〇年代の台所では、かまどでご飯を炊き、石油コンロでチゲ〔鍋料理〕を作って食べていた。一九八〇年代は集合住宅に引っ越し、火口が二つのガスコンロに変わった。今は火口が四つのものもあれば、冷蔵庫も観音開きタイプがある。以前はなかったキムチ冷蔵庫や空気清浄機も出てきた。最近では余裕のある家庭には洗濯乾燥機、食器洗浄機、スタイラー〔家庭用の衣類ケア家電〕もある。時間が経つにつれて所帯道具の種類も増え、サイズも大きくなった。問題は数十年前に建てられた集合住宅、とくに狭い台所がこのような変化を受容できなかったということだ。歳月とともに家族構成員やライフスタイルは変わってきたのに、間取りはそれに合わせて変えられない。理由は壁式構造で建てられているからだ。

建築物の構造は大きく壁式構造とラーメン構造に分けられる。屋根を壁で支えるか、柱で支えるかによって異なる見分け方だ。サンピエトロ大聖堂は壁で屋根を支えており、慶会楼《キョンフェル》[3]は柱で屋根を支えている。一般的に西洋の建築は壁で、東アジアの建築は柱で支えられているが、マンションは韓国で建てられているのに壁で支えられている。理由は、ラーメン構造のマンションを建てれば家のあちらこちらに柱が存在することになり、間取りを効率的に使えないからだ。柱を壁の中に隠そうとしても柱の奥行きの半分が突き出る。壁より柱の方が厚みがあるからだ。狭い家に数人の家族が住むためには、部屋を分ける壁が必要だ。その壁を構造体として使えば、室内面積を最大限使えるようになる。だから集合住宅はだいたい壁式構造で建てられている。壁式構造の問題は大きく二つある。一つ目は上下階の階間騒音トラブルだ。海外の場合は階間騒音があまり問題にならない。マンションにカーペットを敷き、室内で靴を履くからだ。韓国は靴を脱いで生活する上に、床が硬いオンドルなので、刺激による振動エネルギーが伝達されやすい。小学校の理科の授業で習った話をしてみよう。音を作る振動は気体よりは液体、液体よりは固体でより早く、そしてより強く伝達される。歩く時の衝撃はオンドルの床に伝わり、振動がそのまま壁に伝わる。階間騒音トラブルの軽減には壁式構造よりラーメン構造の方が適している。

壁式構造のより大きな問題は、変化する空間のニーズに合わせ、適切に変形しにくいということだ。壁を壊すと、とたんに家が倒れるからだ。リビングと部屋のあいだに窓を造るリモデリングもすることができない。現在、韓国の世帯全体の六〇パーセントは単身~二人世帯だ。実際にかれらが家を三つの部屋に分ける必要はない。ことによると大きな部屋一つと広いキッチン、リビングがもっと必要だ。ところが現在の壁式構造のマンションは、こうしたニーズに合わせて変形しにくい。だから実際に人々が必要とするデザインのマンションは探しにくい。もし韓国のマンションがラーメン構造だったら、変化した住居のニーズに合わせて変形し、適切に対応できただろう。このような形で建物を変形させた代表的な事例は、マンハッタンのソーホーに建てられた数々の工場だ。ラーメン構造であれば工場が潰れても、時代の変化に合わせて、ロフト式住居やギャラリーなど、多様な形に変えて使うことができる。ソウルの場合は聖水洞《ソンスドン》が代表的な例だ。工場地帯だった聖水洞の建物は、食堂・展示場・カフェなどとして使われている。改装して使うことができたので、壊され

工場を改装したロフト式住居

ずに存続できた。実際もっとも環境にやさしい建物は、太陽光発電装置を多く設置して環境にやさしい建材で造られたものではなく、ラーメン構造で建てられたものだ。これであれば時代が変わっても生き残るし、新築しなくてもよい。つまり、コンクリートや鉄の生産過程でおびただしく排出される二酸化炭素量を減らせる。もっとも環境にやさしい建築は、歳月の変化の中で生き残るラーメン構造のものだ。このようなラーメン構造を住居として生かせる法制度が必要だ。たとえばラーメン構造を七〇パーセント以上適用した場合は、高さ制限・階数制限を解除し、容積率にインセンティブを与えるなど、やさしい政策があってほしい。

木構造の高層ビルの時代

建築でもっとも大きな変化は建築材料の変化から始まっている。過去の東洋建築と西洋建築の一番大きな違いも材料から生じていた。ユーラシア大陸の西にあるヨーロッパは、年間を通じて降水量が各時期に分散され、雨が均等に降る気候だ。だから地盤が硬い。調達することができる材料も韓国にある硬質な花崗石と違って、加工しやすい大理石が多い。だから西洋建築は石やレンガのような重い材料を使用してきた。また同じ材料で壁を造り、それで屋根を支える構造の建物が建てられた。壁が構造体なので大きな窓を造れず、それゆえ建物の内部と外部が明確に区分されるようになった。雨が多く降る気候の東洋では、石のような重い建材を使えば、梅雨の季節、地盤が弱まる際に壁が倒れて家が崩れる。そこで東洋では軽量な木材を使用していた。だからおのずと木の柱が屋根を支える建物が建てられ、柱と柱のあいだに大きな窓を造ることができた。内部から外部を眺める大きな窓があるので、周辺環境との関係を考える建築が発達した。そしてこれは風水という地理学的理論も生み出した。

二〇世紀に入って建築は、鉄筋コンクリートと鋼鉄という新しい材料を迎えることになる。既存のレンガで造った壁や木柱の代わりに、コンクリート柱と鉄骨柱で建物を建てるようになった。エレベーターが発明され高層ビルを建てることができ、ニューヨークのマンハッタンのような摩天楼の現代都市を誕生させた。しかしここ一五〇年間、建材の変化はあまりなかった。つまり、建築界では一五〇年間、技術的革新がなかったということだ。このような建築に最近、大きな変化が二つ生じた。一つは3Dプリントという材料と構築方法の変化であり、もう一つは高層木構造の登場だ。3Dプリントとは文字通りに、プリントをするように、特定の材料を幾層にも積み上げて建築するやり方だ。この技術を利用すれば、建築の速度をかなり早められる。低所得層のための一階建て住宅を四千ドル（約四五〇万ウォン〔執筆当時〕）という価格で、たった一日で建てられるレベルだ。コンクリートの型枠を造る必要もなく、既存の建築工事のように材料を切り捨てることもないので、最小限の材料で建てられる。こうした面で環境にやさしいといえる。しかしこの工法を常用化するには、現在の建設機械を大規模に交替する産業生態系の変化が必要だ。技術的に解決すべき部分も多い。というわけで、これから相当時間がかかると思われる。

二一世紀の建材で二つ目の革新は新しい形態の木構造だ。木構造は大きく二つに分けられる。軽量木構造と重量木構造だ。軽量木構造は角材で建てた家で、アメリカの郊外でよく見かける二階建ての住宅だ。重量木構造は韓国の伝統家屋である韓屋《ハノク》のような構造のものだ。太い木柱と梁を利用して建てた木骨造の建築だ。現代の建材技術では接着剤で何重にも板を貼りつけて、既存のものより強い木材が作られている。一九

カナダ、バンクーバーのUBC〔ブリティッシュコロンビア大学〕大学寮。18階建ての木構造。

© UBC Public Affairs

© UBC Public Affairs

木構造の高層ビル、UBC大学寮を建てている様子

© UBC Public Affairs

九八年にオーストリアで構造用集成材が開発されて以来、木造の高層ビル競争が始まった。二〇〇九年にイギリスのロンドンで、最初の木造ビル「スタッドタウス（Stadthaus）」が建てられた。高さ二九メートルの九階建てだ。二〇一九年ノルウェーで、高さ八五メートルの一八階建て、世界最高層の木造ビル「ミョーストーネット」が完成した。すでにカナダをはじめいくつかの場所で高層オフィスを木材で建てた事例があり、日本では高さ三五〇メートルの木造ビルを二〇四一年に完工する予定だと発表されている。

最高の環境親和的建築

木構造は四つの側面で環境親和的だ。第一に、木構造はラーメン構造であるため、年月が経過しても他の用途に変更して使用可能で環境親和的だ。第二に、木材で建てた建築物は部分的に補修して長いあいだ使用することが可能だ。浮石寺《プソクサ》の無量壽殿《ムリャンスジョン》のような木造建築物が七百年近く長期間存続している理由は、木が腐ったり壊れたりすれば部分的に補修・交替して使えるからだ。部分的に補修しやすい木造建築は、長いあいだ使える環境親和的建築だといえる。第三に、木材で建築すれば、セメントや鋼鉄生産の際に生じる、おびただしい量の炭素排出がない。第四に、木は育ちながら空気中の炭素を吸収し、建材として使われるあいだは炭素を保管するので環境親和的だ。基本的に木は二酸化炭素を吸収し、酸素を排出する光合成をしながら育つ。この過程で炭素を自らの内部に吸収して蓄える。木は内部に炭素を持っているので、燃やせば火を起こせるのだ。ところが、問題は木が燃えたり腐ったりすれば、空気中にふたたび炭素が排出されるという点だ。これを阻止する一番よい方法は木を建材として使い、腐敗させないことだ。木を育てて建材として使えば、炭素排出を減らすという消極的な姿勢ではなく、問題の原因である大気中の炭素をなくすことになる。これほど積極的な環境親和的建築はない。したがって都市の高層ビルを木構造で建てることができれば、地球温暖化を防ぐ革命になり得るだろう。

ポストコロナ・マンションの五原則

さまざまな状況を総合すれば、ポストコロナ時代のマンションデザインの原則は、次の五つにまとめられる。第一は「一世帯一バルコニー」だ。幅二・五メートル以上のバルコニーを造り、どこの家でもプライベートな外部空間を持つようにする。第二は「ソーシャルミックス公園」だ。団地の一階の敷地を積極的に開放し、マンションの住民だけではなく、誰もが公園・商業施設・文化施設を使うことができるようにする。第三は「ラーメン構造」だ。既存の壁式構造ではなくラーメン構造で建物を建てて、変化する時代状況の中でも再建築はせず、変形して使えるようにする。第四は的に構成するのだ。小さなサテライトスクール、シェアオフィスなどを小分けにして住居と混ぜて配置すれば、交通量も減らせて感染症の伝播も減らせる空間構造になるだろう。第五は、環境親和的な木構造を使うことだ。環境問題や地球温暖化の阻止のための大きな手助けになるだろう。以上の五つの原則で都市や建築をアップグレードすれば、新しい空間を持つ新しい社会で私たちは暮らすことになる。

訳注

［1］オンドル　寒冷な地域が多い朝鮮半島などで誕生した床暖房システム。昔はかまどで薪や練炭を燃やし、その熱を利用して床下に敷かれている石を暖めた。最近は水が通るパイプを床下のセメントの中に敷いて、ガスで水温を上げ、床全体を温めるシステムに変わった。

［2］スリーベイ　建築用語でベイ（bay）とは柱などの構造物と構造物のあいだの空間を指す。転じて、マンションで日差しが入る部屋の意。スリーベイとは、リビングを含め日差しが入る部屋が三つあることを指す。

［3］慶会楼　朝鮮時代の宮殿、景福宮《キョンボックン》で臣下が参席する重要な宴会を開いたり、外国の使節を接待したりする宴会場として使われていた。二階建てで壁はなく、柱のみで屋根を支えている。

2章

宗教の危機とチャンス

宗教と空間

二番目のテーマとして宗教を選んだのは、宗教ほど空間と権力のメカニズムを克明に見せてくれる分野はないからだ。このメカニズムは後で学校と会社のことを理解するのに必要なので、それら二つのテーマに先立って宗教について述べる必要がある。コロナによってもっとも影響を受けた分野の一つは宗教だ。その中でもキリスト教のように、一週間に一回以上集まる宗教団体は、大きな影響を受けただろう。宗教は目に見えないものを信じる。したがって昔から、目に見えないものを信じさせるために、目に見える空間を多く利用してきた。最初の宗教的空間といえるのは壁画が描かれた洞窟だ。アルタミラ洞窟に行けば、天井に各種の動物が描かれている。自然によって作られた室内空間に、人類が崇拝していた牛のようなトーテム・アニマルを描いて、空間を神聖化した。言語が発達する以前の人間は、絵を通してより具体的に意思疎通をすることができただろう。先史時代人は、絵で装飾された空間に人を立ち入らせることで、宗教的に特別な経験をすることができるようにした。当時崇拝されていたトーテム・アニマルを描いたアルタミラ洞窟は、人間の頭脳の中にあった想像の世界を空間的に具現したものだ。

アルタミラ洞窟は壁や天井の絵に囲まれた空間だったが、このような空間は建築技術が発達するとステンドグラスのあるゴシック聖堂に変わり、現代にいたってはテーマパークになった。ユニバーサル・スタジオのハリー・ポッターのテーマパークに行けば、「ハリー・ポッター」という仮想の世界に吸い込まれ、現実と物語の世界区分が曖昧になるような経験をする。ハリー・ポッターのテーマパークの中で「ハリー・ポッター」は実在する。五千年前の人類が松明を持ってアルタミラ洞窟に入った時には、今私たちがハリー・ポッターのテーマパークに入る際に感じる体験以上の没入感を得ただろう。目に見えないものを信じさせる一番よい方法は、空間で体験させることだ。アルタミラ洞窟で松明を持って絵を眺めていた人間は、ステンドグラスの発明のおかげで、ゴシック聖堂で日差しを利用した色彩豊かな絵画を鑑賞することになり、現代

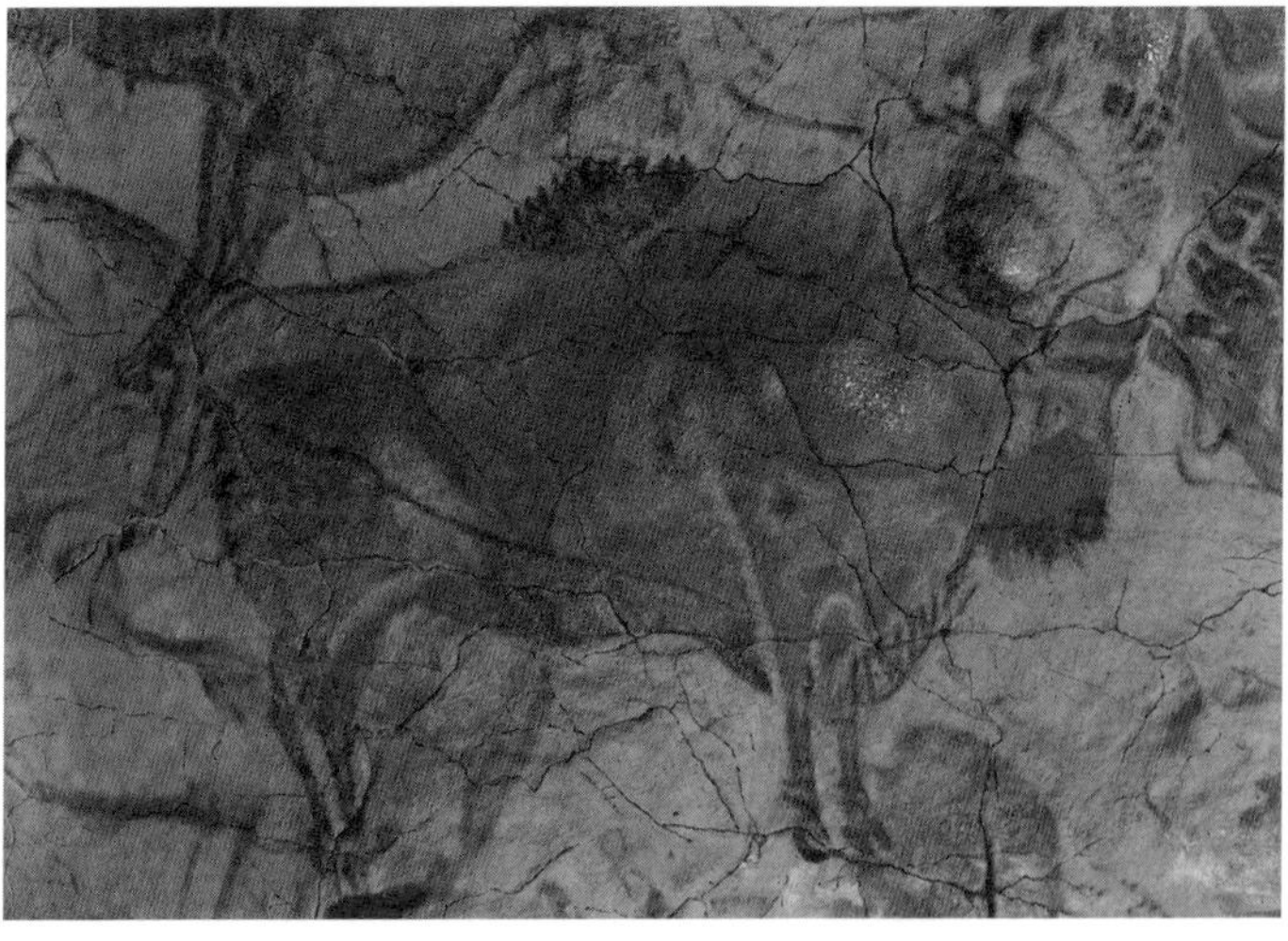

旧石器時代の洞窟遺跡、アルタミラ洞窟の壁画。牛のようなトーテム・アニマルが描かれている。

聖堂のステンドグラス。聖書の中のエピソードが描かれている。窓を通じて入る光が神秘性を高める。

ユニバーサル・スタジオにあるハリー・ポッターのテーマパーク。
「ハリー・ポッター」の世界に入っていくような感覚にさせる。

ではAR（拡張現実、Augmented Reality）とVR（仮想現実、Virtual Reality）を利用してテーマパークを体験することになった。松明・ステンドグラス・VRのように、いかなる時代でも当代の最先端技術は想像を空間化することに利用された。そのすべては目に見えないものを信じさせるための努力の産物だ。

壁と階段の発明

アルタミラ洞窟に絵を描いていた人類は、およそ一万年前に集団の規模が大きくなり、力を合わせて大型建築物を建てられるようになった。この頃はじめて人類は洞窟から出て「ギョベクリ・テペ」のような建築物を残した。この宗教建築物は円形の壁に囲まれた空間で、そこでは洞窟と似たような体験をすることができる。人間が人工的な建築物をもって洞窟のような空間を再現したのだ。ところで、骨が折れる作業であるにもかかわらず、このような建築物を建てる理由は何だろうか？洞窟は遠くに離れていていてしょっちゅう行けないし、天然の洞窟を見つけることも大変だったはずだ。狩りや農業のためには平地が必要だが、おもに山中にあった洞窟は日常生活の空間と離れすぎている。集団の規模が大きくなり、人間が巨大な石を運べるぐらいの能力を持つようになると、遠くから石を運んできて洞窟と同じ空間を作った。それがギョベクリ・テペだ。人類は居住地の近くに、石

フランスのラスコー洞窟。外部から遮断された空間の雰囲気が伝わる。

トルコ南東部にある新石器時代の遺跡「ギョベクリ・テペ」

© Teomancimit/Wikimedia Commons

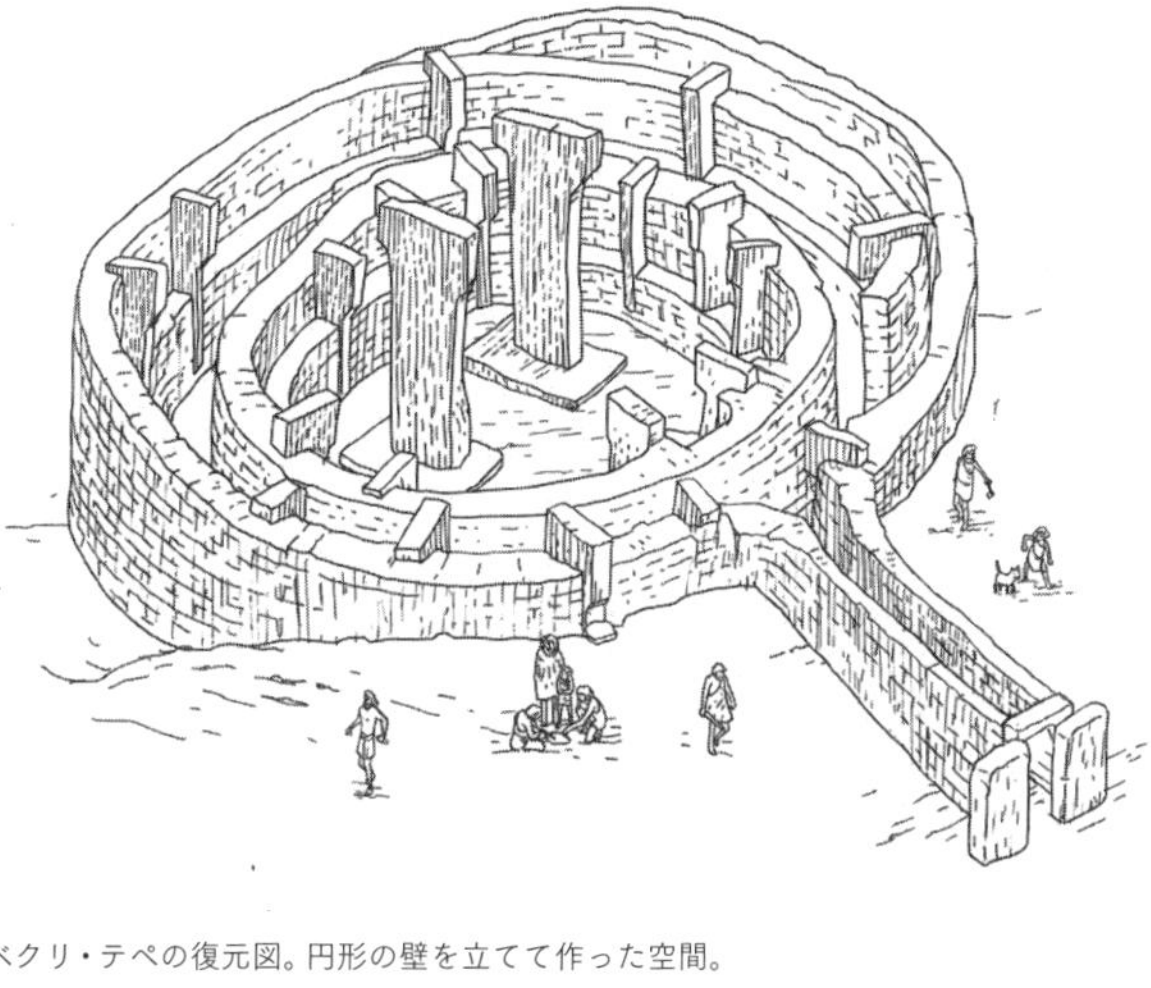

ギョベクリ・テペの復元図。円形の壁を立てて作った空間。

の壁に囲まれた、洞窟に似た神聖な空間を作れるようになった。しかし文明の初期段階、このような空間を作る際に人類はまだ屋根を載せる技術を持っていなかった。ギョベクリ・テペは洞窟の壁までは再現できたが、洞窟のように石の天井を造る能力がなかった時代の建築物だ。洞窟のように丸い天井を造る技術は、八千年以上が経ち、ローマのパンテオン神殿を建てる時代に完成された。

紀元前八五〇〇年前に建てられた宗教建築物ギョベクリ・テペは、円形の壁だけを築いて世俗の空間と神聖な空間を分離した。その中に巨大な石を立てて、石の表面に人間と動物の姿を彫刻した。人類最初の宗教建築物であるこの建物は、空間構成的に区分されたスペースを作ることに目的があった。氷河期以降、地球の温度が上がると乾燥した気候になり、一部の地域では森が消えて砂漠化が進んだ。人々は水を求めて川辺に集まり、人間はそこで農業をしながら都市を作ることになった。それからより大勢の人が集まると、周辺部族から自分を安全に守ってくれる、城壁で囲まれた内部空間を作った。建築的に円形に築かれた城壁は、ギョベクリ・テペの壁を平面で数百倍拡張したような姿だといえる。

より大勢の人が集まるようになると、より大勢の人を結びつける新しい宗教的空間体系が必要となった。ギョベクリ・テペの内部には、数百人ぐらいが同時に入れる。数千人が住む城郭都市には、数千人がともに集まれる宗教空間が必要だった。人口五千人の都市を作った人類は、集団規模の拡大のおかげで、より多くの石やレンガを運び、より高い巨大な石山のような建築物を建てられるようになった。建築を通じて宗教権力を築く新しい方法は〈高さ〉だった。

祭司長とアイドル

メソポタミアの「ウルク」は世界最古の都市が作られた地域だが、石材が得られる場所ではなかった。そこで一番簡単に手に入る材料は川辺の泥土だったため、それでレンガを焼いて築き、「ジッグラト」という神殿を建てた。ジッグラトは建築空間を利用して権力を作り出す新しい方法を示している。つまり、階段を利用して〈高さの差異〉を作り出す方法だ。当時の神殿建築は現在のように室内空間を作り、その中で礼拝を捧げる建築物ではなかった。ひたすらレンガを高く築いて階段を造り、その頂上にあがって祭司をおこなう建築物だった。最初の神殿建築の目的は室内空間を作るのではなく、高い祭壇を造ることだった。祭司長は一年に何回か時を決め、高い祭壇の上にあがって祭司をおこなう。祭司長は豪華な服を着こなし、複雑な祭司の儀式に従ってパフォーマンスを繰り広げる。平地にいる人々は祭司長を見上げる。反対に祭司長は数千の人々を見下ろす。この時、見下ろすと同時に視線が集まる祭司長に権力は集約される。二一世紀でも日常的に私たちはこれに似た経験をする。コンサートのステージ上のアイドルたちは、華麗な照明と切れのよいパフォーマン

ジッグラト。高所へと上がる階段がひときわ目立つ。

スで観客を魅了する。観客は数千人の群衆と一緒にアイドルを見上げる。ステージで踊るアイドルは古代の祭司長とさほど変わりはない。〈偶像〉を意味する〈アイドル〉という単語が、ステージで歌って踊る歌手を指すようになったのは、このような理由からだ。

私が作った〈空間と権力の第一原則〉は〈同じ時間に、同じ場所に人々を集めて、同じ方向を眺めさせれば、その視線が集まるところに権力が作られる〉というものだ。古代メソポタミアの人々は、このような空間的環境整備のために、高さのある神殿を建てた。チグリスとユーフラテスの川辺の平地で、すべての人は同じ目の高さを持つことになり、権力的に平等な関係を有していた。ところが、そこにジッグラト神殿が建てられて高さの差が生じ、均質だった権力の場が壊れ、一番高いポイントに力が集まる。高い位置から見下ろす者もいれば、仰ぎ見なければならない者もいる。このような目の高さの差異が視線を一点に集中させ、権力の位階を作り出す。一般的に高いところは面積が狭く、低いところは広い。重力に対抗して安定を保つためだ。だから山の裾野は広く、頂上は狭いのだ。当然高いところを占める者は少数で、かれらは大勢の人から視線を受けて少数の権力者になる。まるで何もなかった宇宙空間に太陽が生まれ、重力場が生じ、周辺の惑星が公転するように、ジッグラトの高みは周辺に権力の重力場を作る。

かつて洞窟には数十人が同時に入れたと思われる。ギョベクリ・テペ神殿には多くて数百人程度が入れたと推測される。メソポタミア文明は五〇メートルの高低差を持つジッグラトを建て、数千人の人々を同時にコントロールしうる宗教を持つことになった。このような宗教建築を有する組織は、規模拡大とともにより大きな力を発揮することができるようになり、周辺の村を圧倒し征服するようになった。

神殿と焼肉屋

宗教は建築空間を作り、その空間の中で人々の心を一つに集め、その空間の中で視線が集まるところに立った者は権力を持つ宗教指導者になる。こうした空間での集会の回数が多ければ多いほど、規模が大きくなればなるほど権力は拡大する。ジッグラト神殿が建てられてから数千年後、キリスト教は礼拝堂という空間を発明した。既存の宗教形態は供犠の形を取っていた。動物を殺して血を流させ、肉を燃やして煙を立ちのぼらせる儀式が、宗教のおもな行事だった。当時の人々は神が空に存在すると信じていたが、人間の作り出すものの中で、重力に逆らって立ちのぼるものは煙しかなかった。それゆえ肉の脂を燃やす時に出る煙を、空に立ちのぼらせることが供犠になったと思われる。私たちは今、そのような儀式を焼肉屋でおこなっている。違いは換気扇で煙を排気する努力をしていることだ。現代都市の焼肉屋は、動物の肉を燃やして煙を出すことだけを見れば、かつて供犠をおこなっていた神殿の末裔ともいえる。

過去の供犠中心の宗教を、供犠のないものに変えた革命的な宗教がキリスト教だ。キリスト教ではイエスが自ら生贄になり、十字架にかけられ血を流して死んだおかげで、これ以上、人は供犠をおこなう必要がなくなったと教える。イエス自身が罪の身代わりの生贄になったのだ。それでイエス以降の礼拝は説教を受ける行為に変わった。これは宗教建築に大きな変化をもたらした。過去のソロモン神殿・パルテノン神殿・パンテオン神殿の共通点は、動物の死体を燃やす供犠がおこなわれる建築物だったという点だ。そこではおびただしい量の煙が発生していた。人口百万の古代都市ローマを想像してみれば、あちらこちらの神殿で肉を燃やしていただろう。ところがキリスト教では、そのような供犠はおこなわれていない。その代わり人々が集まって宗教指導者の説教を受ける形に変化した。

過去の供犠が数人の祭司長たちによる行事だった一方で、新しく登場したキリスト教の礼拝は大勢の人々が頻繁に集まるものに変化した。だから大きな空間が必要となり、最初の集会は屋外でおこなわれた。迫害されていた初期キリスト教時代は、地下墓所のカタコンベに隠れて礼拝を捧げたりしていた。しかし、キリスト教がローマ帝国の公式宗教になってから事情は変わった。キリスト教徒たちの手に資金と技術が入った。大勢の人々がたやすく室内空間に集まって、説教を受けられる建築物を建てられるようになった。当時は法廷や市場の機能を持つ「バシリカ」という場所に、一番大勢の人が集まっていたが、バシリカの建築様式が教会建築の標準になった。そしてこの場所をより宗教的なものとして示すために、その時代の最高の神殿であるパンテオン神殿のドームを象った屋根をバシリカに載せた。上から見た平面図はキリスト教の象徴である十字架の形に変えた。こうして私たちの知っている教会の標準モデルができあがった。ローマのサンピエトロ大聖堂をはじめ、多くの教会がそのような形をしている。

巨大な建物を建てようとすれば正方形にしにくい。理由は壁と壁とのあいだが広すぎると屋根を載せにくくなるからだ。それゆえだいたいの大型の建築物は長方形だ。当時可能だった最大限の幅の屋根を造り、その幅を維持した状態で一方向に長く延長すれば、長方形の平面になる。バシリカの建物がこのような形で建てられると、それを真似た教会建築も一方向に長い形で建てられた。長方形の場合、権力の空間は短辺に位置する。理由は、短辺は長辺に比べて希少性がより高いからだ。長方形の短辺に祭壇を配置し、反対側には入口を配置する。入口から遠く離れれば離れるほどより尊い場所になる。韓国の食堂の席次の原則も、上座は入口から一番遠い。会社でも部長の席は入口から一番遠い窓側に位置する。もともと権力者の席は動線の終わりに置かれる。こうして礼拝堂に入って椅子に座る人は、いやが応でも前方の祭壇を眺めることになる。

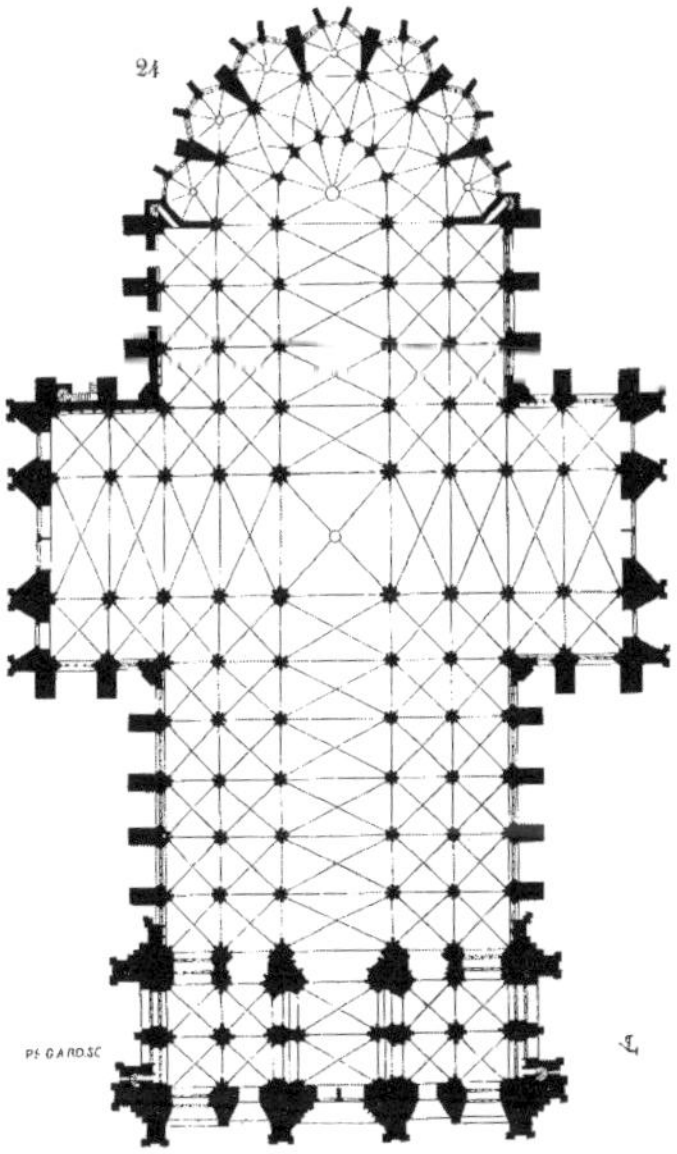

ドイツのケルン大聖堂の平面図。十字架模様になっている。

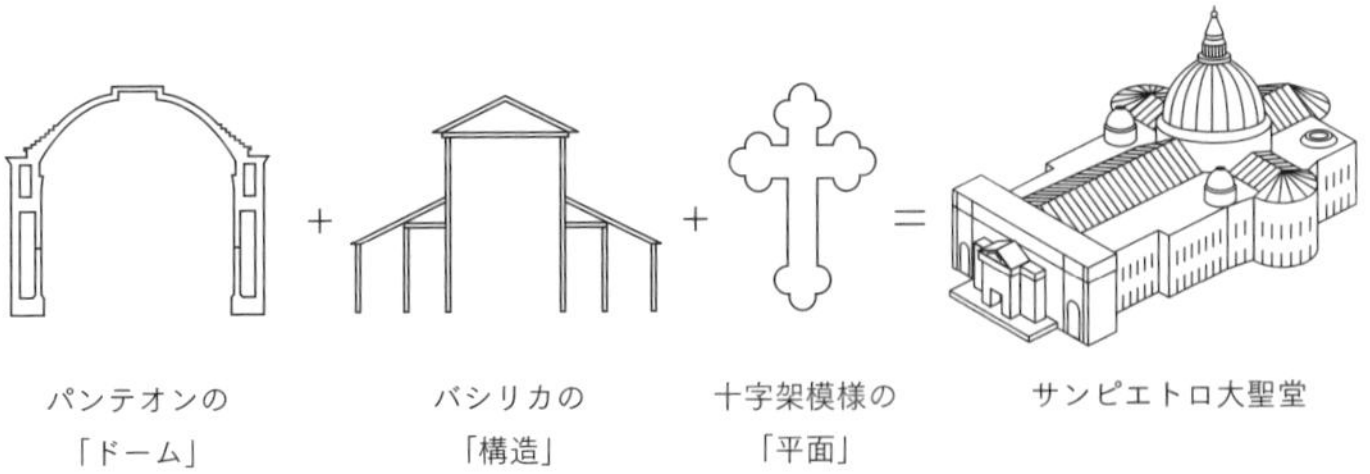

サンピエトロ大聖堂と広場

礼拝堂の椅子が横に長い理由

礼拝堂の椅子は横に長い。長椅子に座ると、両端の人は廊下を通って外に出られるが、中にいる一〇人は礼拝が終わるまで身動きが取れない。いやでも説教者の言葉を聞かなければならない。説教者に権力が生じるのだ。新天地イエス教会[1]の礼拝堂にはそもそも廊下がない。そのうえ服装も統一して上衣は白、下衣は黒のものを着ている。このような礼拝堂に座って周りを見まわせば、数百人が厳かに説教者の言葉に耳を傾け、敬意を払う様子が伝わってくる。同じ衣服を着ていれば、自分の存在感は低下する。制服を着たことがある人や軍隊の訓練所で軍服を着て番号で呼ばれたことのある人は、その気分がわかると思う。自分もかれらの一部になるか、それとも反抗して集団から排斥されるか、選択しなければならない。集団の一部にならなければ生存率を高めることができなかったホモ・サピエンスは、遺伝的本能から、その席を蹴って出るということをしにくい。かれらは組織に順応する。そうすればするほど、前に立つ宗教指導者の権力は大きくなる。そしてこうした集会が頻繁に開かれるほど、空間を通じて作られた権力はもっと強くなる。だから聖書にも「ヘブル人への手紙」の一〇章に「ある人々のように、いっしょに集まることをやめたりしないで」という言葉がある。水曜礼拝・金曜徹夜・早朝の祈りをおこない、頻繁に時間を合わせて一か所に集

明洞《ミョンドン》聖堂の内部。廊下を挟んで両側に長椅子があり、正面に祭壇がある。

© KOREA.NET (Official page of the Republic of Korea)/flickr

まるほど、権力の規模と集中度は大きくなる。聖書には「二人または三人が私の名によって集まるところには、私もその中にいる」という言葉もある。教会を建築物に限定するな、という意味だ。しかし教会を教会建築という狭義の意味で解釈するなら、キリスト教は大きな室内空間のある建物を建てて、その中で視線が集中するところに宗教指導者が立ち、それを通じて権力構造を作り出してきた。視線が集中するところに権力が生まれるというのは、現代社会でもそのまま適用される。現代社会でもっとも視線を浴びる者はメディアに露出する人たちだ。決まった時間に一日に一時間ずつ視線を集めるニュースアンカーが代表的な例だ。インスタグラムのフォロワー数が多いほど権力のある人になり、ユーチューブ動画のヒット数が多いほど権力者になる。時代が変わって技術が変わればプラットフォームも変わるが、視線が集中するところに権力が生まれるという法則は相変わらず続いている。

僧侶対牧師

空間的側面で仏教とキリスト教には多くの違いがある。仏教寺院で開かれる法会の種類はさまざまだ。毎月一日におこなわれる集いをはじめ定期法会があり、釈迦の誕生日のような日には特別法会がある。定期法会も各寺院の事情によって異なるが、一般的には一日と一五日に開かれる祈禱法会があり、休暇や学校の休みの期間に修練法会が開かれることもある。ほとんどの寺院では旧暦の初日・一五日・地蔵菩薩祭日・観音菩薩祭日を定期法会として定めている。特別に信心深くない一般の信徒たちは普通、元旦・釈迦の誕生日・冬至などに寺院を訪れる。一年に三回ぐらい訪れることになる。一方、キリスト教徒は一週間に一回義務的に集まる。

集まる回数からすると三対五二の差がある。空間から作られる権力は牧師の方が僧侶より一七倍強いのだ。それに仏教の行事の日は、特別なことでなければ一日中いつおこなっても構わない。一方で、キリスト教は毎週定まった時間に出席しなければならない。その分、時間的にも自由がない。農耕社会の時代、私たちの時間観念は時間単位ではなく一日単位だった。季節に従い農業を営んでいたからだ。あえて時間を考えるとしても、一時間単位で分ける、あまり正確ではない時間観念だった。時間観念の側面から見て、一日中いつでも供養をしに行ける仏教の礼式は、農耕社会的な時間観念に従っている。一方で、産業社会では五分だけ遅れても駅の列車は出発してしまう。すべて正確な時間に行動を合わせて生きなければならない。五分だけ遅れても礼拝堂の扉は閉められ、一時間遅れたら式が終わってしまうキリスト教の礼拝は、産業社会の時間観念により近い。仏教とキリスト教には時間の正確度という側面で、一対二四の差がある。時間と空間の自由が少なければ少ないほど、その時間と空間をコントロールし調整する主体は権力を持つ。宗教行為の時空間的側面でキリスト教は集団的、仏教は個人的な宗教だといえる。立地の側面からでも両宗教の違いは大きい。韓国では仏教の寺院はだいたい山の中にあり、キリスト教は商店街にある。都心に空間を持つキリスト教は、接近性の面で大きな優位を占めている。とくに一九七〇年代の産業化で人口が都市に集中する中、集合住宅の団地前の商店街にあった教会は、接近性の面で強い競争力を持っていた。

時空間の共有が作り出す共同体意識

同じ時間、同じ場所に集まって同じところを眺めたら、権力だけが生まれるのではない。共同体意識も強まる。家族の結束力が強まるのは、一日に一二時間ずつ同じ家で過ごすからだ。そのうち八時間は目を閉じて寝ていたとしても。時空間をともにすれば共同体意識が育つ。

一般的に権力は儀式と規律を強調する。儀式と規律は根本的に、時間と空間に制約を与えるものだ。あなたは何時までに決まった場所に行かなければならない、という風に。日曜日の朝九時から礼拝堂に一時間出席しなければならないとか、九時までに学校に登校して午後三時まで教室にいなければならないとか、九時までに会社に出勤して八時間オフィスにいなければならないということはすべてこれに該当する。そしてこのような時間と空間の制約はふたたび権力を強化する。宗教の権力、学校教師の権力、職場の上司の権力は礼拝出席、登校、出勤を通じて作り出される。時空間の制約以外に権力をもっと強化しようとすれば、儀式を複雑にすればよい。ほとんどの宗教には儀式がある。儒教式で祭祀をおこなう時は、服装やさまざまな身だしなみに関する規律、紙榜《チバン》〔紙で作った位牌〕の書き方、祭祀の供え物を配置する方法など、さまざまな規則が伴う。そしてこの規則を管理する者が権力を持つ。おもに口伝えでその規則を学んだ一族の長たちだ。教会の礼拝の場合でも神々しい音楽が流れ、それが止むと日常では見られない生地をたくさん使った、ゆったりした胸幅の礼服を着て牧師が登場する。宗教指導者は布をたくさん使った服をしばしば身につける。ミニスカートやスキニージーンズを履いて儀式をおこなうことはない。何であれ浪費をする者が権力者になる。ゆったりした服は生地を浪費する形でデザインされている。その分、富と権力を持っていることを意味する。結婚式場では新婦が主人公なので、ウェディングドレスのスカートの幅は広く、後ろに長くレースが垂れ下がる。宗教指導者は時間を浪費するためにゆっくり歩き、手の動作もゆっくりしていて（韓国の昔の両班《ヤンバン》〔朝鮮時代の貴族〕たちも走るのは礼儀作法に反するといってゆっくり行動していた）、生地を浪費する儀礼的な服を身につける。そういう服装をした宗教指導者の一言によって式が進められ、聖歌隊はすこしも乱れずに歌い、一般信徒たちは椅子から立ち上がったり座ったりを繰り返す。複雑な儀式をおこなえばおこなうほど儀式をリードする人に権力が集中する。礼拝の前半の式次は懺悔の祈りだ。この儀式は、信徒がそれぞれ自分の罪を考える懺悔の祈りを捧げ、最後に宗教指導者が罪を赦す聖書の言葉を宣布することで終わる。罪を赦す権威が礼拝の進行を執りおこなう人に与えられているように錯覚させる。このようにいろいろと複雑な儀式から権威と権力が生まれるのだ。もちろんここまでの話は、形式と空間を通じて作られる権威についてだけを述べている。宗教においては対価を求めない犠牲と素晴らしい教訓のような、尊敬に値する行為からも権威が生まれることは明言しておきたい。こうした宗教的な形式によって指導者の権力が強化されるからといって、すべての宗教が虚構という意味ではない。形式と本質は区分して理解しなければならない。むしろ形式が作り出す価値を区分して理解することで、宗教の本質により近づけると思う。

イスラム教徒が一日に五回祈りを捧げる理由

複雑な儀式を通じて権威を作り出す仕組みは、私たちの日常に蔓延している。熱いお湯で湯呑みを温め、お茶を淹れ、茶碗を回して飲む複雑な礼式を持つ茶道、学校で朝礼と終礼をおこなうこと、会社に出勤して朝礼の体操をしながらスローガンを叫ぶ行為など、数えきれないほど多い。このような儀式はすべて進行役の権威を高め権力を強化する。一般人が朝起きて、コーヒー豆を挽いて、フィルターペーパーに入れてからお湯を沸かし、コーヒーをゆっくり淹れて飲むような、毎朝繰り返す行為も、ある意味ではその儀式のマスターになることだ。お湯の温度はどれくらいで、お湯を注ぐ際は丸く回すべきで、泡が出て粉が膨らむようにすべきなど、儀式の手順に終わりはない。その人はこの瞬間〈コーヒーを淹れる儀式〉の祭司長になるのだ。さまざまな儀式・登校・出勤・礼拝出席のような複雑な行為の中心的原理は〈自由の抑制〉だ。権力は誰かの行動の自由を抑制するシステムが作られた時に強化される。そしてこのようなシステムは、権力構造に新しく参入した人々を、疑問を抱くことなく順応させる力を持っている。数十名、数百名、さらに数千名が従っておこなう歌や儀式に対しては反旗を上げにくいが、順応はしやすい。そしてこうしたことは秩序と伝統という名の下に長いあいだ維持される。中世においてはその慣性が千年以上も続いていた。時空間を通じた権力形成のはじまりは〈空間〉と〈時間〉を制約することだ。

このように時間と空間を同時に制約すれば権力が作り出され、共同体意識も生まれる。しかし場合によっては頻繁に集まることができない環境のせいで、二つの中から一つだけを選ぶ宗教もある。遊牧民族の宗教だったイスラム教のような場合だ。かれらは移動し続け、ばらばらに離れて住まなければならない生活様式を持っている。それゆえ同じ礼拝堂に集まって祈りを捧げることをしにくい。場所を定めて人々を集合させる〈空間〉規制が不可能なので、二つの中から〈時間〉だけを規制した。その代わりより強く規制する。イスラム教では一日に五回、時間を定めて祈りを捧げる。か

決まった時間に祈らなければならない規定のために、空港のような公共の場所でも、
イスラム教徒が祈りを捧げる様子が見られる。

れらはどこにいても時間になれば、メッカに向かい身を伏せて祈る。そうすることでかれらの頭の中には、メッカを中心とした巨大な礼拝堂の空間が描かれることになる。メッカに権力が集中する空間的状況が演出されるのだ。キリスト教の場合も、バチカンのあるカトリックとバチカンのような中心地のないプロテスタントには違いがある。カトリックの場合はすべての礼拝堂の建築を、バチカンが総括して統制し調整する。聖堂の建築様式は国が変わってもさほど変わりはない。このような統一した建築様式と教皇を頂点に置いた垂直的な階層構造で、巨大な中央集権が強化されるのだ。ローマ帝国時代、レンガという材料とギリシャ建築のデザインを基に、同一のローマの建築様式を全ヨーロッパに拡散させ、ローマ帝国の権力を強化させたのと同じ原理だ。

感染症が作り出す宗教権力の解体と再構成

ここまで見てきたように各宗教は建築物を建て、その建築物の空間を通じて権力を創出し維持する。ところが感染症が流行り、人々は礼拝堂に行けなくなった。このことが空間を通じて作ってきた権力システムに亀裂をもたらす。歴史を見れば一四世紀、ペストが全ヨーロッパを震撼させた時、人々は信仰の力で集合し、祈りを捧げて解決しようと試みた。集合すればするほど感染は激しくなり死傷者は増えた。千年以上維持されてきたキリスト教中心の中世はペストによって瓦解し、以降、人間中心のルネサンスが到来する背景となった。感染症が社会を変えるメカニズムは次のとおりだ。建築物は空間構造を作り、その空間構造は人々の間隔・密集度・規模・視線の方向性などを規定する。こうして作られた間隔・密集度・規模・視線の方向性は特定の権力構造を生み出す。既存の空間は権力を作り出すために間隔を縮め、密集度を高め、規模を大きくし、人々に一方向を見させるように進化してきた。しかし感染症は集まる人々の間隔を離し、密集度を下げ、規模を小さくし、視線の方向性を分散させ、それまでの進化とは反対方向に進む変形をもたらす。これはおのずと権力構造と共同体の構造を変形させる。

それでは、二一世紀のコロナ禍は礼拝中心に構築された宗教を瓦解させるだろうか。感染症によるソーシャルディスタンスが続けば、宗教団体の権力と共同体の構成は弱体化するだろう。同じ説教の言葉でも、大型の教会で数千人と一緒に聞く時、小さな部屋で数十人と一緒に聞く時、オンラインで一人で聞く時の感覚は違う。大きな礼拝堂で、自分以外の九九九名が前方で説教する人の言葉を傾聴していれば、その言葉の権威に逆らいにくい。サピエンスの本能のためだ。ユヴァル・ノア・ハラリは、ホモ・サピエンスが競争種であったネアンデルタール人を退けて地球を征服できた理由として、宗教のような共通の物語を信じ、集団規模を拡大したからだと説明する。大きな集団に属せば、競争で勝つことができ、生存率は高まる。生き残るために人間は、本能的に集団の一員になりたがる。だから、ある映画を一千万人が見たといえば観客はもっと増え、視聴率二〇パーセント以上のドラマだといえば、人々はもっと観るようになる。だから政治家は自分の政党の支持率がもっと高いと宣伝するのだ。このような現象は弱者により顕著に現れる。ニューヨークには「ニューヨーク・メッツ」と「ニューヨーク・ヤンキース」という二つの野球チームがある。白人を指す「ヤンキー」という名を持っているにもかかわらず、移民たちはニューヨーク・ヤンキースのファンになるケースが多い。心理学者たちはその理由を、社会的弱者である移民たちは、より大きくて強い組織のヤンキースに属したがるからだと説明する。

より大勢の同調者がいることを見せつけたい者は同じ時間、同じ空間に人々を集める。政治的な集会や宗教の礼拝が代表的な事例だ。政治家は休日、光化門《クァンファムン》広場に群衆を集めることが好きだ。キリスト教は一週間に一回、同じ時間、同じ空間に人を集める。この時、集会の場所が、外の景色の見える窓がない壁で囲まれた〈外部から分離された室内空間〉であれば、効果はより高まる。体育館でおこなう党大会や礼拝堂でおこなう礼拝が代表的なものだ。建物の中にいる人と外にいる人を分けるのは、同じ信仰を持つ人とそうではない人を明確に分ける建築装置だ。大衆文化でも同じ原理で、コンサートの舞台を一緒に見るファンたちのあいだでは結束力が強まる。密閉された時空間を共有すれば、結束力は強まる。集団に属したがる人間の本能は食文化にも現れる。きつい匂いの発酵食品を一緒に食べることで他者と区分し、〈私たち〉という共同体意識を強化させる。建築が作り出す物理的装置である壁の代わりに、食べ物の匂いで味方と相手を分ける装置だ。キムチ・チョングッチャン〔大豆を発酵させた味噌〕・ガンギエイ〔エイの一種で独特な臭いを持つ珍味〕が韓国の代表的な発酵食品だ。金髪に青い目の外国人でも、キムチとチョングッチャンが好きなら、仲間意識と愛情が生まれる理由だ。最近の韓国で見られるさまざまな葛藤は、信仰の共同体同士が衝突するありさまをよく見せている。前に説明したとおり、政治・宗教・ファンダムは同じ物語を信じ、その物語を強化する空間システムを持つという点で似ている集団だ。だからかれらはしばしば衝突する。特定の政治家を支持する集団と保守的なキリスト教団体が衝突したり、ＢＴＳのファンと中国政府が衝突したりする。かれらはみな特定人物への信仰と愛情を中心に団結し、感情を強化する方法も似ているからだ。これらの集団の構成員の土台にある思想は〈メシア思想〉だ。救世主、またはそれに準ずるとみなす存在が自分の問題を解決し、自分のことを幸せにして、この世をよくしてくれると信じる信仰だ。だからこれらの集団は本質的にライバル同士になる。

宗教権力は空間構造によって作られたり、強化されたりする。ところが感染症で人々が一つの時空間に集合しにくくなれば、こうした組織は弱体化する。しかし、そもそも宗教は指導者の権威を高めるためのものではない。多くの場合、宗教指導者の権威は自己犠牲によって作られる。一般人とは異なる人生を歩んだ、尊敬すべき指導者たちはみなそうだった。キリスト教の場合も、イエス自らの犠牲がキリスト教の教理と権威の核であり基礎だ。宗教が本質を失って空間的外見だけを残せば、副作用が生じるかもしれない。コロナは私たちに、より本質的な問いを投げかけるように要求している。宗教とは何か？　学校とは何か？　会社とは何か？　宗教の核は、人間と神との関係に対する問いと思惟だ。むしろコロナは、宗教がより本質に近づく機会を提供している。もちろん既存の宗教組織と共同体を通じておこなわれていた救済事業やボランティア活動を、どのような形で代替するかは残された課題だ。一般的にメディアでは宗教の否定的な姿が浮き彫りにされがちだが、宗教界が見えないところで弱者を救済し、社会に貢献してきたことも事実だ。このような機能を維持するために、宗教をいかに再組織化すべきかを考えてみるべきだろう。

現在、私たちの都市で多くの空間を占めている教会は、その空間を利用することで社会的価値を作り出せる。私たちはソーシャルディスタンスを守りつつ在宅勤務をしたり、オンライン授業を受けたりしなければならなかった。しかし仕事をするには家は狭く、だからといって外に出てカフェに行くこともできなかった。自宅にインターネットやコンピューターのない学生は、授業を受けることもできなかった。どの時代でも社会的弱者は空間的に脆弱だ。教会の空間はおもに日曜日に使われ、平日はかなり空いている。一方、一般人は平日にたくさんの空間を必要とする。平日に、教会の勉強室・親睦会室・中高等部の礼拝室などを、一般市民のシェアオフィスや自習室として運営することも可能だろう。感染防止対策をおこない、密集度を低くすれば不可能ではない。共働き夫婦の子供たちがオンライン授業を受けられるように指導する、小規模空間を提供することも可能だ。教会内のボランティアがそれを手助けすることもできる。もちろん教会の聖堂のように、神聖な場所として区分すべき空間は、そのまま維持しなければならない。しかし他の空間をうまく運営すれば、教会の敷居を低くし、一九七〇年代の「商店街の教会」[2]のように、積極的に世の中に寄り添うことができる。結局教会は信者だけの空間ではなく、「すべて重荷を負うて苦労している者」のための空間だからだ。

訳注

［1］新天地イエス教会　韓国のキリスト教系の新興宗教団体。新型コロナウイルス拡大の初期段階に、政府の防疫指針を守らず礼拝を強行し、多くの感染者を続出させた。

［2］商店街の教会　一九七〇年代の高度経済成長や都市化とともに、韓国のキリスト教会は勢力を拡大し始めた。資本を持たなかった初期段階の教会は、商店街の建物の一室を借りて布教活動をスタートすることが一般的だった。八〇年代になると教会を建てるようになり、やがて現在のもののように大型化していった。

3章

千人の生徒、千通りの教育課程

対面授業とオンライン授業の違い

近代的概念としての学校は〈最小限の教師で最大限の生徒を教える〉という産業化の効率性に基づいている。だから学校は、一つの教室に多数の生徒を集めて一人の教師が教える空間構造になり、全校生徒の数が多く、多数の教師を一人の校長が管理することができるように作られている。私が卒業した高校は全校生徒数が三千人に迫っていた。ところが感染症の時代に、大人数が集まる場所は危険な空間になる。全校生徒数が千人の学校では一人だけ感染しても、残りの九九九人は危機にさらされる。現代社会で千人以上の規模の組織は、軍隊・会社・学校ぐらいしかない。軍隊は外部との交流がほとんどない集団なので、感染症が流行っても比較的コントロールしやすい。組織が大きい会社の場合、コールセンターのような一部の事業所を除けば、個人が占める一人当たりの面積が学校より大きいので、ある程度感染の流行を抑えられる。ところが学校は生徒が毎日登校する開かれた空間であり、密集度の高い教室で長時間過ごすだけではなく、休み時間はいつもクラスメートとおしゃべりをする。学校は感染症発生の際、一番問題になりうる空間だ。コロナが深刻になると、学校は全校生徒が自宅で受講する、オンライン授業という極端なソリューションを選択した。

学校の機能は大きく分けて三つある。第一に知識伝達の機能、第二に同じ世代同士の社会共同体を経験する場としての機能、第三にデイタイムに子供たちを預ける託児所としての機能だ。オンライン授業は知識伝達の機能を解決することができるが、残りの二つの機能を代替することはできない。オンライン授業はすでに数十年前から、放送大学・EBS〔韓国教育放送公社〕・オンライン塾などで利用されてきたやり方だ。技術的なソリューションはすでにあったが、韓国の教育部は毎朝登校する慣行を維持してきた。そこにはいろいろな理由がある。まず学校空間が作り出す権力構造の相関関係から見てみよう。

宗教のことを説明した際に扱ったが、空間構造と権力の作動原理について、もう一度まとめてみよう。第一に人々の視線が一か所に集まるところにいれば、権力を持つことになる。第二により多くの人に同時に見られれば、権力はさらに強化される。学校という機関は、空間を通じて創出される権力の特徴を、宗教施設と同じように示してくれる。学校もやはり同じ時間、同じ室内空間に生徒たちを集めて、方向を眺めさせる。この際、前方に立つ教師が権力を持つことになる。一九八〇年代は一クラスの規模が七〇人、全校生徒数が三千人程度で、土曜日も登校していた。一週間に六日間、朝礼と終礼で、七〇人の生徒に眺められ、教壇に立つ教師の権力が70×6×2＝840ならば、三千人に一週間に一回、グラウンドの朝礼で訓育をしていた校長の権力は三千だ。3000÷

840÷3・6なので、校長の権力は担任教師より三・六倍大きいといえる。グラウンドに三千人の生徒を並べさせ、マイクで訓戒を垂れる校長は、軍隊の師団長と同じ権威を持つ。このような空間構造を通じて教権が作られ、学校秩序が維持されることで、知識が伝達される部分が多かった。私たちが学校で学ぶ知識をそのまま受容するのには、空間的な背景も一助をなす。これが悪いという意味ではない。ただ教育のメカニズムで空間が占める比重が大きいという意味だ。ここ数十年間、生徒数が減少し、一クラスは三〇人になった。それでは空間が作り出してきた担任教師の権威も半減する。ところがオンライン授業をおこなうと、空間を通じて作られてきた教権の一部が消えてしまう。

画家と教師

一か所に人を集められなくなった時、宗教は他の方法を見つけた。中東の遊牧民族のイスラム教徒たちは同じ場所に集合することができないので、その代わり一日に五回メッカに向かって祈りを捧げる。この方法でイスラム教は宗教権力を育むことができた。一か所に集まることができなければ、時間だけでも合わせて一方向を眺めなければならないという原理だ。この原理を授業に置き換えてみよう。オンライン授業を実施すれば、同じモニターを見ることになるので、一方向を見させる効果はある。しかし、リアルタイムではなく録画映像を見せれば、同じ時間に合わせられないので教師の権威と権力は弱まる。オンライン授業をリアルタイムで受けさせるか、それとも随時受けられるようにするかによって、教師の権威には差異が生じる。だから最近、オンラインコンファレンスをおこなう学会では、学会行事の権威のために、リアルタイムでのみ講演を配信している。いつでも見られることと、決まった時間でなければ見られないこととのあいだには、大きな違いがある。〈限定品〉と同じ概念だ。オンラインデータを限定版にする方法は、リアルタイムでのみ中継することだ。しかし教権維持のために、現在の学校を、リアルタイムのオンライン授業で代替するのは正しいやり方だろうか。コロナ禍の危機を通じて学校をもっと進歩させる方法はないだろうか。

肖像画を実物とそっくりに描ける人がもてはやされる時代があった。しかし写真機が発明されると、その職業は消えた。画家の重心は事物を写実的に描く能力の代わりに、自分の頭の中の想いを描くことに移動した。教育も同じだ。コロナ以降、オンライン授業が一般化すれば、最初は既存の時空間的制約によって作られてきた権威の消失に執着するだろう。教師が要らなくなるのではないかと心配もするだろう。しかし長期的に見れば、教師の新たな役割が作り出されると思う。もう画家の誰も写真機と競争はしない。同じく教師はオンライン授業のスーパースター講師と競争してはいけない。知識伝達機能はスーパースター講師やユーチューブの各種動画の資料で解決可能だ。し

ヤン・ファン・エイクの肖像画「赤いターバンの男の肖像」(1433)

写真は人物の姿をそのまま写す。

ピカソが描いた肖像画「泣く女」(1937)。
肖像画が写真のような機能を持っていた過去と違い、写真機の登場以降、肖像画も画家の思想や個性を強く表現するケースが多い。

かし教育は知識伝達がすべてではない。教師は知識伝達以上の価値を作り出すべきだ。答えは〈話し合い〉にある。教育は教師から生徒へ一方向に伝達される流れではなく、生徒との話し合いによって、双方向のコミュニケーションをおこなう流れに進化しなければならない。対話を通じて、生徒の内面にあるものを外に表出するようにするのが、教師の役割になるだろう。生徒それぞれは深い井戸と同じだ。教師との対話がつるべになる。生徒の内面深くにある潜在力を、長い縄にぶら下げたつるべで汲み取る。これが教師の役割になるべきだ。二一世紀の教師は、二〇世紀の画家が抱えていたのと同じ悩みに直面している。

フェイスブックとオンライン授業

一時期、韓国で大変な人気を博していたサイワールドに代わり、フェイスブックがその座を占めるようになった理由は何だろうか。フェイスブックは他人のコンテンツを簡単にシェアして共有することができるだけでなく、自分と他人が作ったコンテンツを一か所で全部見られる。サイワールドの情報の流れが一方向であるのに対して、フェイスブックはクモの巣のようにつながったネットワークを通して、個人のSNS空間を増幅させた。今のように教師の講義を録画して更新するオンライン授業は、サイワールドと同じものだ。それでは、フェイスブック的なオンライン授業はどのようなものだろうか。他のユーチューブ動画のリンクを貼って内容を豊かにするやり方がある。たとえば、量子力学について教えているなら、これと関連した量子力学についてやさしく解説する科学動画や、量子コンピューターに関する動画までリンクを貼ってあげる。そうすれば興味のある学生は、自分の好奇心の枝をぐんぐん伸ばしていけるだろう。

教師だけがコンテンツを更新する一方向型のものではなく、学生たちもコメントを書き込むなどしてコンテンツを更新する、双方向型のオンライン授業も可能だろう。オンラインなら質問もしやすい。従来の対面授業では、自分一人が手を挙げて質問するのは負担だった。忙しない授業の進行を遮って時間を奪うと、周りから睨まれるからだ。しかし時間に関係なくコメント欄で質問することができれば、より多くの人が質問をするようになるだろう。私が大学でおこなっている講義でも、授業中の質問をスマートフォンで受けられるようにすると、より多くの人が質問する。質問が多くなれば授業は双方向のコミュニケーションになる。SNSの〈コメント〉という機能は、閲覧者をコンテンツのクリエイターに仕立てる手段だ。オンライン授業のコメント（チャット）機能やスケッチ機能〔一人が画面に直接書き込む情報を参加者全員が見ることのできる機能〕は、講義を新しい段階に引き上げる。他のクラスメートと一緒に授業を受けているような雰囲気を与えたければ、同時接続者の顔を見られるページを作ればよい。ズーム（Zoom）やティームズ（Teams）のような、オンラインミーティング・プログラムにこうした機能があるが、さらに開発する必要がある。一緒に視聴して

メジャーリーグの野球中継の様子。
観客席に人々の顔を大きなサイズでプリントアウトして置いていた。

いる人々の顔を積極的に公開することは、現在多くのスポーツ競技場で採用されている。

二〇二〇年、アメリカNBAのバスケットボールの試合がフロリダ州オーランドにある、ウォルト・ディズニー・ワールド・リゾート内の小さな体育館でおこなわれたが、千人近いリアルタイム視聴者の顔を背景の壁面に映し出し、かれらの反応を見せていた。アメリカのメジャーリーグの野球中継を見ると、カメラによく映る競技場の一部の座席に、人々の顔を大きくプリントアウトしたものを置いて、椅子に座っているかのようにしている。ヨーロッパのプロサッカーの中継を見ると、そこにはいない観衆の応援の声をバックに流していたりする。こうした事例は、私たちがコンテンツそのものだけではなく、他人と一緒に楽しむという意識も大切に思っていることを示す証拠だ。コンサートの音楽はCDで聴いてもよいし、好きな歌手の顔は大型テレビのモニターの方がよりつぶさに見ることができる。しかし自分と同じ目的で一か所に集まった人々が、同じイベントや出演者を見て没入し熱狂する経験は、インターネットでは代替しがたい。このような価値はコンテンツ自体に影響を与える。同じく、一人で授業を受けるという行為は、知識そのものの内容には影響を与えないだろうが、誰かと一緒に授業を受けることでもたらされる価値には影響を及ぼす。

交友関係の不在

リアルな空間経験と同じことを体験させるために、仮想現実（VR）・拡張現実（AR）・ホログラムのような技術が発達してきたが、実際に体験してみるととても粗悪なレベルで、一〇年以内に現実の経験を代替するには力不足だろうとわかる。その中でも一番シリアスな技術的問題は、現在のVR体験が五分以内で短く、一方向的な経験にすぎないということだ。「リーグ・オブ・レジェンド（LOL）」のようなオンラインゲームでは、総勢一〇名が二つのチームでゲームをおこなう。その際ゲームに参加している他の九人の行動が、リアルタイムで自分のモニター上のゲームに影響を与え、その変数が事実上、毎回のゲームを新しいものにする。さらに九人のゲームプレイヤー間の毎回異なる関係が、ゲームにはまらせる要素の一つだ。LOLのようなゲームは数万回プレイしても同じ内容にならない。ところがVRゲームは誰かが作成したストーリーラインが決まっており、それに従って進められるだけだ。したがって他のプレイヤーとの複雑な関係の中で作られる偶然性はない。それゆえVRコンテンツのゲームは二、三回やれば同じ体験に飽きてしまう。オンライン上で、リアルでダイナミックな経験を与えるためには、参加者によって変わる変数が必要だ。学校教育をオンライン授業で代替するには、このような面で欠陥がある。

どれほど多様なオンライン授業の素材があるとしても、学校が与えてくれる価値の一つは、同じ年代の友人との関係から生じる〈何か〉だ。それが時にはイジメのようなつらい経験になったり、時には父母には理解できない同年輩同士の会話を生んだりもする。オンライン授業だけでは、学校の機能の第二点、共同体経験が弱体化する。オンライン授業だけを受けた学生たちは、今後社会に出て、ともに生きる経験を恐れる市民になる可能性が高い。今やスマートフォンやテキストメッセージに慣れ親しむ若い世代は、会話や電話を恐れ、テキストメッセージでの意思疎通を好む。そしてミレニアル世代は、コールセンターに電話して直接会話をし、商品を注文するより、「配達の民族」〔韓国の出前アプリの一つ〕のような、人を介さないインターフェイスを好む。すでに始まっていることのような〈非対面消費〉という行動傾向は、オンライン授業の比重が大きくなるほど増加する可能性は高い。オンライン上でリアルな会話を模倣するため、フェイスブックでは、アバターを通したリアルタイムのグループチャット技術を開発している。しかし実際の微妙な感情の表現ではなく、単純化したアバターの顔で意思疎通した場合、対人関係のトレーニングに大きな差が生じるだろう。今、私たちは会話ではなく、テキストメッセージでほとんどのコミュニケーションをおこなっている。この場合、表情より絵文字が自分の感情を代理する。表情なら数千の感情を表せるが、絵文字は多くて数百種類だ。自分の知っている単語の分しか自分を表現できないように、択一式で選ぶしかない絵文字によって、自分の感情は単純化され限定される。自分の感情を表現して意思疎通する能力がだんだん退化するのだ。

これから私たちが考えなければならない重要なテーマは、学校のオンライン授業の比重が増える時、どうすれば生徒たちに対人関係と共同体のトレーニング経験を与えられるかということだ。これが成功しなければ、共感能力の足りない社会人を量産しかねない。そのような人々が生きる世の中は、誰かに操縦されやすい大衆で構成される社会か、きわめて自己中心的な社会人で構成される世界になりやすい。両方とも危険だ。したがってオンライン授業の比重が大きくなればなるほど、オフラインで会話する授業の量も増やさなければならない。その事例として挙げられるのは、生徒二、三人と教師との討論授業、町内の体育センターのスポーツサークル、または近隣住民のサポートをするプログラムや多様な読書会などであろう。

紙の本・オーディオブック・講義動画

最近は本を読む代わりにオーディオブックで内容を聴いたりもする。オーディオブックの長所は、他の仕事をしながら聴けるということだ。テレビがはじめて登場した時、ラジオの生命は終わったと予測された。しかし意外とラジオはいまだに愛されている媒体だ。ラジオの長所は耳で聴くと同時に、手と目を使って自由に他の仕事ができるということだ。それなので、さほど集中しなくてもよい場合は、ラジオをつけて仕事をしたりする。このようなオーディオの長所を生かし、通勤時間にオーディオブックを聴く人々もいる。浪費される時間を利用するという点で長所もあるが、オーディオブックは紙の本に比べて短所もある。紙の本は自分の思考の速度や流れに合わせて、読む速度を随時調節することができる。読書の最中に重要な部分に傍線を引いたり、自分の考えを紙の一角に書き込んだりすることもできる。紙の本は電気エネルギーや他の手助けがなくても、それ自体でいつでも再生可能な完全な媒体だ。そこから情報を抽出する際も、自分の目を通じて恣意的におこなえる。読書は自己主導的な行為だ。一方で、オーディオブックは再生されている速度によって、ずっと情報が供給される形式だ。オーディオが再生される速度は一定に決まっており、自分の思考の流れや速度にかまわず、情報が流れていく。情報を保存するという点では同じだが、オーディオブックと紙の本には、情報を抽出する方法や速度に違いがある。読書の一番大切な目的は、単純な情報の習得を超えて、本の情報を通じて自分の考えを作ることだ。ところがオーディオブックは、単純な情報の伝達には向いているが、思考の流れを自分の速度や周波数に合わせにくいという短所がある。オーディオブックは紙の本に比べて人を受動的にさせる。このようなオーディオブックの短所は講義動画でも現れる。録画された映像で授業を受ける時、学生の多くは一・五倍や二倍の速さで視聴する。そうすれば情報習得の速度は通常の授業に比べずいぶん効率的になるが、ゆっくり自分の考えを発展させる勉強の目的には反するかもしれない。従来の授業でも知識伝達は一方向的におこなわれていた。しかし講義動画を使えば、速度やコミュニケーションの面で、より一方向的な知識伝達になりかねない。したがって、自分の思考の発展に重点を置いた教育プログラムの開発が必要だ。

全校一位のない学校

中学・高校時代、〈全校一位〉という言葉に冷ややかな印象を持っていた。そこには頭脳の賢さにより、千人ほどの学業競争の生態系で頂点をとった最高捕食者、という感触があったからだ。このような感触が作られる前提条件は生徒数の多さだ。中・高校時代、一学年の生徒数は千人ぐらいだった。そこで一位になることとは上位〇・一パーセントに入ることを意味する。だからこの言葉のインパクトは強烈だった。一学年が千人で、三つの学年を合わせれば、三千人の生徒たちが週六日登校していた。今私の息子が通っている高校では、三つの学年を合わせた全校生徒数は千人ぐらいだ。生徒数が多いので教育の質の維持のために標準化を図り、こうした学校のほとんどの生徒は似たような標準教育を受けながら育つ。このようにある組織の規模が大きくなればなるほど、集団の勢力が大きくなる現象が生じる。学校組織が大きいものであるがゆえに〈学閥〉という言葉は強い集団意識を生む。その弊害は社会の至るところに現れる。こうした巨大な学校規模を維持すべきだろうか。

感染症に強い学校を作るには、学校をより小さく分ける必要がある。ポストコロナ時代にふさわしい学校は、全校生徒千人の一校より、全校生徒を百人にした一〇校の方だ。巨大な船は水面に浸る船の下部をいくつかの区域に分ける。理由は船に穴が開いた時、船全体に浸水することを防ぐためだ。都市の空間構造や学校の場合も、このような知恵を応用しなければならない。感染症がなくても、〔少子化により〕減少する生徒数に合わせ、そして第四次産業革命の時代に合わせ、子供たちの特性や個性をもっと生かせるよう、小さくても多様な形の学校にした方がよい。大きな学校一か所をいくつかのサテライトスクールに分ける必要がある。ソウルの場合、全体の延べ面積の五〇パーセント程度が住居で、三〇パーセント程度が商業施設だ。ところがコロナによって非対面消費が主流になり、在宅勤務やＡＩの導入、事務の自動化、ロボットの常用化などの技術の発達で、商業オフィス施設の需要がいっそう減少すると予測されている。商業施設の需要が半分に減ると、全都市の延べ面積の一五パーセントが空室になる。これはおびただしい量の室内空間だ。これほど多く空きが生じる商業施設は何よりもまず住居に変わらなければならないだろう。そして一部の空間は政府や市が三〇年間の長期賃貸をするか、買い入れて学校や図書館のような施設へ変換することも考慮すべきだ。オンライン授業の実施で、共働き夫婦の子供たちが自宅で一人で過ごすことになり、学業成就度の低下をはじめとするさまざまな社会問題が台頭している。父母の経済力と子供の教育成果がつながれば、社会階層の固着化をもたらす。このような問題を解決するために、都市の至るところに、感染症の危険が少ない小規模のサテライトスクールを設置して、生徒たちはそこに登校し、教師もそちらに出勤して指導に当たればよいと思う。これで学校の第三の機能、デイタイムに子供の面倒を見る託児所の役割を自然に担える。サテライトスクールに登校し、オンライン授業を受ける生徒が多くなればなるほど、既存の学校の建物に空き教室が多くなるだろう。学校はこうした教室を改築してテラスを造り、生徒たちが一〇分の休み時間だけでも外に出て、マスクなしで空気を吸うことができる自由を与えればよいだろう。

感染症ではなくても学校を小規模に分けることは、教育の多様性の推進という点でもよい。組織が大きくなればなるほど、それを維持し管理するために、規律が強調され標準化の指針に大勢の人を合わせるしかない。それゆえ小規模のベンチャー企業より、グループの大企業のほうが服装や企業文化が自由ではないので不要な規律もあるだろうし、個々人に合わせた教育もしにくい。それではなぜ、このような規模がずっと維持されるのだろうか？ 考えてみれば現在のような学校の規模は、グラウンドのサイズで決まるといっても過言ではない。基本的な常識として韓国の学校における体育の授業は、サッカーや百メートル走をすることができる規模が最小限だと考えられている。それくらいのサイズのグラウンドを配当するには、すくなくとも千人程度の全校生徒が必要だ。百人規模のすべての学校に、サッカー場ほどのグラウンドは与えられないからだ。もし生徒のためのグラウンド・体育館・図書館を学校内の施設に制限せず、都市の社会体育施設や図書館を利用すれば、あえて現在の学校規模にこだわる必要はない。

フラッシュモブ（flash mob）というものがある。テレコミュニケーションの発達とともに、特定の場所・特定の時間に集まり、集団行動をとって解散することをいう。技術発達のおかげで、このような市民集会もより容易になった。かつては張り紙を貼り、命をかけてチラシを配らなければならなかったのに、今ではツイッターやカカオトーク[1]で容易にデモを組織することができる。技術は人々がスピーディーに、簡単に集まれるようにした。この技術を学校に適用すれば、私たちはこれ以上毎日、同じ空間で同じ時間に授業を受ける必要はない。スマートフォンのアプリで、教師と五人の生徒という小規模授業の時間と場所を決めて会えばよい。教師が移動し、生徒は町の商店街の空室のサテライト教室に集まって授業を受ければよい。体育の授業も学校のグラウンドではなく、町内のスポーツ施設を利用してもよい。そのためには各部署間の協業が必須だ。以前、私が世宗《セジョン》市のヘミル小学・中学・高校を設計した時、中学・高校のグラウンドを真ん中に位置する公園に移して、デイタイムには生徒たちが森の中でサッカーをし、放課後は市民が利用することができるようにデザインしたことがある。その際に世宗市と教育部が、グラウンドの維持管理費の支払いと責任の所在問題で対立したことがある。利用者は二種類なのに空間は一つだったからだ。もしサテライトスクールの生徒たちが周辺の市民体育施設を利用すれば、施設の管理責任のことで対立することがありうる。今後、よりアップグレードした学校運営および社会運営のシステムを作るためには、部署間の横のつながりがもっと必要だ。

未来の学校のシナリオ

私が夢見る未来の学校の姿はこのようなものだ。今週の金曜日は母親と父親がオンラインで在宅勤務してもよい日だ。スマートフォンのアプリで、三日間泊まれる家を全羅道《チョルラド》の高敞《コチャン》〔韓国南部にある地方都市〕から探して予約した。木曜日に退社後、家族全員が高敞に行って滞在した。翌日の金曜日、母親は宿泊先で、オンラインで会社の仕事をし、子供は父親と一緒に最近オープンした素敵な高敞図書館に行って、数学・科学・韓国史のオンライン授業を受けた。その日の韓国史の授業はちょうど、高敞で始まった東学《トンハク》運動[2]に関する内容だった。土曜日は東学の遺跡のある場所に行ってみることにした。授業を受けてから、前もって携帯で予約しておいた高敞高校の体育教師の授業を受けに行った。そこのグラウンドで高敞高校の生徒たちとサッカーをし、体育の授業の出席確認証明をもらった。授業が終わって、そこの生徒たちと携帯電話の連絡先を交換した。その中の何人かは来月ソウルに来て、一緒に授業を受けることになった。こうして学校の同級生が同じ町内の友人に限定されず、全国各地の誰とでも同級生になれるようになった。同じ時間、兄は一人で山登りをし、動画を撮って教師に送り、体育の授業への出席が認められた。私たちはこれ以上一か所のキャンパスに制約され学業を続ける必要はない。

すでに二〇一一年から「ミネルバ大学」はこれを実践している。大学と同じ高等教育機関であるミネルバ大学は、学生たちが全世界の都市の各地にある寮に行って生活し、オンライン授業を受けるという形で教育をおこなっている。たとえば、一年生はサンフランシスコで、二年生はソウルとインドのハイデラバードで、三年生はベルリンとブエノスアイレスで、四年生はロンドンと台北で授業を受ける。

知識伝達をオンライン授業で代替する際にＡＩの力を借りれば、よりよい教育効果を期待することができる。アリゾナ州立大学はかなり前からこの方法を採用して効果を得ている。同大学の会計学科は、新学期に学生の学歴測定テストをした後、Ｄ判定をもらった学生（日本でＤ判定は不合格を意味する場合があるが、アメリカでは不合格ではなく最低レベルの判定）にＡＩが提供する教育課程で学習させる。基礎が足りない学生は、平均値に合わせられた授業についていけないからだ。ＡＩの手助けで、オンライン授業を通じて基礎から順々に学習した学生が、学期末にA判定をもらうケースもある。中学三年の生徒が生物に関心が高く才能もあるなら、高校三年の生物の授業も受けられる。その上、国際的学術誌『ネイチャー』の最新論文について勉強することも可能だ。一方、数学に才能と関心がなければ、そのレベルに合わせてゆっくり学習を進め、かならずしも最後まで習う必要もない。このように千人の生徒が千通りの異なる教育課程を進む学校、これが私の夢見る学校だ。こうした世界に全校一位はいない。みなが自分自身の道を作っていく学校だ。

全校一位のない学校を作ろうといっても、世の中全体に競争のない社会主義国家を作ることを意

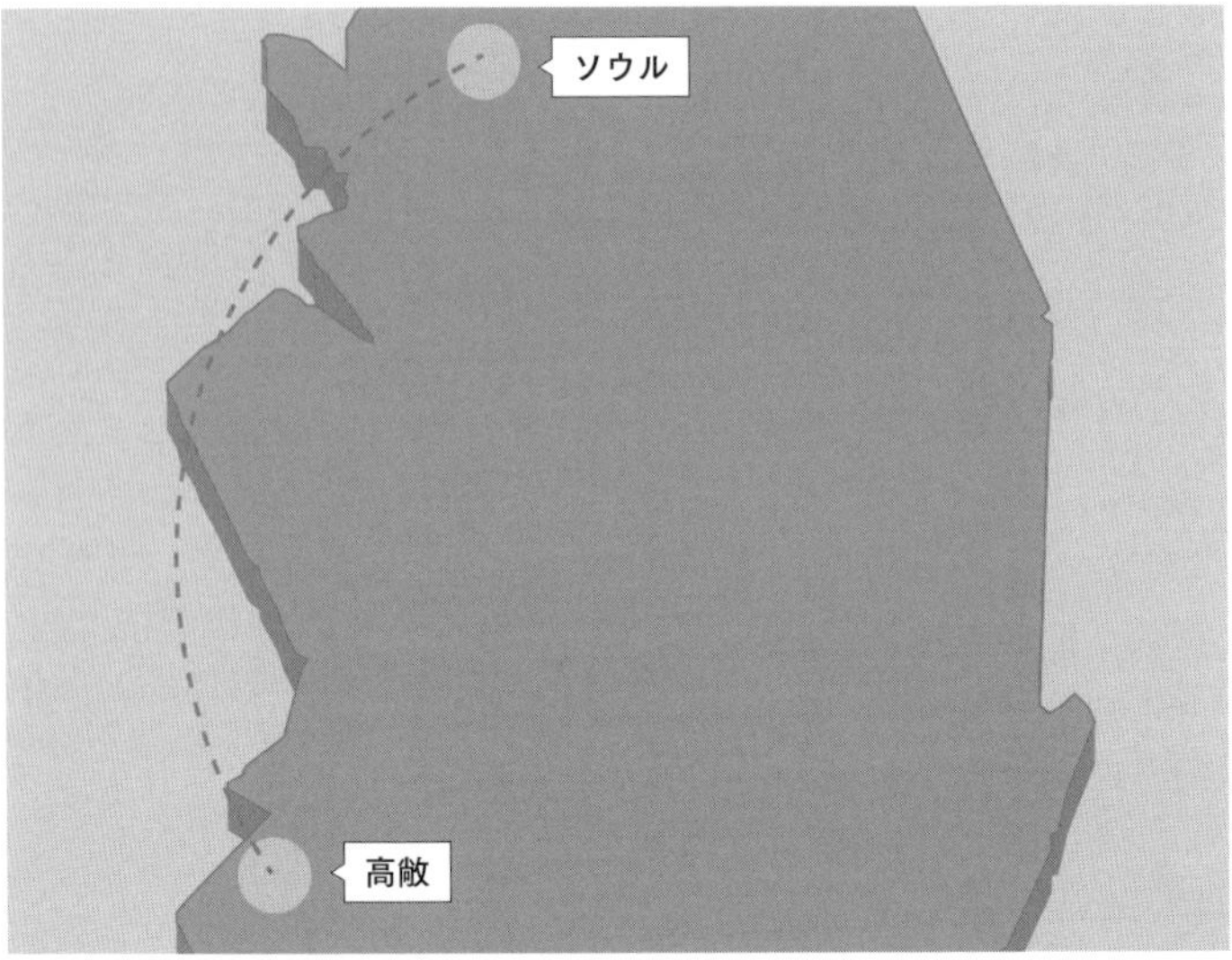

宿泊先で在宅勤務する母親

高敞図書館で父親と一緒に
オンライン授業を受ける子供

高敞高校の生徒たちとの体育の授業（サッカー）

体育の授業を登山に代えた兄

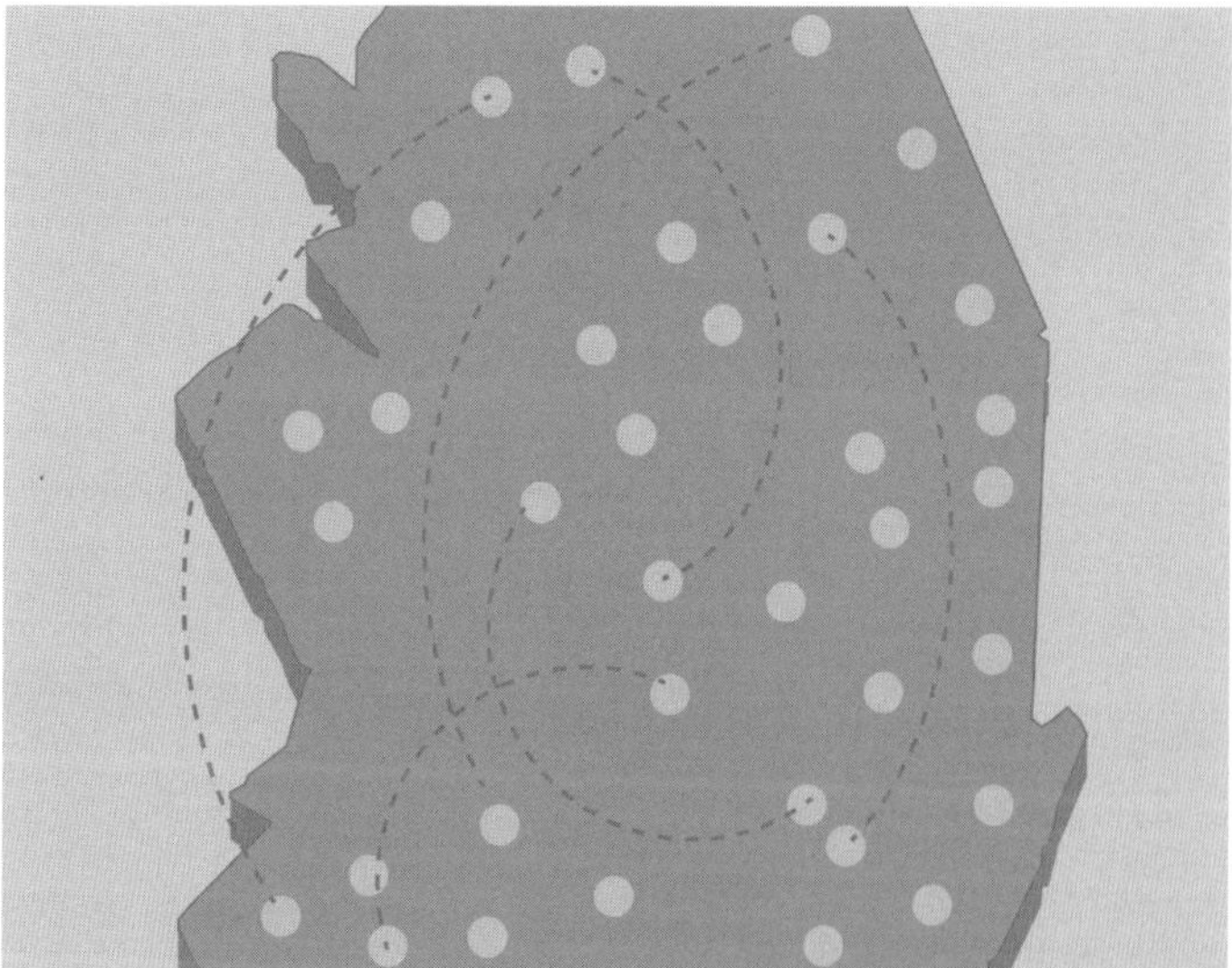

1つの場所に制限されず全国どこでも授業を受けられ、そこの子供たちとも友人になれる。

味するわけではない。現実的には、自分が選んだ分野に進めば、そこには公正な競争もあって一位になる者もいるだろう。公正な競争を通して世の中はよりよく進歩することができる。ただこの機会に、すべての生徒が同じ年に生まれたという理由だけで、同じ教育課程で競争しなければならない制度は変わってほしい。現在は時と場所に制約されずオンライン授業を受けられるし、人々の出会いも容易に組織することができる。このような時代に、毎日全校生徒が同じ場所・同じ時間に集合して、同じ教師・同じクラスメートと授業を受ける必要はない。前々からこのような学校のあり方は可能だったが、公教育は変化を拒否してきた。もしかしたら新型コロナウイルスという災難は、このようにして停滞している世の中を次のステップに進ませるきっかけになるかもしれない。

教育キュレーターとしての教師

以上の四都三村の未来学校というシナリオを進める時、問題が一つある。このような教育から疎外される階層だ。以上のようなシナリオを実行するには、まず両親が在宅勤務をすることが可能でなければならず、週末に他の地方に泊まれるほどの経済的余裕がなければならない。はたして韓国に、こうしたことができる人はどれくらいいるだろうか。現在、事務職は労働人口全体の五〇パーセントをすこし上回る程度だ。この労働人口のすべてが在宅勤務を実施するとしても、半分ぐらいの人は在宅勤務が不可能であり、四都三村の未来学校は他人事に過ぎない。私の小学校時代、嫌いだったのは絵日記を書く時間だった。週末のあいだに、絵を入れて書けるほどの特別な体験や物語がなかったからだ。一方、自家用車のあった隣席の友人は毎週末、家族と郊外に遊びに行っていたので書ける話が多かった。私の父は毎週日曜日に一人で山登りをするか出勤をしていたし、私といえば、母や兄と教会に行くという日常の繰り返しばかりだった。家族とともに過ごす楽しい時間がなかったので、絵日記のネタがなかったのだ。学校のあり方が変わって四日は都市で、三日は田舎で過ごす時代になった時、それができない子供たちは大きな劣等感を抱くだろう。

しかし、このような負の部分があるからといって、すべての子供たちに同一の教育を施すべきだろうか？　画一化した教育は平等な社会を作るかもしれない。ところが画一化を通した平等な社会は価値観の定量化をもたらし、それに伴う副作用を過去五〇年以上、すでに経験してきた。画一化せず多様な教育課程を実行するために、新しい教師の役割が必要だ。既存の教師のおもな目的が、一つの教育課程を通して生徒たちに知識を伝達することだったならば、これからの目的は、生徒個々人に適合した教育課程を開発していくことだろう。教師は単純な知識伝達者のレベルを超え、教育課程のキュレーターにならなければならない。週末に地方に行って遊べない生徒たちも、自分だけの独特な体験づくりをし、充分なプライドを保てるように、その生徒だけの個別化された教育課程を作ることが教師の役割だ。今後、教師の役割はいっそう重要になるだろう。そのような学校づくりのために、もっと多くの教師が必要になるかもしれない。

教育とは何か

既存の教育に関する問題はたえず指摘されてきた。新しい教育が求められる現在、私たちは根本的なことについて問わなければならない。オンライン授業をオフライン授業とそっくりな形にすればするほど成功した授業になるのだろうか？　教権がなければ教育は成立しないのだろうか？　これは〈建築空間から作られた権威を失った宗教が、いかに本質的な答えを提供することができるか〉という問いともつながっている。慣れ親しんだ空間体系が消えつつあるこの時代は、私たちに根本的な問いを投げかけている。かつて王がいなくなれば国が滅亡すると思われていた時代があった。実際は、王がいなくても世の中はよりよく回った。しかし時によっては、ファシズムのような独裁が、王の消えた後の空位を占有する悲劇もあった。かつて、芸術品の大量生産が可能になると、ヴァルター・ベンヤミンのような批評家は、芸術品のオーラが消えたと語った。しかし映画という新しい大衆芸術が誕生した。

自動車が出現した後も人々は乗馬をし、写真機が発明された後も画家は絵を描き、消費者は画家の絵画を購入する。しかしこのような行為は、上位一パーセント以下の富裕層にのみ可能だ。これからオンライン授業はリーズナブルな教育という新しい世界を開くだろう。ところがそうした世界では、オフライン学校が上位一パーセント以下の富裕層の専有物になる可能性もある。その場合、かれらは今以上に固く結束し、かれらだけのグループを作る可能性が高い。フランスが大学を標準化したことで、むしろ「グランゼコール」というエリート学校の卒業生が、フランスの財界と政治界を掌握するようになった。今後、オンライン授業が増加するとしたら、このような問題を警戒しなければならない。感染症により多核構造〔中心地がいくつかに分散されて構成された都市空間構造〕で暮らすようになった時、経済的に余裕のある一部の人々は、区別された空間で区別された人々だけの学校を作るかもしれない。このような傾向は住居の空間と商業施設でも現れるだろう。感染症が広がれば広がるほど、空間の両極化現象は深刻化する危険がある。もし少数の富裕層だけを教育する学校ができたら、同じ時空間を共有することで生まれる共同体意識が、他の何より強まる可能性もある。現在の韓国社会で数多く見られる学閥や地縁問題はすべて、場所と関連した共通の思い出を分かち合う結果、派生したものだ。このような共同体的な紐帯感覚が特殊エリートの集団内で現れたら、社会の中でどれくらい強い影響力をもつかは、歴史を通して見ればわかる。以前は名門高校、名門大学がそのような役割を担っていた。一七世紀のヨーロッパの富裕層が「グランドツアー」と呼び、イタリアのような由緒ある場所へ旅行することが流行った時代があった。これもやはり共通の思い出を通じて紐帯感覚を育てるためだ。二一世紀の現代の韓国社会でも、似たようなことが起きている。だからといって、そのような短所のせいで教育の進化を妨げてはならない。歴史を通じた人間の本能を知れば、次世代のオンライン教育システムで補強すべき点を予想することができるだろう。短所を補いつつ進化を遅らせてはいけない。

感染症で既存の教育システムが挑戦を受けている。もはや全世界が同じスタート地点に立っている。かつて近代化に遅れた我らの先人たちは、欧米で作られた学校システムを模倣することにあくせくしていた。このような旧世代の生き方を繰り返すのか、それとも新しい公立学校のシステムを作って新しい時代を開くのか、選択の岐路に立たされている。新しい公立学校のシステムを作るために私たちは、〈教育とは何か〉という問いからスタートしなければならない。私は、教育とは自分だけの目で世界を見ることができる思考の枠を作っていくことだと考えている。おそらく多くの人が同意しないだろう。こうした根本的な問いに関する議論から始めなければならない。

訳注

［1］カカオトーク　韓国のインターネットサービス企業カカオが開発して提供する、スマートフォン・タブレット端末用の無料通話・メッセンジャーアプリケーション。韓国ではラインはほとんど使われず、カカオトークが一般的。

［2］東学運動　朝鮮時代の末期（一八九四年）に起きた大規模な農民反乱運動。甲午農民戦争ともいう。反王朝的、社会改革的な性格を帯びていた。

4章

出勤は続くのか

労働人口の五五パーセント

オンライン在宅勤務が始まった。技術的には数十年前から可能だったが、これまでは「部下は俺の目の前で仕事しなければならない」という上司の考えのせいで、ろくに実行されてこなかった。ところが感染症が流行ると、仕方なく実施されることになった。二〇一八年の統計で、韓国の労働人口の中で、事務職の勤労者は全体の五五パーセントだ。二〇一七年「日本経済新聞」が日本の従業員数百人以上の企業六〇二社を調べた結果、三五パーセントの企業が在宅勤務を導入していたという。もちろん、在宅勤務を選択した企業の四二パーセントでは、在宅勤務をする正社員が一パーセント未満で、在宅勤務を導入する会社の中の九パーセントでは、正社員の一〇パーセント以上が在宅勤務をしているという結果だった。しかしこれはコロナ以前の結果で、コロナ以降その割合はもっと増えた。今後、在宅勤務が増えれば、通勤の交通量・人気の学区・オフィス空間の需要などの変化が生じるだろうし、これは都市空間を変容させるだろう。

在宅勤務が可能になったのは、仕事の多くが、リアルな空間からオンライン上の仮想空間に移行したからだ。人類最初の仕事場は森だった。森で狩りをし、果実を採集していた。農業革命が起きると、人類の仕事場は木々のある森から草の生える土地に変わった。産業革命が起きると、仕事場は土地から室内の工場に変わった。情報化社会になると、仕事場はオフィスに移動した。今や私たちの仕事場はオフィスから仮想空間に移行しつつある。仕事をする空間は次第に安全で快適になった。狩猟と採集の時期は猛獣の脅威の中で働き、農業をおこなう際は雨に打たれながら働き、工場では騒音と埃の中で立ち仕事をしていた。今日の事務職は、夏は冷房、冬は暖房が効く場所で、座って仕事をする。人間は多くの仕事場の空間を快適にしてきた。現代にいたってはパーソナルコンピューターが出てきて、それを使って業務の多くをコンピューター内の空間で処理し、情報のやり取りをインターネットでおこなえるようになった。今や仕事の書類は自分のデスクの上ではなく、インターネットの仮想空間内のクラウドの中にある。私たちは新しい業務空間を創造したのだ。このような技術的進歩で、会社に出勤してデスクの前に座り、仕事をしなければならない理由がだんだん減ってきた。

韓国の職場に会食が多い理由

韓国にだけある代表的な職場文化の一つは「会食」だ。会食の時は夕食をとることだけに満足せず、二次会はビアホール、三次会はカラオケまで行く。ミレニアル世代が入社し始めてから、このような会食文化はだいぶ消えたが、二〇〇〇年の初め頃までも、退社後に職場の同僚同士で食事をする文化は根強く残っていた。理由は何だろうか。他国では数百年にわたって進んでいた産業化が、韓国では数十年で急激におこなわれたので、稲作の労働文化が残っているからだ。稲作の地域では、一年を通じて千ミリメートル以上の雨が降る。田植えの時は田んぼに水を張らなければならない。雨は夏場にたくさん降るが、田植えは春におこなわれる。あらかじめ水を溜めておいて、春に使わなければならない。このため貯水池を造ることもあり、水をコントロールするための土木工事も多い。こうした規模の土木工事は複数の人が力を合わせなければならない。田植えも共同でおこない、秋の収穫も、台風が来る前に力を合わせて素早く対応しなければならない。稲作には集団労働が多い。集団労働が多いので集団優先主義が強い。一方で、麦作では一人で種を蒔く。個人の労働が主を成していたので、麦作の文化圏では個人主義が発達している。

稲作をする際、仕事場の同僚はお隣さんだ。当時は冷蔵庫がなかったので、料理が余れば傷む前にお隣さんと分け合った。そうすれば、自分が困った時にお隣さんの食べ物を分けてもらえるからだ。労働をともにし、労働中の食事もともにし、日常でもお隣さんと食べ物を分け合っていた。寝る場所が違うだけで、村全体がほとんど家族同然だった。このような生き方は都市へ移った後も続いていた。私の家も、田舎から来た祖母はお隣さんと食べ物を分け合い、つねに親しくしていた。ところが産業化以来、人々が都市に住み始め、そこで働くようになってから韓国社会は変化した。まず職場の同僚はお隣さんではない。自分の隣で働く職員は隣に住んでいる人ではない。一つの部署内の一〇人ぐらいの社員の中で、同じ町に住んでいる人はほとんどいない。数百年間受け継がれてきた労働文化は家族的な雰囲気だった。しかし、都市での労働は受け継がれてきた稲作の労働文化とは異なっていた。にもかかわらず稲作文化の慣性で、同僚とは家族のように一緒にご飯も食べて、親しくすべきだと思われていた。そうこうしているうちに、退社後も家族のように、食事をともにする会食文化が定着したようだ。

産業化が定着した後の会食文化は、老害《コンデ》の象徴になって消えつつあった。会社も徹底してプライベートを尊重する方向に変わった。有給休暇の申請の際にも理由を問うてはならないし、休暇時にどこで何をしたか訊くのも失礼に当たる時代になった。在宅勤務も普通になってきたので、今や会社は徹底して個人主義的になったといえる。社員の採用から業務まで徹底的に非対面で対応する会社も現れた。同じ空間で時間をシェアせず会食もしないので、その中の一社がチームワークに問題を感じた。社長はこの問題の解決のために、一年間の賃貸料と会食費を貯めて、社員全員と一緒に海外旅行に行った。しかし、同じ時空間で仕事をしながら作られる共同体意識と、遊びながら作られる共同体意識は異なる。共通の目標と達成に基づいた共同体意識は、一緒に旅行に行くからといって作られるわけではない。在宅勤務をすれば生じる人間関係の変化はどういうものなのか、そしてそれが作り出す新しい組織文化とその影響について、考えてみよう。

在宅勤務と仕事の未来

二〇二〇年、教会の礼拝を優先すべきか、コロナ防疫を優先すべきかをめぐり、政府と宗教界が衝突した。この葛藤の背景には、教会組織が物理的空間に集まる行為への依存度が高いという理由がある。同じ時間・同じ場所に集合して礼拝を捧げることで、教会は組織化され、共同体意識も強まる。一週間に一回ずつ捧げる礼拝は、オフライン空間で物理的時空間を共有する行為だ。礼拝をすることができなくなれば時空間の共有がなくなり、これは教会の共同体を弱体化させる。会えない時間が長引けば共同体は解体する。遠距離恋愛が失敗する原理と同じだ。このようにオフライン空間で集合する行為は権力構造を作り、そうして作られた権力構造は共同体を作る。会社も同じだ。

会社は業務の遂行がもっとも重要な利益集団だ。したがって、どこでも業務さえおこなうことができれば、あえて一か所に集まる必要はないといわれる。在宅勤務に当為性が与えられる理由だ。理に適っている言葉だが、一週間に一回集まる礼拝と同様、週五日の出勤は共同体形成の役割を担う。出勤をしなければ会社の共同体も弱まる。コロナ防疫のレベル強化が議論された時、私が経営する設計事務所も在宅勤務を検討してみた。まず社員の家に大型モニターやデスクトップパソコンを設置し、家でも勤務することができるインフラを構築しようとした。ところが社員たちはデスクトップパソコンの代わりにノートパソコンを希望した。狭い家では勤務が難しいので、カフェで仕事をしなければならず、だからノートパソコンが必要だというのだ。そもそも在宅勤務の理由は、通勤時のコロナ感染の可能性を減らすためだった。ところがカフェに行って仕事をすれば、防疫という点で意味がなくなる。結局、ラッシュアワーを避けて通勤時間を調整する方向でまとまった。建築事務所は業務の特質上、高性能デスクトップパソコンが必要だ。だから社員たちは二台のモニターを前に置いて働いている。そしてこのモニターはおもに自分の空間を隠すパーテーション機能も兼ね備えている。ノートパソコンの小さなモニターで建築設計の図面を描くというのは、業務の効率を下げる。決まった自分の席がなく毎日異なる席に座る、自律座席制を導入した現代カード〔韓国のクレジットカード会社〕の汝矣島《ヨイド》オフィスの場合でも、グラフィックの仕事をする社員は大型モニターを使用しなければならないので、指定席を利用している。

業種によって、カフェの座席に座り、ノートパソコンで作業することができる仕事がある。おもな業務が報告書の作成・Eメール作成・ソフトウェア開発・テレビ会議をする仕事ならば、場所に拘束されず、モバイルでも仕事が可能だ。ところでオフィスに出勤せず、自宅かカフェで、ノートパソコンで仕事をする場合、はたしてかれらは社員なのかフリーランサーなのか？　社員とフリーランサーの違いに関しては、同じ時間に同じ空間にいるか、それとも異なる空間でそれぞれ働いているか、ということも大きな比重を占める。業務をこなすという面では同じでも、同じ時空間にいなければ組織に対する帰属性は弱まり、同じ空間にいる時より業務の伝達が遅れ、業務の処理が遅延する場合もある。在宅勤務をすれば、おのずと会社組織の再構成と解体がおこなわれる。雇い主は、「在宅勤務だけの社員をさまざまな手当てが必要な正社員にしておく必要はあるか?」と考えるようになるだろう。正社員の働き口が一〇あると仮定してみよう。かれらがすべてフリーランサーに変われば、フリーランサーの働き口は一〇より減少する。普通、正社員の働き口は一〇人が全部必要だからというわけではない。その中の相当数はピークタイム時の需要のための待機だ。ところが、もし全員がフリーランサーに変われば、能力のある人には二つや三つの仕事がさらに回されることになるだろう。会社ごとに忙しい時間帯が異なるので、一人が二つや三つのプロジェクトを遂行することができるからだ。そうなればかつて一〇人の正社員でおこなっていた業務を、七人のフリーランサーでまかなえることになる。三つの働き口が減るのだ。

週五二時間勤務・四つの社会保険などの装置は安定的な職場を作り、それを通して社会的セーフティーネットを構築するためのシステムだ。今後の在宅勤務は空間が作っていた正社員中心の組織構造を解体するだろうし、組織構造の解体は労働者のセーフティーネットの解体につながる可能性が高い。ラッシュアワーから解放され、決まった時間に出勤せず、家やカフェで気楽に働くことは、業務空間を個人化する。このように個人化した空間体系は組織を分割し、個人へと断片化するだろうし、これは働き手のフリーランサー化を加速させるだろう。部長級の人々に在宅勤務に対する評価を聞いてみると、在宅勤務後に個々人の業務の計画と実行が明確になり、既存の巨大組織内でただ乗りしていた人々を見分けられるようになったという。言い換えれば個人の業務遂行能力が冷酷に評価される社会になるという意味だ。業務のフリーランサー化が進み、個々人の業務遂行能力が明確に評価されれば、仕事のできる人は仕事が増えて給料が上がる一方で、仕事のできない人は組織から簡単に追い出されることになるかもしれない。巨大組織では業務能力が落ちても、他人の話をよく聞いてあげるとか、会食で上手に雰囲気を盛り上げるとか、タバコを一緒に吸えるとか、組織維持のために必要な役割をうまくこなせる人がいる。在宅勤務では、このような人間関係上必要とされる役割が要らなくなる。その分、働き手の総数は減少するだろう。二〇二〇年のコロナ禍は会食文化をなくし、今や会社周辺の路地裏の商圏が崩壊し始めている。フリーランサーが増えれば、会社中心に構成されていた医療保険制度も変わらなければならない。今後の在宅勤務が作り出す世の中は、会社の空間が作ってきた組織共同体の保護膜を弱体化させるだろう。既存の社会保障システムは正社員中心に構成されていたが、改善が必要な時代が到来すると思う。

拠点サテライトオフィス

在宅勤務が長期化しているので、不満を漏らす人が増えている。おもに狭いワンルームに住んでいる人々と子供を養育している人々だ。かれらは家では仕事に集中しにくいと漏らす。在宅勤務が円滑に機能するためには、仕事の空間が確保されたもっと大きな家や、完全に新しくデザインされた住宅が供給されなければならない。その需要は数百万件に及ぶだろう。在宅勤務とともに住居空間の改善が必要だ。家族全員に仕事をすることと休憩をすることが同時にできる条件を満たすべきだが、突然大きな家に引っ越すことは難しい。郊外の広い家に引っ越すことも可能だが、便利でいろいろと楽しめる都市を離れるのも簡単ではない。そして一〇〇パーセント在宅勤務するケースも少ないので、完全に郊外に住むのは不便だ。新しい住居が定着する前に、事務空間をいかに構成する必要があるか考えてみよう。

在宅勤務を邪魔するエレメントの一つはセキュリティ上の理由だ。ほとんどの大企業は社内で使う書類にセキュリティ装置を施している。セキュリティが重要なサムスン電子の主要部署は、コロナ禍でも在宅勤務を実施しなかった。通勤で浪費する時間の無駄をなくし、会社のセキュリティを

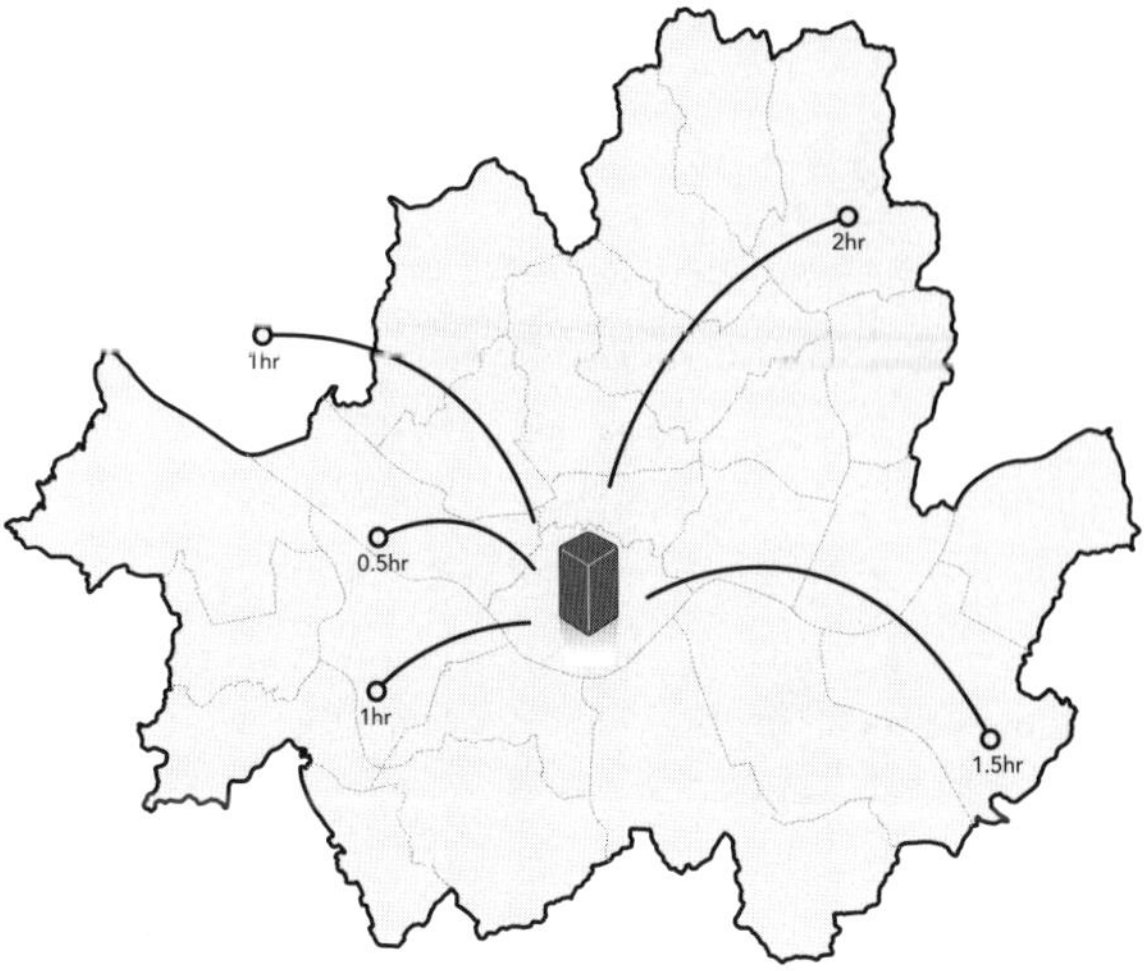
2hr
1hr
0.5hr
1hr
1.5hr

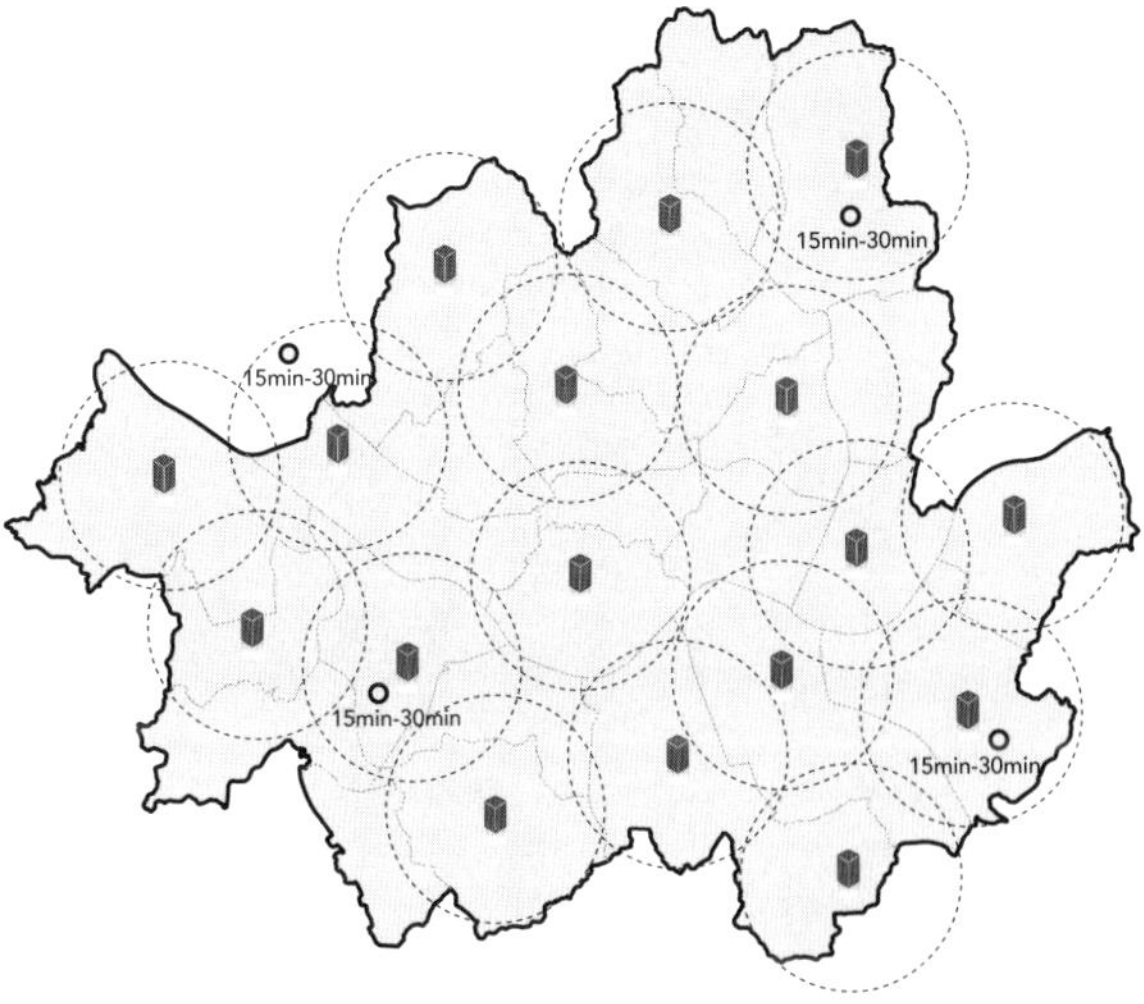
15min-30min
15min-30min
15min-30min
15min-30min

拠点オフィス

守りながら、共同体意識は維持する方法として、拠点サテライトオフィスがある。百人以下の小さな会社は分割するほどの規模ではないので、地域の拠点に置かれたサテライトオフィスシステムは無意味だ。しかし大企業の場合は考慮してみる価値がある。実際に某グループは社屋をなくし、地域ごとにサテライトオフィスを設置し、社員の通勤時間を一五分以内にしようと試みている。その試みは企業文化に新たな転機をもたらすだろう。一般的に大手企業はグループ会社が数十社に分割されている。そして各グループ会社のあいだに見えない壁があり、スムーズに協力することは難しい。各グループ会社にはそれぞれの社長がいて、かれらは自分だけの王国を作りたがるからだ。グループ全体を経営するトップの立場では好ましくないことだ。数千人の社員が有機的に融合してシナジー効果を上げられればよいだろうが、グループ会社の組織構成が構築した現実はそうではない。サテライトオフィスのシステムはこうした垂直的な系列構造から抜け出し、グループ会社間の壁をなくし、横のつながりの強い組織を作ることに役立つだろう。その際、社員に指定席を与えるか、それとも毎回ノートパソコンを持たせてバッタみたいに移動させるかは、また違うレベルの問題だ。

自分の席は必要だ

講演をすると、オフィスの席の配置について質問を受けることがある。テレコミュニケーションが発達しているので、水平的な組織文化のために、指定席なしで毎日違う席に座るのがよいという意見と、決まった自分の席が必要だという意見に分かれる。現代カード社の汝矣島のオフィスの場合、試験的に一つの部署を指定し、固定席のない「自律座席制」を採用して運営している。ある番組がそのオフィスを訪問して実施したアンケートでは、自律座席制を支持する人と反対する人は半々ぐらいだった。意外な結果は、末端社員の中でも自律座席制を好まない人がいたということだ。理由としては、朝早く出勤して毎日よい席が取れても、毎日その席に座ると周りの目が気になるという。ここでいうよい席とは、自分のモニターを他人に見られず、景色のよい窓際の席を指す。席の配置と人間関係はとても複雑な関数だ。上司の場合には、自分の若かった頃はまともに優遇されず、やっと昇進して安定的な空間が得られる時機になったのに、自律座席制を実施されたら悔しいという者もいた。結局、空間とはさまざまな面で、心理的影響を及ぼすものであることは明らかだ。

当然のことだが、人間が自分の場所を所有する時、心理的安定を感じるというのは本能だ。鳥も昆虫も巣を作るのを見れば、動き回っている動物が不動の自分だけの空間を確保しようとするのは本能なのだろう。地球上の空間は有限だ。自分がある場所を占めることができるというのは、時間と空間の中で空間を確保することだ。私たちは時間を支配できないが、空間は所有することによってコントロール可能だ。人生とはいつも不安定で変化の要素が多いものだ。力を持つ者はこの不安

オフィスのデスクを好きな人形で飾る様子。オフィス内の個人空間は安定感と愛着を抱かせる。

© majortomagency/unsplash

共用空間が多くあるオフィス

© 유현준

定要素を減らす方向にシステムを構築していく。明日起きるかもしれない出来事への不安を、すこしでも減らそうと保険に入ることがその一例だろう。ユヴァル・ハラリ教授によれば、人間が宗教を信じてさまざまな規範を作るのも、不安を解消するためだという。生きている間に生じる不幸は神罰だが、宗教の規範を守ることで、不祥事が起きないように予防することが可能だと信じるのだ。これはつまり、自分の運命を自らコントロールできると信じさせることであり、それが宗教の規範になるというのだ。人間はつねに不安定な世界で安定を求めるが、不安定な世界で空間を所有することで、一定部分の安定感を確保することが可能だ。家賃の支払いよりはチョンセ[1]〔伝貰〕の方が、チョンセよりは自宅の所有の方がより安定を与えるのだ。こうした側面からオフィスに自分の席があることとないことは、安定感という観点で大きな差がある。

人間は安定を望みつつ、同時に自由を望む。それゆえ独身時代は結婚したいと思い、結婚すれば独身時代を恋しく思う人たちがいる。オフィスの席も同じだ。一番望ましいのは、自分の席があって、自由な共有空間が広く、よい立地にあるオフィスだ。もちろんこのようなオフィスの場合、運営費の軽減のため、個人の席を適切に最小限にすることが鍵になる。問題は業務の種類がさまざまだということだ。創造力が多く求められる職業があり、周りの人々とたくさん協力しなければならない職業があり、集中して生産性を高めなければならない職業もある。一般的に天井が高くなれば高くなるほど創造力が増大し、狭い空間では集中力が高まる。だからクリエイティブ[2]に考えなければならない哲学者は空を見ながら散策をし、一夜漬けの試験勉強は仕切りのある読書室の机で、集中照明〔特定の狭い場所だけを明るくする照明〕の下でやるのだ。業種ごとに、出勤と在宅勤務との割合、オフィス内でのプライベートな空間とパブリックな空間、創造力を高める空間と集中力を高める空間の黄金比を見つけることが大切だ。

マスクが変える人間関係

「注目効果」というものがある。人間が目で情報を処理する際に、変化のない情報は消してしまい、変化のあるものだけに集中する現象だ。たとえば、湖の風景の中を飛んでいる鳥がいたら、脳は背景となる変化のない風景を消して、動いている鳥だけに集中する。変化のない同じ風景の情報を、一秒に数百枚ずつ演算するのは脳の浪費になるからだ。マスクをつければ顔の半分以上が隠れ、残るのは髪の毛と目しかない。人を見てもほとんど変化が感じられないので、変化のない湖の風景のように、記憶に残るものがあまりない。

人間は顔を認識する時、側頭葉を使用しながらおびただしいエネルギーを消費するという。顔は人間関係の形成にそれほど大きな役割を果たすという意味だ。最近は食堂でサービスを受けても、マスクをつけてもてなす人には、以前と違って存在感が感じられない。マスクをつけると顔は消え、一人の人格というより背景の一部として感じられるからだろう。顔を見ながらコミュニケーションをし、社会的関係を構築するやり方は、人間が過去数十万年間鍛え上げ、他の動物を圧倒した秘訣だ。ところが、顔の三分の二ほどが隠れた状態で作られていく人間関係は、既存のものより希薄なネットワークになる。このような社会での生活は個人に自由を与えるかもしれないが、同時に個人の断片化と孤立を招くかもしれない。

すこし前の経験だ。広告映像を撮るために八時間撮影をした。その場では広告会社の関係者、ヘアメイクアップチーム、放送作家、撮影チーム、照明チーム、監督など一五名ぐらいの人が一緒に働いていた。コロナのせいで出演者の私だけがマスクを外し、他の人たちは全員マスクをつけて撮影に臨んだ。長時間一緒に仕事をしていたのに、終わってから記憶に残る顔は一人もいなかった。会議から撮影までずっとマスクをつけていたからだ。顔を認識するためには携帯電話の番号を交換し保存してから、カカオトークのプロフィール写真を確認しなければならない。マスク時代の社会では業務だけが残り、人間は消える生活になりやすい。年長者たちはある程度すでに、ソーシャルネットワークが構築された人々だ。それに比べてコロナ禍以降に社会人になった青年世代は相対的に、自分だけのソーシャルネットワークを構築する点で不利だ。二〇二二年にマスクをつけない時代が来るとしても、成長期に二年間マスクをつけて社会生活を経験した若者が、学校や会社の中で学んだ人間関係はかなり異質なものだろう。マスクによる意思疎通の大変さは東洋と西洋でも異なっている。東洋人である私たちはスマートフォンで笑顔を表現する際、「^^」で笑っている目を表記する。一方、西洋では「:)」で笑っている口を表記する。東洋では目で感情を表現し、西洋では口で感情

撮影スタッフたちがマスクをしているので、一緒に仕事をしても顔を覚えにくい。

© 유현준

を表現する。人間の表情筋で、自分の意志で調整不可能な筋肉は目の周りの筋肉だという。口元では意識的に笑っている表情が作られるが、目元では作り笑いで人を騙しにくい。だから美人コンテストで、緊張した出場者の笑い続ける姿が不自然に見える時がある。目では笑っていないのに、口だけで笑っているからだ。東洋で目を見る理由は、集団労働をする稲作地域の人たちは、個人労働中心の麦作の人たちより、他人との感情の調整がより必要だったからだと思う。稲作地域の人たちは生活空間で他人との距離が近く、感情の把握も大切だ。だから他人の感情をより正確に把握することができるよう、近い距離で、目の周りの筋肉を観察する方向に発達してきたのだと思う。

このような背景から現れたビジネスの一例がある。日本のサンリオ社の「ハローキティ」という猫のキャラクターは、極東アジアの子供たちに人気だ。ところで、このキャラクターはアメリカ進出には失敗した。ハローキティの顔に口がないからだ。口で感情を把握する西洋人に口のないハローキティは、東洋人にとって目のないミッキーマウスに等しい。西洋人が東洋人よりマスクを嫌う理由も同じような脈絡で理解することができる。西洋文化でマスクは強盗などが使うものと認識されている。中東地域では微細粉塵のせいで鼻や口を隠すファッションが生まれたが、西洋人が中東の人たちに否定的な先入観を持つことにも、こうした背景が影響を与えているのだろう。口を隠すことに否定的なので、バットマン、グリーン・ランタン、ゾロのような顔を隠すヒーローたちも、マスクではなく目だけ隠して出現する。

感染症が流行る時にマスクをすれば、西洋人は口を通した感情の交流がなくなるので大変かもしれないが、東洋人は目である程度、意思疎通をすることが可能なので、相対的に有利かもしれない。ところが数人でテレビ会議をすると、参加者の顔はモニターに小さく表示される。こうした場合、目元の微細な筋肉の変化を小さな画像で見ることができないので、相手の感情の変化を把握しづらい。この点がテレビ会議の不便なところだ。しかし口元で感情を把握する西洋人は、モニター上の顔でも十分に口の変化はわかるので、さほど不便なく感情を把握することができるのかもしれない。

平等なテレビ会議

近年多用されているテレビ会議は、社内での仕事関係に変化をもたらした。テレビ会議の長所は、いつでもどこでも容易に参加することができるということと、雑談せず必要な内容のみ話し合ってログアウトすることで、会議時間が短くなることだ。簡潔な会議は長所でもあるが、短所でもある。既存の会議では会議の前に、隣の席の人とありふれた挨拶やドラマに関する雑談を交わし、人間的な関係を築いていた。ところが、テレビ会議ではこのような日常的な会話が生まれない。二人だけで密かな話をすることもできない。すべての言葉が同じボリュームで参加者全員に聞こえるからだ。テレビ会議では少数の〈私たちだけ〉という共感の領域が生まれない。もう一つの短所は、いろいろとこまやかな表情や雰囲気の把握が難しく、話し出すタイミングを掴みにくいということだ。

しかしテレビ会議にも大きな長所がある。席の配置の空間構造から作られる権力がなくなるので、会議に出席した人々に、平等な状態で発言権が与えられるという点だ。一般的に長方形のテーブルでは、短辺に会長や部署長が座る。短辺にボスが座れば、残りの人々はみな、その人の言葉を傾聴しなければならないような圧迫を受ける。建築空間では、どれくらい容易に他人を眺められるかに

数人がテーブルを囲んで会議している様子。テーブルの短辺と長辺で位階の違いが感じられる。

© cwmonty/unsplash

テレビ会議の様子。モニターの出席者の画面がすべて同じ大きさに見える。
同時に何人もの顔を正面から見なければならないので、疲れを訴える人もいる。

© cwmonty/unsplash

よって権力の位階が決まる。会議テーブルの短辺に座る人は、頭を上げるだけで、テーブルの長辺に座る出席者の横顔を見ることができる。一方、長辺に座る人は短辺の人を見る時、首を九〇度回さなければならない。したがって、自分をあらわにすることなく他人を容易に見ることのできる短辺に座っている人が権力を持つ。テレビ会議をすれば、全員が平らなモニターに、同じ大きさの写真で位階の違いなく同等に表示される。全員が他人の正面の顔を容易に見ることができる。実際にテレビ会議では、自分だけ横顔を露出するケースはない。これは構成員間の権力の位階をなくし、気楽に発言することができる雰囲気につながりやすい。にもかかわらず、テレビ会議でも権力の位階を作る三つの方法がある。第一のものは、自分の姿が映るビデオをオフにすることだ。そうすれば、窃視症者のように自分の姿を見せずに他人を盗み見ることができる。しかしこれは無礼な行動であり、職位の低い人はやりにくい。残りの二つはさりげなく権力の位階を作る方法だが、それはすなわち背景とカメラの角度だ。

シュレック対ライオン・キング

テレビ会議では自分の画面の背景を他の写真に設定することができる。その際、画面の背景は自分を他の姿で飾る方法になる。携帯電話にカメラが装着されることで現れた現象は、空間を通じて自分

テレビ会議の需要が増えると、各企業はバーチャル背景を制作して提供するようになった。
この写真はアメリカのある会社が提供しているバーチャル背景。

© West Elm

を表現する能力が生まれたことだ。かつては自分がどこにいるのかは重要ではなかった。代わりに自分が所有しているものが重要だった。ところで今は、自分が時間を過ごす空間で写真を撮りＳＮＳを更新すれば、ブランドの鞄や洋服よりも効果的に、自分を表現することができる。不景気でも雰囲気のよいカフェや高級ペンションが相変わらず人気がある理由だ。写真の中で自分を取り囲む空間は、自分を誇示する手段になる。自分の考えや哲学を表す方法として、スローガンや絵のプリントされたＴシャツを着たりする人もいる。Ｔ

シャツにプリントされた文字や絵は、自分を表現する方法の一つだ。同じくテレビ会議画面の背景は、自己表現の方法になる。海辺を背景にする人と考試院《コシウォン》[3]の部屋を背景にする人は違って見える。一般的に一人の権力は、その人が占める空間の体積に比例する。大聖堂のドームの下に立つ枢機卿《カーディナル》と、居酒屋の片隅に座るおじさんが違って見えるのには、背景も一役買っている。したがってテレビ会議の際、素敵で広い空間を背景に設定した方が、考試院を背景にするより自分を引き立てる。これは自分の言葉の権威を高める手助けにもなれる。スーツを着ている人の言葉が、半袖のTシャツを着ている人より信頼を与えるのと同じだ。だから信頼を得なければならない弁護士や不動産開発業者はつねにスーツを着ている。

テレビ会議で自分の権威を高める二番目の方法は、カメラを下に置くことだ。マイケル・ジャクソンの有名なMV「今夜はビート・イット（Beat It）」は、暴力団同士の対決ストーリーだ。クライマックスのシーンで背の低い暴力団のボスは、サングラスをかけて首を後ろに反らして相手側のボスを見る。この場面は二つの重要なポイントを見せてくれる。第一に、自分を隠して他人を盗み見ると、権力が増大するという原理だ。一種の窃視症だ。サングラスは自分の目を隠し、他人を盗み見ることを可能にしてくれる。サングラスをかけた人はかけていない人より、視覚的に権力の優位を占めることになる。第二に、見下ろす人が権力を持つという原理だ。建築空間内で権力者はみな、

顎を上げて見下ろすような角度の真ん中の人は傲慢な印象を与える。

高所の席に座って他人を見下ろす。景福宮《キョンボックン》の勤政殿《クンジョンジョン》[4]で王は、階段の上の高座から庭に立っている臣下を見下ろす。MVに出てくる背の低いボスは、相手を見上げないようにするため首を後ろに反らす。そうしなければ相手を見下ろせないからだ。首を後ろに反らせば見下ろす視点が作られ、自分がもっと強いと感じるようになるからだ。それゆえ暴力団のボスは誰もが傲慢に首を後ろに反らし、部下たちは頭を下げて遠慮がちに見上げる。このような特徴はチンパンジーやゴリラのような類人猿にも現れる動物的な本能だ。よくいわれているオルチャン角度[5]は、カメラが上から自分の顔を見下ろしながら撮ることだ。そうすれば顎が細長く目が大きく映るからだ。〈ペット角度〉ともいえる。この角度は保護本能を刺激し、好感を与える角度でもある。アニメーション『シュレック2』に登場する、「長靴をはいた猫」の見上げる表情が代表的だ。これと反対に権力を作るカメラ角度は、下から上の方に、観客が見上げるような角度で撮るのだ。アニメーション『ライオン・キング』の角度だ。主人公のライオン「シンバ」は岩の上に立っており、他の動物は全員見上げている。普通、デスクの上のノートパソコンに付いているカメラで撮れば、下から上を見上げるように撮影される。この時、自分の姿は可愛らしく見えないが、他人を見下ろす視線になる。意図せず権力者の傲慢な顔になる。謙遜に見られたいならば、本を積んでその上にノートパソコンを置いてからテレビ会議をしてほしい。長靴をはいた猫になるのか、シンバになるのかは、カメラのアングルで選べばよい。

大型組織の管理と企業哲学

事務空間は規模によって四種類に分けられる。第一に、大企業の社屋のように巨大組織が一つの大きな建物で働くというもの。第二に、巨大組織がいくつかのサテライトオフィスを設けて働くというもの。第三に、小規模組織が一つの小さな建物で働くというもの。第四に、完全に個人別に働く在宅勤務だ。私が運営している小規模の設計事務所の場合、在宅勤務は難しかった。その代わりに柔軟な通勤時間制を作り、ラッシュアワーを避けて通勤するようにした。ところが千人を超える巨大組織はコロナに対して脆弱なので、いくつかの小さな組織に分けた方がよい。しかし誰もが行き来する共有オフィスで働くのは、セキュリティ上の問題が起きうる。したがって同じグループ内の社員同士で、いくつかのサテライトオフィスに分散して働くというのが代案になる。ところで大型組織の場合、いくつかのオフィスに分散されれば、前述した宗教施設と同じく、共同体意識が崩壊するケースが発生する。空間的に離れていても共同体意識を向上させる方法にはどういうものがあるだろうか?

二〇二〇年リーグ・オブ・レジェンド(LOL)のeスポーツリーグを見ながら、この問題について考えてみよう。LOLは五人が一チームを作り、五対五で戦闘するオンラインゲームだ。五人のチームメンバーは各自のPCで、自分が選んだキャラクターで戦闘をするのだが、チームの勝利のためには、五人のメンバーが一つの戦略下で素早く動かなければならない。LOLの韓国チームの中に「ダムウォン」がある。このチームは二〇二〇年夏までは存在感のないチームだった。だが夏以降に突如、全世界でもっとも圧倒的なチームとなり、最終的に国際大会のロルドカップ〔リーグ・オブ・レジェンド・ワールド・チャンピオンシップ〕で優勝した。その理由はチームワークがよくなったことに起因している。LOLでは相手が攻撃してきた時に、五人のメンバーが一つの戦略で対応しなければならない。ところがゲームの特質上、チャットや会話で作戦を相談する時間はない。ほとんど無意識的に反応しなければならない。ダムウォンは競技の際の意思決定が早く、メンバー同士の話し合いがなくても、同じ戦略的反応を見せる。私たちはこれをチームワークと呼んでいるが、どうやってそれが可能になるのだろうか？

ジャズではピアノ・ダブルベース・ドラム・サキソフォンのそれぞれ異なる音色の楽器で演奏する。このような演奏を「ギグ（Gig）」というが、決まった楽譜なしで即興演奏をする。かれらが一緒に演奏する原理について、脳科学者チャン・ドンソン博士はプライベートな場でこのように説明した。一人の演奏者が音楽を聴いてその音色に合わせて和音を入れると、すでに時間的遅れが生じ、私たちが聴くような調和のとれた合奏にはならない。各演奏者が次に出す和音を予測して演奏しなければ、美しい演奏のハーモニーは完成されないのだ。それが可能になるのは、演奏者の脳が相互に同調し、同時に反応するからだという。脳波が共鳴し合うことと同じだ。調和のとれたジャズチームでは、演奏者同士が一つの音色に同じものを感じ、同じ種類の反応をするので、協奏のハーモニーが生まれる。一言でいえば、心が一つになってこそ、素晴らしいジャズ公演が可能になるということだ。

今後、一つの空間で一緒に働く時間はだんだん減少していくだろう。このように遠くに離れて働いていると、一つのプロジェクトで互いに異なる方向の意思決定をし、仕事の効率を低下させやすい。ＬＯＬゲームで五人のメンバーがそれぞれ違う戦略で反応してしまうのと同じだ。それではどうすれば、互いに離れているメンバーを共鳴させ、ジャズの演奏のように、即興的でありながら完成度の高いハーモニーを引き出せるだろうか。

メンバーの気持ちを一つに集めるには、組織内の構成員の意思決定を方向づける〈哲学〉が必要だ。言い換えればビジョンともいえる。たとえばアップルのような会社からは、誰が見ても、革新的な製品を作って新しい未来を切り開く企業の哲学を読み取れる。このような哲学があるので数万人の職員が崩壊せず、一つの会社として回っているのだ。サムスンやＬＧは洗練された製品を効率的に作っているが、世の中になかった革新的な製品を作り出した経験は少ない。効率性のみ強調するほとんどの会社には、強い企業哲学がない。それで大勢の社員を一つに結ぶために、制服のような同じ服装をさせ、社章バッジをつけさせ、同じ空間と時間に集めて働かせる方法に依存せざるを得ない。現代建設〔韓国の建設会社〕の社屋に行けば、全社員が同じ時間に巨大な社屋に出勤している。服装もほとんど似ており、濃い色のスーツ姿ばかりだ。一目で現代建設の社員だとわかるドレスコードだ。韓国の大企業はこうした統一性で巨大組織を維持してきた。統一性は画一性の言い換えだ。このような文化のせいでいっそう、クリエイティブな思考が生まれにくくなるのだ。ポストコロナ時代に入って巨大社屋もなくなり、同じ時空間をシェアする通勤文化も消えれば、会社は巨大なフリーランサー集団のようになるだろう。ばらばらになった個々人を結びつける方法は企業哲学しかない。在宅勤務の比重が増えれば増えるほど、企業哲学のない会社は生存が難しくなるだろう。

訳注

［1］チョンセ　韓国独特の賃貸住宅制度。借主が入居時に保証金として大金を大家に預け、退去時にその全額を返してもらう。大家は保証金の利子を家賃の代わりに得るという発想から生まれたシステム。

［2］読書室　日本の有料自習室のような空間だが、よりプライベートが守られているスペースで、ほとんどが小さな個室になっている。

［3］考試院　韓国でおもに経済的余裕のない人が借りる、劣悪な環境の狭小ルーム。もともとは受験生が家賃を抑えつつ暮らすところだったが、最近は学生に限らずに利用されている。

［4］勤政殿　景福宮の正殿。朝鮮時代初期から歴代の国王の即位式などの大きな儀式をおこなっていたところ。

［5］オルチャン角度　スマートフォンでの「自撮り」の際、約四五度上から顔を撮って、きれいに映るようにする角度。韓国語で「オルチャン」とは、可愛らしい、またはハンサムな顔のこと。

5章

感染症は都市を解体させるだろうか

感染症と都市の歴史

コロナ禍を経験する中でもっとも多く質問されたのは、「コロナによって都市は解体されるだろうか?」というものだった。住宅価格が高すぎる今、都市に家を買うべきか、郊外に引っ越してもよいか、知りたかったからだろう。私は経済専門家でも不動産専門家でもないので、住宅価格については明確な答えを出しにくい。ただ、都市は解体されるだろうか、という質問に対する私の答えは「解体されない」というものだ。特別な理由はない。ただ人類の歴史を見ればそうだといえる。五千年を超える人類の文明と都市の歴史を見れば、感染症がなかった時代は存在しない。時には深刻な感染症で都市が消滅したこともあった。だが、人間はふたたび集合し、都市の規模はずっと拡大し続けてきた。紀元前三五〇〇年前、人口五千人規模の最初の都市メソポタミアのウルクから、現在の人口一千万人を超える都市が作られるまでたえず成長し、今は世界人口の半分以上が都市に住んでいる。

都市はずっと感染症と戦い続けてきた。都市と感染症の相関関係について調べてみよう。以前執筆した拙著でも言及したことがあるが、必要だと思うので、もう一度整理してみる。ＭＩＴ（マサチューセッツ工科大学）機械工学科のクレン・ビュイ（Cullen Buie）教授は、雨の雫が地面に落ちれば発泡現象が生じ、地面のウイルスは微細な粒子と混ざり合うことでエアロゾルの形で空気に含まれ、周りに移動しやすくなるという研究結果を得た。最近のビュイ教授と淑明《スンミョン》女子大学の機械工学科チョン・ヨンス教授の共同研究によれば、ウイルスは空気中の微細な水分の中に生存し、このエアロゾルは感染症の危険を増加させるという。この研究に基づいて次のように推論することが可能だ。乾燥した気候では雨も降らず空気中の水分も不足しているので、ウイルスの生存が難しく、容易に伝播もされない。したがって乾燥した気候帯は感染症に一番強い条件になる。だから最初の都市は乾燥帯で誕生した。それはメソポタミア地域のチグリス川とユーフラテス川の下流に誕生したウルクだ。以降、その周りにさまざまな都市が誕生し、五百年ほど経って、西側の別の乾燥帯であるエジプトで都市文明が発生した。都市が形成されるためには、二つの条件を満たさなければならない。感染症がなく水が豊富でなければならない。感染症が起これば集合して住めないし、水がなくても人間は生きられないからだ。したがって都市の発生にふさわしい条件は、乾燥帯で水が豊富なところだ。この二つの条件を満たす場所がメソポタミアとエジプトだ。両地域は乾燥帯である同時に、川が南北方向に流れる条件を有している。したがって川の上流では雨がたくさん降り、その水が下流に位置した乾燥帯に至れば、都市が形成される環境条件が整うのだ。

このような地理的条件が都市を作り、都市が形成されれば、人と人のあいだに多様な関係が生まれ、それはすぐにチャンスにつながり、さまざまな競争力で文明を発展させられるようになる。こうして始まった都市は、まるで都市自体が一つの生命体であるかのように、感染症と戦いながら規模を拡大し続けた。人間が都市を育てるためにいろいろな都市維持システムを作って、水を供給し感染症を防いだからだ。代表的な都市は約二千年前の皇帝アウグストゥス時代のローマだ。ローマはアクアダクト（水道橋）を利用した上水道システムを造った。この時、ローマの人口は百万人を超えていた。現在は人口一千万人を超える都市が世界的に二八（二〇一四年の国連のレポートによる数）もある。なぜ都市の規模は拡大し続けたのだろうか。

ローマの上水道システムのアクアダクト。
人口増加で水の使用量も増えたため、水を供給するために建造された橋の形をした水路。

ヤン・ゲールの実験

デンマークの建築家ヤン・ゲールはベンチを使って面白い実験をおこなった。花壇に向かって設置されて花を見られるベンチと、通りに向かって設置されて歩行中の人を見物することができるベンチのうち、どちらにより多くの人が座るかを調べる実験だった。結果的に人を見物することができるベンチに一〇倍多くの人が座った。もちろんこの実験で、花と人以外の他の要素が一〇倍の差を作ったのかもしれない。どのような花があったのか、どのような人がいたのか、その日の天気などが影響を与えた可能性もある。しかしこの実験から、ただ自然だけを見るより、人は他の人間を見ることに惹かれるということがわかる。これは人間が他の人とともにいる時に安心を感じるというホモ・サピエンス特有の本能からだろう。こうした気質のため、今もトレンドが何かを毎年知ろうと努力し、流行りのファッションも追いかけようとし、観客動員数が一千万人を超える映画を見なければ、と思うのだ。自分が大衆の流れから離脱すると不安を感じるためだ。このような本能は都市空間でも現れる。最近の人気の場所といわれれば、一度行ってみなければならない気がするし、人々が集まる場所へもっと行ってみたくなるという本能がある。より大きな集団に入ろうとする人間の心理は、より大きな都市に人を集めさせる。こうした本能以外にも、都市に人々が集まって都

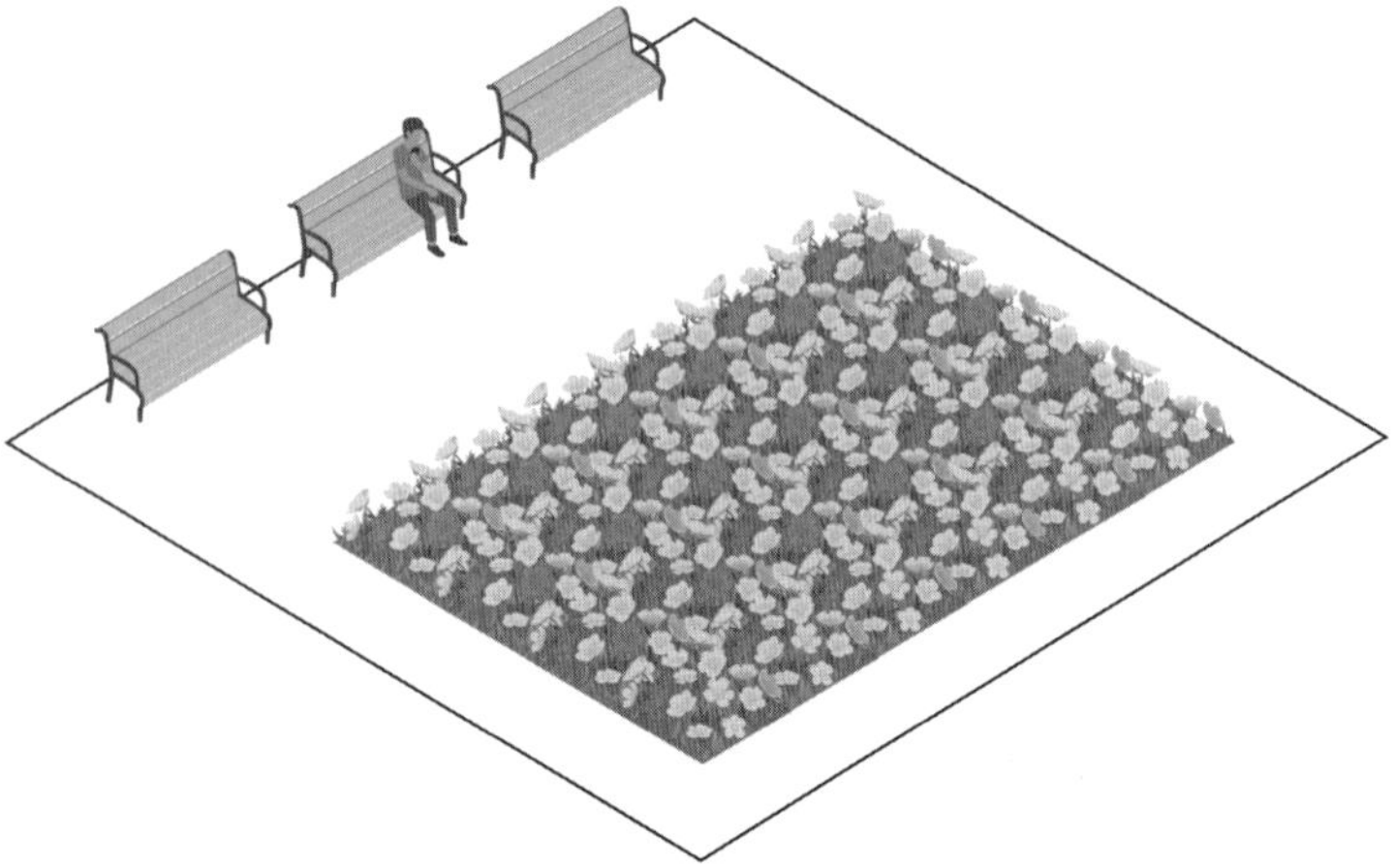

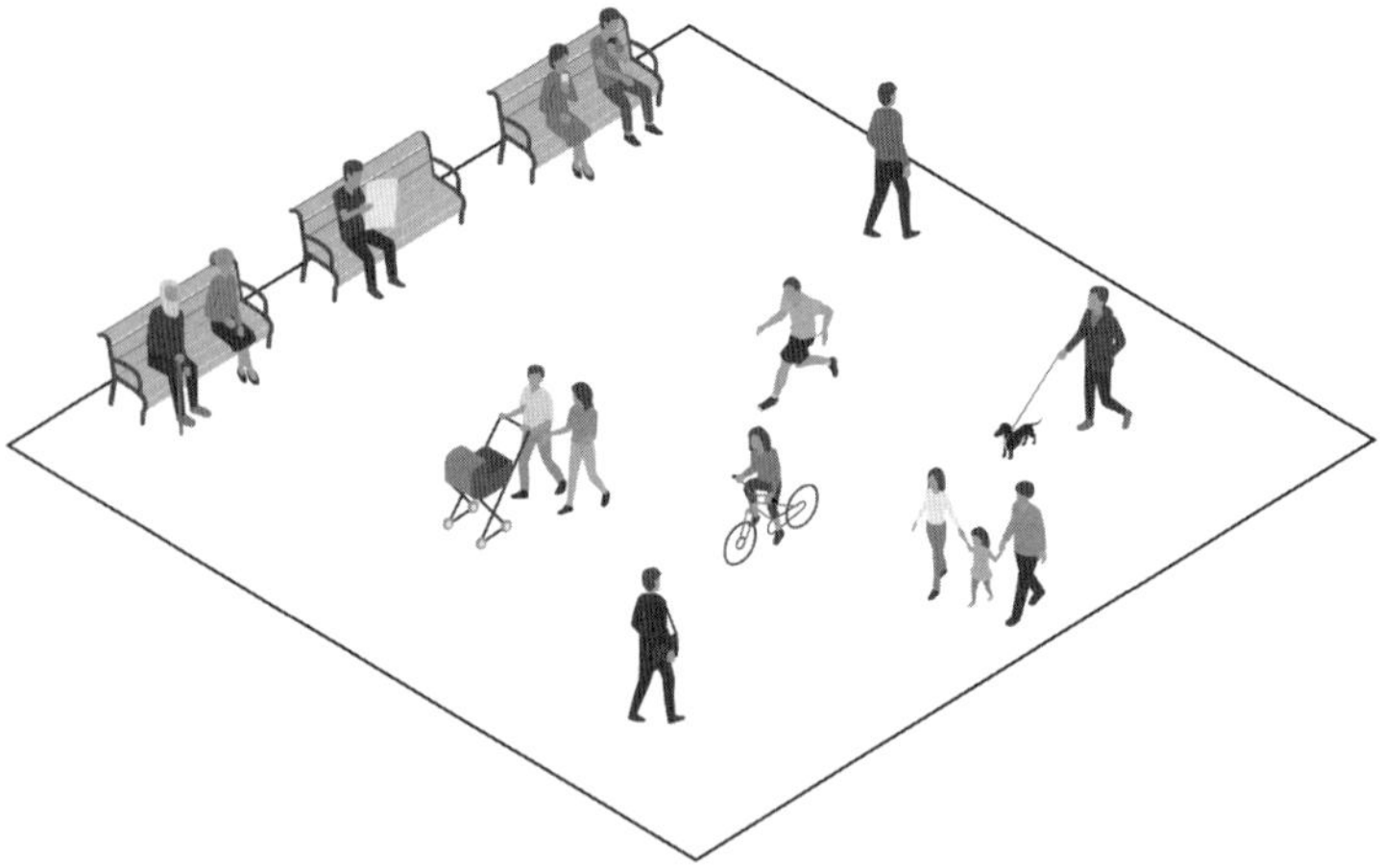

天気や周辺環境によって変わるかもしれないが、人はだいたい、
動かない花より動いている人を見ることのできる場所を好む。

市が拡大する実質的な理由がある。

人口二倍、競争力二・一五倍

人間の脳には、一千億個の（神経細胞である）ニューロンとそれらのあいだをつなぐ百兆個のシナプスがある。人間の知能が高い理由はシナプスの総量が大きいためだ。この原理はコンピューターでも見られる。パーソナルコンピューター（PC）一台の演算能力はさほど高くない。PCを直列でつなげても性能は変わらない。ところがPCを並列でつなげると、スーパーコンピューターの演算能力を持つようになる。これが並列ネットワークの力だ。人間の脳を並列でつなげるやり方は、ケーブルではない言語だ。そして文字は別の時間、別の空間にいる人ともつなげてくれる。二一世紀の私たちがプラトンの本を読んだら、私たちの脳は二四〇〇年前、ギリシャの一人の哲学者の頭脳と並列でつながるのだ。そしてその過程を通じて脳同士のシナジー効果が生まれる。

空間的に人間の脳同士の連結シナプスを増やす方法は、都市を作ることだ。過去の都市は外部の侵入を防ぐために城壁を築き、人々はその中で暮らしていた。こうした場合、城壁の半径が大きければ大きいほど築くのが大変になるため最小限の大きさで築き、城内の狭い空間に大勢の人が密集して暮らすことになる。それで城郭がある都市国家の建物は高層で建てられるのだ。二千年前のローマに建てられた「インスラ」という住商複合住宅があった。この建物が高くなり続けて崩壊の危険が生じると、皇帝アウグストゥスは最大の高さを二〇メートル、現代のものでいえば、七階の高さに制限する法律の制定をおこなったこともあった。このように密度の高い都市空間では、周りに人が多いので多様な商取引がおこなわれ、会話を通じてクリエイティブな発想も生まれる。私たちはこれを都市生活という。人類のクリエイティブな発想や物品はすべて、都市で生活していた人々によって発明され作られた。ジョフリー・ウェストの著書『スケール――生命、都市、経済をめぐる普遍的法則』によると、人口が二倍増加すれば、特許の出願件数は二・一五倍に上がるという。人口の規模が大きくなればなるほど、都市はよりクリエイティブになっていくというのだ。この他にも、平均賃金と専門職の従事者数も人口が二倍増えれば、二・一五倍増える。一方で、エネルギーは節約される。アメリカ・日本・ドイツの都市の場合、人口が二倍増加する際に、ガソリンスタンドは一・八五倍だけ増えたという。結果的にいえば、都市の規模が大きくなれば、都市のインフラの初期投資費用は七・五パーセント減り、創造力は七・五パーセント増加する。より大きな都市になるほど競争力が高まるという研究結果だ。ところで問題がある。

都市の規模が二倍大きくなれば、犯罪率と感染症の伝播も、二・一五倍増加するという問題だ。歴史を見ると、都市の規模が大きくなればなるほど感染症の問題が台頭するようになり、それに対処

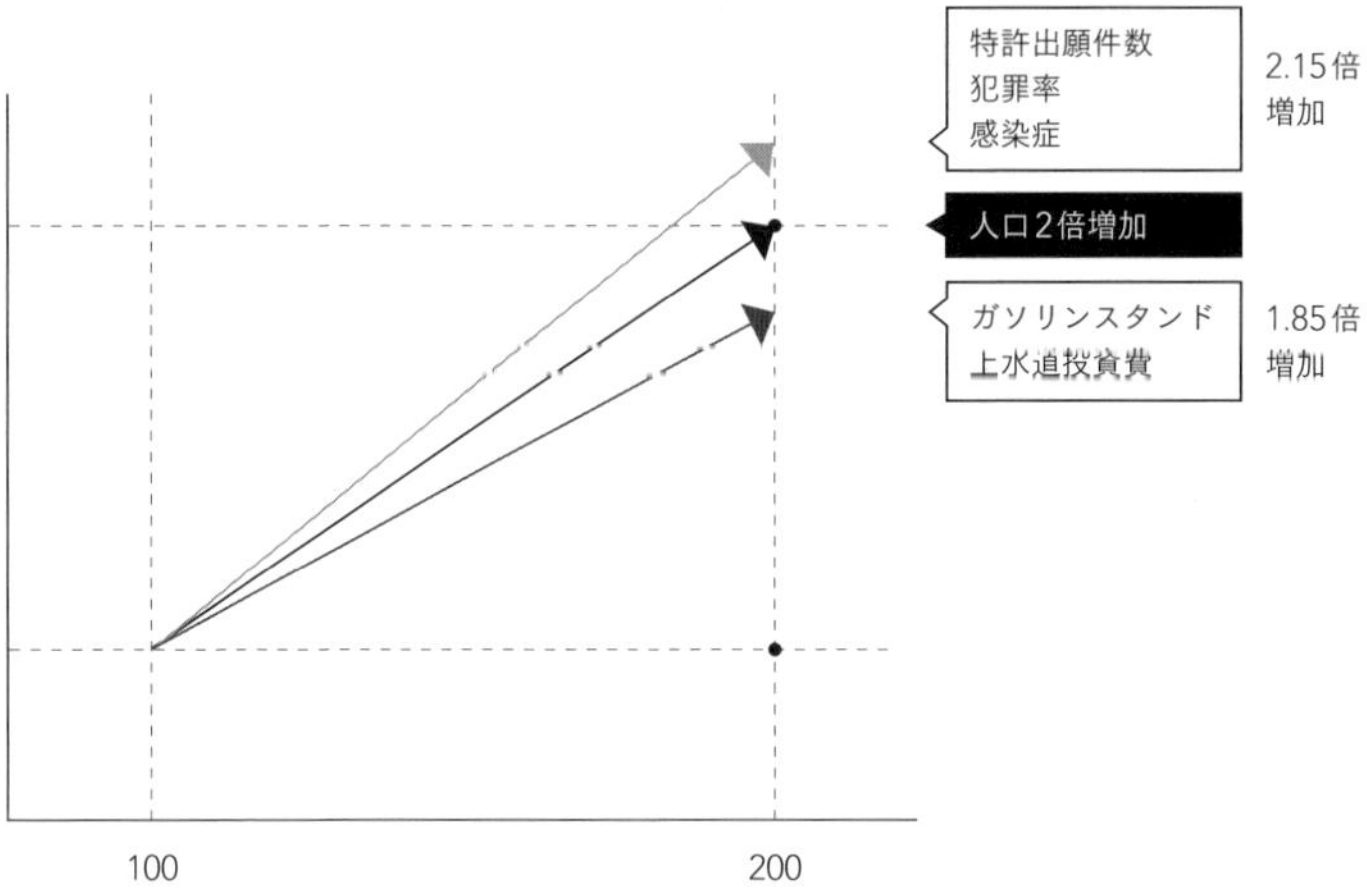

人口が2倍になれば、賃金と専門職の従事者は2.15倍増えるが、
都市インフラの設置費用は1.85倍にとどまり軽減される。

するためにさまざまな方法が開発された。感染症を制御することができる都市システムを作った国家は、当時最大規模の都市を構築し、その都市を通じて時代を導いた。感染症を防ぐために、紀元前七世紀頃の都市バビロンでは下水道を建設した。ローマは下水道とともにきれいな水を供給するために、アクアダクトを造った。パリは一三七〇年から下水道の工事を始め、一八五五年ナポレオンの指示により、新しい道路網の構築と大規模な地下下水道システムを整備した。一七九八年エドワード・ジェンナー（Edward Jenner）が天然痘のワクチン開発の論文を発表し、ルイ・パスツール（Louis Pasteur）が低温殺菌法（一八六四年）と狂犬病やニワトリコレラのワクチン（一八八〇年代）を開発して以来、人類はバイオテクノロジーによっても感染症に対応することができるようになった。かつては感染症にかかれば都市の郊外に隔離させる方法しかなかったが、病気の原因を把握してからは、病院という建築施設を都市内に積極的に配置し、都市の人口を維持する方法を開発した。さまざまな都市の衛生システムとバイオテクノロジーは、都市の規模を一千万人まで拡大してくれた。感染症と都市の進化は、新型コロナウイルス感染症が発生した二一世紀にも、そのまま適用される原理だ。二一世紀のコロナ禍にうまく対処し、高密度で大規模な都市を建設できれば、その都市を持つ国家は世界をリードすることになるだろう。

シナプス総量増加の法則

二〇世紀に入ってニューヨークは、全世界でもっとも密度の高い都市空間を構築した。その背景には新しい建築技術の導入が大きな役割を果たした。産業革命以降の一九世紀末、ヨーロッパは都市への人口移動がある程度おこなわれた状態だった。都市と都市のあいだに鉄道が敷かれ、近郊から列車に乗って通勤する人も現れた。比較的新興国でありスタートが遅れたアメリカのニューヨークは、先輩格のヨーロッパの都市より高い密度の、効率的な都市空間構造を持つ必要があった。幸いニューヨークは、他のヨーロッパの都市とは違って、エレベーターが発明された後に成長した都市だ。ニューヨークでは、エレベーター・鉄骨構造・鉄筋コンクリートという新技術を利用して、高層ビルが建てられた。ヨーロッパの都市が七階ぐらいの建物で構成されていた時、ニューヨークは三一階の建物で、四倍以上高密度化した都市空間を作った。密度が四倍増えれば、一人が同じ時間に会える人数も四倍に増える。これが都市の競争力につながった。アメリカが世界をリードできた背景には、世界で密度が一番高かったニューヨークという都市が存在したからだ。

ニューヨークは高密度化した都市空間というだけではなく、電話機という通信網を敷設して、人々が相互にコミュニケーションすることができる関係のシナプスを画期的に増やした。一日に会って交流しうる人数を比較してみれば、ニューヨークの住民の方がヨーロッパの都市の住民より、一〇倍以上多かっただろう。高密度の都市空間と電話通信網のおかげだ。

二〇世紀の百年間は、全世界の新興都市がニューヨークのように高層ビルを建て、電話通信網を敷くやり方を踏襲した。百年近く技術的発展はなかったが、一九九〇年代に入って、都市のシナプスを増やす画期的な技術が開発された。つまりインターネットだ。過去数千年間、人類の技術は、物理的な狭小空間に、より多くの人を居住させることに焦点を合わせられていた。しかしそれが限界に達すると、人類はインターネットという新しい方法で仮想空間を作り出した。そしてそのインターネット空間の中で、人と人の関係をつなげる方法を発見した。インターネット・ビッグバンを通して作り出したシナプスの膨張だ。現代の都市は、オフライン空間で会う場合のシナプスの総量と、オ

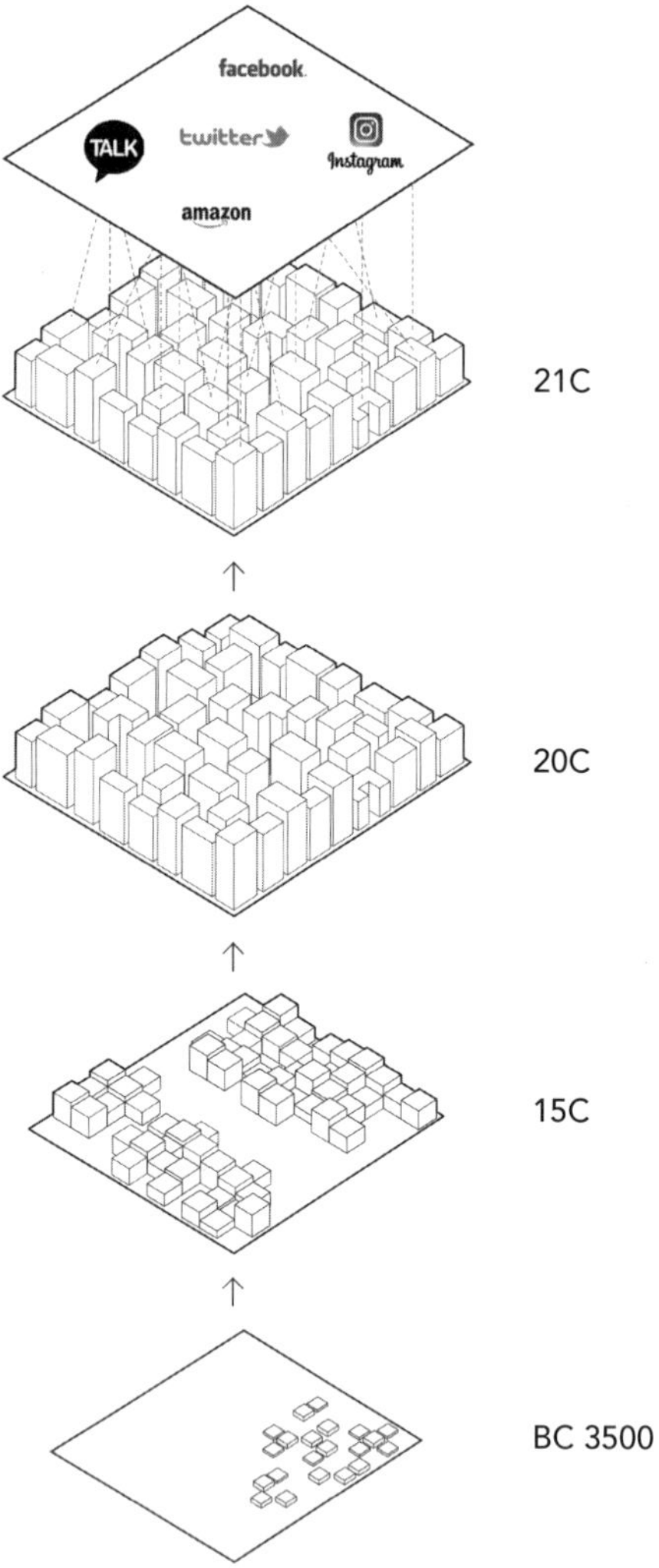

文明が発達すればするほどシナプスの総量は増加する。

ンライン空間で会う場合のシナプスの総量を合わせて理解すべきだ。オフライン空間の密度という側面で、ソウルは二〇世紀初頭のニューヨークより低いレベルだが、インターネット空間を含んだとたん、百年前のニューヨークを圧倒する。このように人類はたえず、都市の規模を拡大し、技術を発展させながら、人々の関係のシナプスを増やしてきた。私はこれを〈シナプス総量の増加法則〉と呼んでいる。ペストやコレラのような感染症が流行った際、都市の規模が一時的に縮小し、または解体されたことはあったが、結局人類はふたたび集合して暮らしたし、都市は成長し続けてきた。こう質問する人もいるだろう。「かつてはオフライン空間しかなかったので、集合して暮らすしかなかったが、テレコミュニケーションの発達した今、人は都市を離れて、感染症の危険の少ない田舎で暮らすのではないか」と。

二兎を追おうとする人間

この質問に対する私の答えは「いいえ」だ。理由は簡単だ。ビデオ通話をすることができても、人間は手を握られるデートを諦めないからだ。オンラインチャンスとオフラインチャンスがあるとしたら、人間はその中の一つを選ぶ代わりに、両方のチャンスを摑もうとするだろう。最近、コロナ禍で命が危ないというのに、若者たちが梨泰院《イテウォン》のクラブに行って顰蹙《ひんしゅく》を買ったことがあった。若者は友人や異性に会わなければならない。テレコミュニケーションが発達すれば、田舎で在宅勤務をしながら暮らすだろうと語る専門家のほとんどは、結婚して子供がいる年配の方々だ。かれらは自分が元気旺盛だった若かりし時代をすでに忘れているのだ。「交尾の本能」が残っている若者は集まるだろう。ある人は、スマートフォンのアプリが発達すれば、クラブに行かなくてもよいではないか、というだろう。デートアプリがいくら発達しても、若者は梨泰院のクラブで遊びつつ、そこにいない弘大《ホンデ》のクラブの人々をデートアプリで確認するだろうと私は予測する。もし気になる異性がいると仮定しよう。その異性に好かれるために、Aはテキストメッセージを送ってビデオ通話を一生懸命していて、Bはテキストメッセージを送ってビデオ通話をしつつ花束を持って待っているとしたら、どちらが異性に好かれるだろうか。正解はもちろんハンサムな人だ、と冗談で答えるかもしれない。しかし同じ条件だとしたら、Bの方が異性に好かれる可能性は高い。二つの方法を全部使う人に、より競争力があるからだ。人は競争力を高めるために、オンラインとオフラインの方法を両方使いこなそうとするだろう。それゆえ代表的なオンライン企業であるアマゾンも、オフライン・スーパーマーケット・チェーン店「ホールフーズ・マーケット」を買収し、「アマゾン・ゴー」というオフラインの店を始めたのだ。

職業の構成が理由で、人口が大都市に集中する可能性もある。韓国の仕事の五五パーセントは事務職だ。その中で在宅勤務が可能なのは、自分の業務をデジタル化することができる仕事だ。業務のデジタル化が可能な職業は、今後人工知能が発達すればするほど、人工知能に代替される可能性が高い。将来的に在宅勤務が可能な仕事は減り、代わりに人間が人間にサービスを提供する仕事が生き残るか増えるだろう。看護・美容・赤ん坊の世話・高級レストランでのサービスはまだ、ロボットに代替しがたいからだ。それでは他人にサービスを提供する働き口はどこにあるだろうか。人が多いところにある。より多く仕事のチャンスが都市にあるという意味だ。したがって、テレコミュニケーション技術が発達し自動運転車が現れれば、富裕層は郊外に住む選択をすることができるが、仕事を探している人々はむしろ都市に集まるだろう。仕事をしなくてもよい富裕層は郊外に住むだろうか。かれらは誰かからサービスを受け、多様な文化施設を楽しみたい人たちだ。郊外にすごい邸宅とたくさんの使用人を雇っている人でなければ、経済的余裕のある人たちはおそらく都市に住み、たまに郊外に出かけるライフスタイルを選び取るだろう。したがって今後の都市では、人口の増加と密度の高まりに応じた、感染症に強い都市空間の構造作りが大切だ。では、いかなる空間構造にすべきだろうか？　いろいろあるが、その中でも公園の分布が大切だ。ポストコロナ時代には非対面消費が増える。他人に会える機会がＳＮＳ上でのみ起きるという意味だ。ＳＮＳの空間では似た者同士の意思疎通だけが増えるので、社会的葛藤が激しくなる可能性が高い。異なる階層の人々が混ざり合って、一つの共同体を作るためには、ソーシャルミックスが必要だ。オフライン空間でそれが可能になる場所は公園であり、それこそが公園の担うべき役割だ。それではポストコロナ時代に都市内の公園はどういう役割を果たすべきで、どのようにデザインされるべきかを見てみよう。

6章

地上に公園を生み出す自動運転地下物流トンネル

共通の思い出

人が集まって暮らせば、当然葛藤が生じる。この問題を解決する方法は二つだ。一つはソフトウェア的な方法、もう一つはハードウェア的な方法だ。ソフトウェア的な方法は、各種の税金政策や行政政策であり、ハードウェア的な方法は空間構造を変えることだ。韓国の階層間における葛藤の一定の部分は、誤ってデザインされた空間構造のせいだといえる。玄関のドアを出て会うすべての空間が、歩道や車道のように移動する空間だ。歩いて行けそうな距離に公園もなく、路上にベンチもほとんどない。座ろうとすれば、代金を払って喫茶店に入らなければならない。ソウルは全世界で、単位面積当たりの喫茶店の数が一番多い都市だ。問題はここから生じている。金に余裕のある人は、五千ウォンを払ってスターバックスに入り、余裕のない人は、一五〇〇ウォンを払ってペクタバン〔人気シェフのペク・ジョンウォンが立ち上げたコーヒーチェーン店〕に入る。この都市では、所持金の多い人と少ない人が、一つの空間にいる可能性がほとんどない。同じ都市に二〇年住んでも、共通の思い出を持つ可能性は少ない。

ニューヨークの場合は徒歩一〇分の距離に公園があり、こちらの公園からあちらの公園まで、徒歩一三分ぐらいで行ける。ブロードウェイの九五〇メートルの区間には、ベンチが一七〇個ある一

ニューヨークのタイムズスクエア（上）とソウルの新沙洞《シンサドン》のカロスキル（下）。カロスキルではベンチを見つけにくいが、タイムズスクエアにはソウルよりベンチが多く、利用する人も多い。

方で、ソウルの新沙洞《シンサドン》のカロスキルには、同じ長さの路上に、ベンチが三つしかない。ソウルでは三〇分ぐらい歩かなければ公園に行けないし、公園と公園の距離は一時間程度だ。気楽に歩いて行ける公園はあまりなく、遠くにある南山《ナムサン》公園や清渓山《チョンゲサン》公園は、傾斜のある土地で座って休みづらい。ニューヨークでは経済的背景と関係なく、平らなセントラルパークに寝ころぶことができるし、公園内を散歩し、ベンチに座ってサンドイッチを食べられる。夏場のブライアントパークでは土曜日の夜、無料で映画を観ることができる。このような都市では、金持ちでも貧しい人でも、共通の思い出が作られる。私は海外に行くと、日本人とすぐに親しくなる。親日派だからではない。日本人とは『マジンガーZ』『ドラゴンボール』『スラムダンク』のような、話し合えるネタがあるからだ。共通の思い出を持っていれば、互いを理解する可能性が高まる。都市には共通の思い出を作ってくれる〈無料で留まることができる空間〉が必要だ。

ソーシャルミックスと再建築

韓国ではソーシャルミックスのために、再建築[1]の際、同じ団地内に、分譲マンションの隣に賃貸マンションを入れることになった。数年後、マンションの所有者は賃貸住宅の住民とエレベーターを共有することも嫌い、子供たちを同じ学校に通わせることも嫌うという現象が生じた。善良な意

さまざまな人々にとっての共通の思い出を作ってくれる漢江《ハンガン》公園

図を持つ政策はなぜ失敗したのだろうか。理由は簡単だ。基本的に人間は利己的で、善良ではない部分を持っているからだ。共産主義が失敗した理由も同じだ。共産主義は人間を善良だと見すぎるあまり、失敗した。人間はけっして富と権力を公平にシェアしたがらない。歴史を見れば、公平な分配を主張していた人たちが後でむしろ、独裁者になるケースが多い。

人間はこのように利己的なので、ソーシャルミックスは相手の背景を知らない〈匿名性〉の状態で成されるべきだ。都市空間で、匿名性のソーシャルミックスを可能にする場所は、公園・ベンチ・図書館だ。こうした無料でいられる空間で共通の思い出を作れば、ソーシャルミックスになる。韓国の歴史上、もっとも肯定的なソーシャルミックスがおこなわれた場所は、二〇〇二年ワールドカップの市庁舎前の広場だった。私たちはそこで、政治的傾向・所得・教育レベル・性別・年齢・宗教的背景と関係なく、共通の思い出を作った。このような空間が必要なのだ。最近、光化門広場に大勢の人が集まったことはあるが、そこで作られるのは同じ政治的理念を持つ者同士の思い出だ。そうした集合では社会全体を統合することができず、むしろ分裂させる。闘争のための集合空間ではなく、楽しむための集合空間が必要だ。最近はハンガン公園がその役割を担っている。

このような公園は大きさより〈分布〉が重要だ。自分が暮らしている町では、公園と図書館はどこから歩いても一〇分以内にあるべきだ。公園と図書館をつなげる道には、ベンチがなければならない。そうすることで時間をかけて共通の思い出を作れるようにすべきだ。それでは、どこに土地を見つけられるだろうか？　再建築の時に見つければよい。問題は最近、再建築がおこなわれていないことだ。なぜなら現在の政策では、開発業者と妥協することができないからだ。階数制限・分譲価格上限制・各種の審議などで利益は減り、各種の法律のせいで、デザインの自由も制限されている。大部分の再建築プロジェクトは政権交代を待っている〔執筆当時は文在寅《ムンジェイン》政権だった〕。こうした状況なので政府は新都市を作るしかない。問題は、都市化が完成している韓国で新都市を作れば、隣の都市から新都市への移転ばかりが発生するということだ。世宗市はソウルの首都圏人口を分散させる目的で作られたが、人々はSRT〔高速鉄道〕に乗って三七分で行ける世宗市への通勤を選択し、引っ越さなかった。代わりに大田《テジョン》の住民が世宗市に引っ越した。世宗市の人口の二五パーセントは、大田から引っ越した人たちだ。松島《ソンド》を作れば仁川《インチョン》から引っ越す。晋州《チンジュ》革新都市を作れば旧都心から引っ越す。そして旧都心はスラム化する。打ち捨てられた旧都心のインフラによる経済的損失は、天文学的な数字になる。こうした悪循環の輪を断ち切るには、新しい都市再整備の促進政策が必要だ。

都市の再生と再建築は碁に似ている。数手先まで読んでどこに石を置くかによって、碁の勝負は決まる。現在の再建築政策は、相手の開発業者にそもそも、碁石を置かせないようにしている。先入観をもって諭すことに固執していれば、会話やゲーム自体が始まらない。黒石を持つ開発業者が、石を置く行為を恐れる必要はない。自分が持っている白石をどこに先に置くかが重要だ。碁の高段者は適材適所に確かな順番で石を置いていく。それが碁で勝利する法則だ。開発業者の利益のために、百億ウォンのペントハウスを売却させる代わりに、その一階に市民なら誰でも利用できる、百坪の小さな公園〔pocket park〕を持つようにすればよい。ペントハウスを一〇軒売れば、その代金で、市民が利用可能な千坪の図書館を一階に造ってもらえばよい。それを促すために、不動産価格の決め方や建築法を変える必要もある。もっともよいシステムは人間の利己心を利用して、よりよい世の中を作っていくシステムだ。二〇世紀後半、さまざまな問題を抱えていた資本主義が社会主義との競争で勝利したのは、資本主義が人間の利己心を利用するシステムで、人の能力を最大限に引き出せたからだ。ソーシャルミックスがおこなわれ、互いに理解しあえる社会を作るには、都市の一階の重要スポットに、公園と図書館とベンチを造るべきだ。そこが、私たちが白石を置くべき場所になる。賢く与えるべきものは与え、もらえるべきものはもらえば、一〇年後の私たちは、より多くの人が仲睦まじく過ごせる都市空間構造を持つことになるだろう。再建築・再開発の際に、碁石を置くように、都心の重要スポットに公園・図書館・ベンチを設置しよう。それこそが、私たちがこの時代に作って、次世代に受け継がせるべき〈仲睦まじく過ごせる〉都市だ。これは現役世代の責任だ。

ソーシャルミックスの最初のボタン、バルコニー

韓国のほとんどすべての集合住宅の団地には、美しい庭園がある。その団地内の庭園が市民に開放され、団地を囲んでいる塀の代わりにベンチが置かれれば、都市内に、数えきれないほど多くの公園を持つことになる。ところが事実上、団地に外部者が接近することは不可能だ。原因は何だろうか。韓国の国民が他国の国民よりエゴイスティックだからだろうか。かれらの考え方を変えるべ

きだろうか。しかし、このような形で問題に接近しても、解決には辿りつけない。私たちは、人間のエゴイスティックな本性を理解しなければならない。マンションの住民が団地内の庭園を一般市民と共有せず私有化したがる理由は、そこが唯一残った、ある程度私的な庭園だからだ。かつては庭のある家に住んでいたし、路地も自分の家のように使っていた時代があった。ところがマンションに引っ越してから、外部の自然を楽しめる私的な空間は、庭の代わりにバルコニーになった。しかし今はみなバルコニーを拡張し、自然に接する空間は結局、団地内の庭園だけになった。だから庭園に多くの塀を造って、外部者を入れないようにし、より私的な空間を作ろうとするのだ。もしマンションを建てる時、第一章で述べたように、幅が広くて土の深さを

庭のように使える個別バルコニー

確保できて、木が植えられて雨に打たれもする庭のようなバルコニーを造れば、団地内の一階の庭園に対する執着は、おそらく捨てられるだろう。そうすればより開放的に市民と庭園を分かち合えるだろう。この問題を〈住民の善良ではない心〉のせいと決めつけると対立と争いが生じ、問題の解決はいっそう難しくなる。問題は公園の分布であり、団地内の庭園を開放すれば、この公園の分布問題は解決する。マンションの庭園を開放するためには、世帯ごとに庭のようなバルコニーを造ればよい。各世帯のバルコニーが、私たちの社会問題を解決する最初のボタンになりうる。

正方形の公園より線形の公園

私たちの社会をより融和的なものにするには、公園が必要だ。それでは、ポストコロナ時代の公園はどういう形に変えてデザインすべきだろうか？　正方形にデザインした公園よりは、横に長い形の公園にした方がよい。公園が造られる時に一番恵まれたところは、公園に接した辺に位置する家々だ。たとえば公園が横に百メートル、縦に百メートルの大きさなら、公園に接している家々の全長は、四つの辺の合計である四百メートルになる。ところで同じ大きさの公園を横対縦の割合を一対一〇にすれば、公園に接した家々の全長は、約一・七倍に増えて七百メートルぐらいになり、一対一〇〇にすれば五倍に増えて二キロメートルぐらいになる。

龍山《ヨンサン》から米軍基地が移転すれば、ソウルの龍山公園は約八八万坪（約二九一万平方メートル）にまで及ぶ。その際、龍山公園の周りの全長は、約一二キロメートルだ。ところで、もし龍山公園を幅一六メートルの「京義《キョンイ》線森の道」と同じく横に長い公園にすれば、周辺部の周りの全長は約三六四キロメートルに伸びる。三〇倍伸びるのだ。こうすると一列目のすぐ後ろにある家まで、公園への接近性が向上する。二列目の家まで含めば、公園に恵まれる家の数は六〇倍になり、三列目の家まで含めば九〇倍になる。算術的に考えれば同じ面積の公園でも、横に長く造成した時に恩恵を受ける家はネズミ算式に増える。このように公園をどんな模様でデザインするかによって、公園のメリットをより多くの人に与えることもでき、その反対になることもある。

だからといって、龍山公園を解体して線形の公園にしようという話ではない。場合によって公園というのは、動植物のために、人間の接近性の少ない自然生態公園としての役割を担うことも必要だからだ。おそらく龍山公園は、ニューヨークのセントラルパークのような、自然生態公園の役割を果たすことになるだろう。しかし新しく公園を造るなら、横に長い公園づくりも考えてみる必要がある。横に長い公園のもう一つのメリットは地域間の境界をなくし、一つの共同体を形成する効果があることだ。たとえば「京義線森の道」という公園は、弘大の前の延南洞《ヨンナムドン》から始まって麻浦《マポ》区の孔徳洞《コンドクドン》までつながっている。過去に延南洞と孔徳洞はなんの関わりもない町だった。ところが京義線森の道ができると、両地域の住民は京義線森の道を散策しながら往来する一つの共同体になった。人々が歩くことで境界が曖昧になるからだ。都市内の人々が一つになるためには、離れている町と町のあいだを歩いて往来する必要があるが、線形の公園はこれを促す。線形の公園は感染症対策としても都合がよい。家の前の公園を利用している状況で感染症が生じ、ソーシャルディスタンスを守るべき状況になれば、線形の公園を百メートルの単位で区域を分け、左右の往来を止めればよい。こうすればソーシャルディスタンスを守るべき時でも、自分が利用することができる公園は近くに残る。問題は、線形の公園を造る土地が、この都市に残っていないということだ。

この問題は京義線森の道から知恵を借りれば解決可能だ。京義線森の道が造られた背景は、京義線の列車の運行が止まってから、鉄道のあった場所が空き地になったからだ。同じ事例としてニューヨークの「ハイラインパーク」を取り上げることができる。ハイラインは一九三四年、都心内の物流のための高架型鉄道として造られた。だが、一九八〇年以降には使用されず打ち捨てられていたところ、空中庭園として改造され、二階の高さで都心を貫通する世界唯一の線形の公園になった。交通手段の発達で使えなくなった道は空き地になり、次世代が使えるブランクスペースになる。もし、自動車中心の道路網でデザインされたこの都市から自動車がなくなり、道路がブランクになるなら、

線形の公園「京義線森の道」

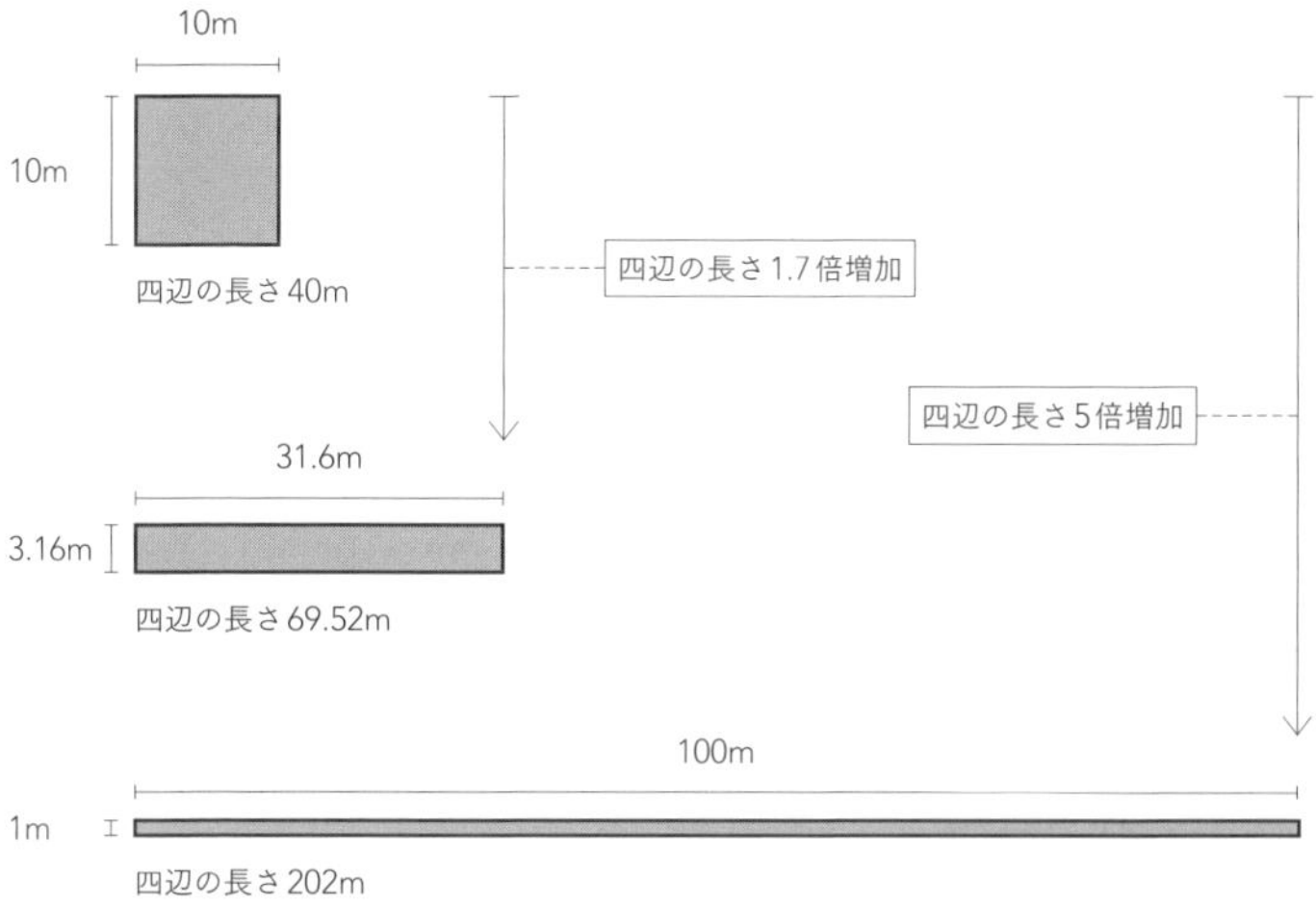

四辺の合計が長くなるにしたがって、公園に接する面が増えていく。

私たちはそこに公園を造れるのではないだろうか。今すぐに自動車をなくすことは不可能だろう。今後も長期間、自動車が持つ移動手段としてだけではなく、都市内でのパーソナルな空間としての役割とニーズは残ると思われる。そうであるならば、自動車の通行量を減らせばよい。サンダルで歩き回れる距離に、必要なすべての施設を備えて都市を再構成すれば、自動車で移動する交通量は減少するだろう。この他にも今後、非対面消費が増加すれば、物流の交通量は増え、人々の実際の移動は減るだろう。その際、物流の交通を地下トンネルに移動させれば、地上の道路で車線を減らして空間の余裕を作ることが可能になる。そうやって空いた車線の上に線形の公園を造れば、都市は歩きながらつながり、地域間の分断と格差が消えた都市、一つの共同体として融合する都市として生まれ変われる。

自動運転専用の地下物流トンネル

技術が発達すればするほど、ものは目に見えないところに消える。新都市を作る時には、地面の上にあった電信柱や電線も、地面の下に埋めて地中化するので目に見えなくなる。以前は地上に露出していた上水道や下水道も地下に入ったし、地上を走っていた電車は地下に入って地下鉄になった。携帯電話のキーパッドもスマートフォンになると、画面の中に消えた。ホテルはサービスのために、職員専用の通路を目に見えないところに配置している。建築が発達するほど、サービス機能は目に見えないところに隠される。ところでいまだに私たちの都市には、道路上で物品を運送するトラックと人が混在している。

未来都市に新しく導入されるべき必須の地下インフラ施設は、一般自動車は通らず自動運転ロボットだけが通る〈自動運転ロボット専用の地下物流トンネル〉だと思う。これはトヨタ自動車が富士山の近くで開発中のスマートシティ「ウーブン・シティ（Woven City）」の主要なアイデアだ。異なる点としては、ウーブン・シティは都市の一階全体を物流トンネルとして利用するのに対して、私の提案は既存の大都市の地下に小さなトンネルをくり抜くということだ。天井の低い地下道路網に自動運転の運送ロボットが通れば、エネルギー効率を大幅に高められる。まず第一に、ロボットだけ通る低い天井のトンネルは、トラックが通るトンネルより断面が一〇分の一以上小さいので、建設費を大幅に縮小することができる。最近は地下トンネルを機械がくり抜くので、工事期間や費用がかつてほど多くかからない。第二に、小さなサイズの運送ロボットはエネルギー効率を高められる。現在は一キログラムのピザのデリバリーにも、六〇キログラム以上の人が、百キログラム以上のバイクに乗って移動する。結局、一六一キログラムを移動させるエネルギーが消費されるのだ。宅配トラックはデリバリー中ずっと他の物品も載せて走らなければならない。運送ロボットはこのような浪費を革新的に減らせる。一〇キログラムしかない自動運転ロボットでピザのデリバリーをすれば、人まで運ばなくてもよいので、より軽い一一キログラムだけを移動させればよい。エネルギー効率が一六倍向上する効果がある。それに5G技術を利用した自動運転ロボットは、ヘッドライトをつける必要がなく、交差点に信号がなくても行き来することができる。移動の速度や流れが人間の運転する交通手段と比較できないほど効率的だ。地下自動運転ロボットの道路網は、地下下水道・地下鉄・地下光ケーブル網のように、競争力のある未来都市の必須インフラになるだろう。地上での運送については後でもう一度語りたい。

一九七〇年、京釜《キョンブ》高速道路を造ってから韓国の近代化は完成した。当初道路を建設する時には、自動車もない国になぜ高速道路なのか、といわれたが、道路を造ったおかげで自動車産業が発達し、道路を利用した運送業と観光産業も発達し始めた。二一世紀の京釜高速道路は、こうした大都市内の地下自動運転ロボットの専用道路網になるだろう。地下物流トンネルを造れば、今後、自動運転ロボットを生産する産業が生まれるだろうし、トンネルを利用する新しいベンチャー企業も立ち上がるだろう。かつて一九九〇年代、私たちが超高速インターネットのインフラを作ることで、ネイバーやカカオなどのIT企業が誕生したように、自動運転ロボットの地下物流トンネルを造れば、新しい企業が誕生すると思う。プライベートで会った土木学会の会長は、ソウルに物流トンネルをく

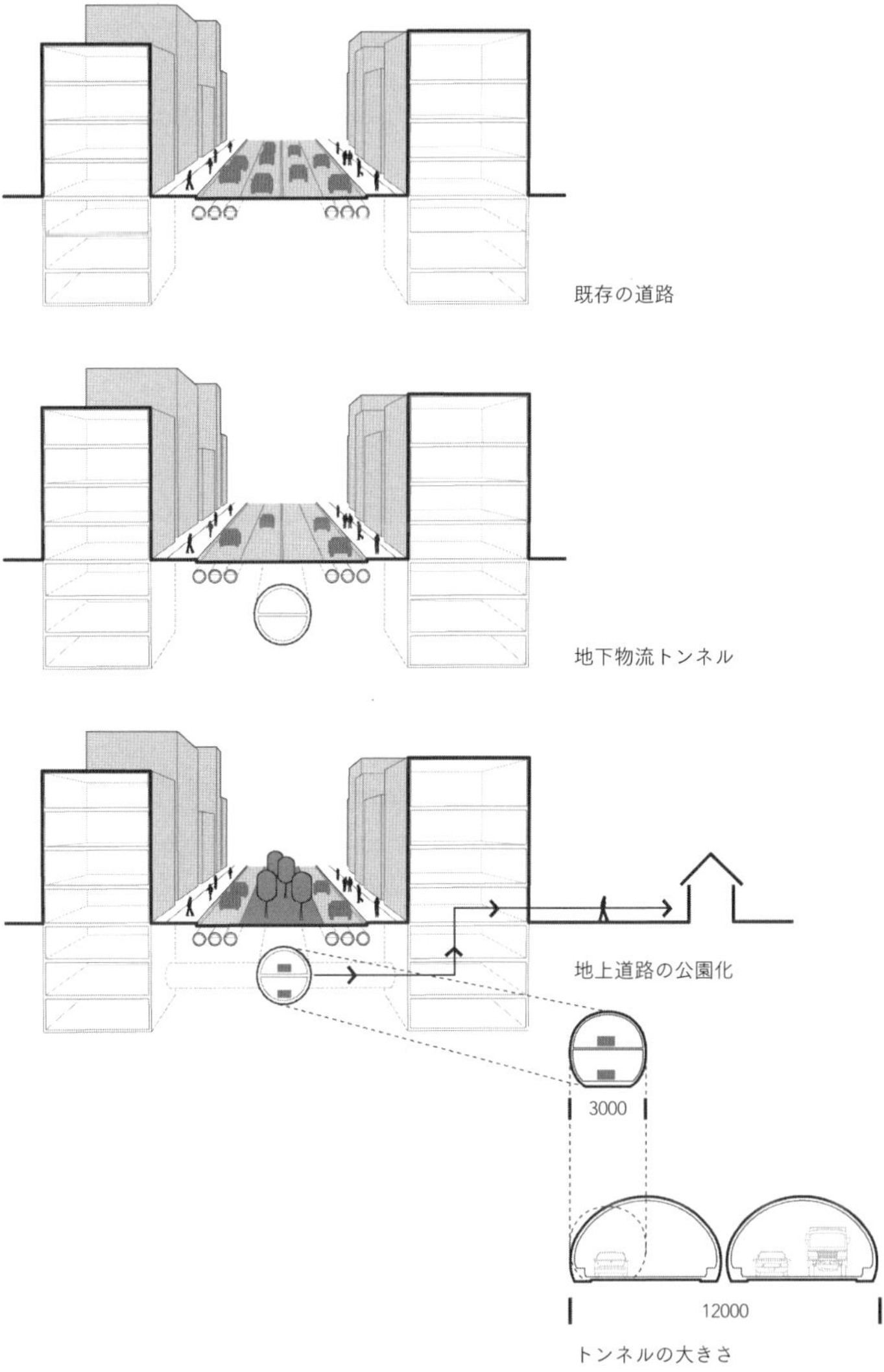

自動運転ロボット専用の地下物流トンネルの計画案

り抜くための費用を、約三一兆ウォンと予測していた。私たちはコロナによる景気浮揚のため、百兆ウォン以上の資金をつぎ込んでいる。これに比べれば三一兆ウォンの予算はさほど大金ではない。数年にわたってインフラに三一兆ウォンを投資すれば、それより数十、数百倍の景気浮揚効果が生じると思う。魚を与えるより魚の獲り方を教えた方がよい。単純に国民に現金を与えるより、インフラに投資した方が、未来のためにいっそうよい選択になるだろう。韓国は今、道路が自動車で溢れていて、地下四〇メートルにトンネルをくり抜くGTX〔首都圏広域急行鉄道〕を造ろうとしている。もし道路で運送している交通量を、すべて地下に送ることができれば、人間は地上の道路を快適に使うことができる。人が地上を使い、ものが地下を使う世界の方が、ものが地上を使い、人が地下を使う世界よりよい。もちろんデリバリーシステムが地上でおこなわれることもありうる。しかしそうなれば私たちの道路は、ありとあらゆる物流のトラックで混雑する世界になるだろう。人間はゆっくり歩くほどよく、物流は早く移動するほどよい。両者は根本的に相反している。早く動かすべきものを目に見えない空間に送るのが、地上を〈人間のためのスロー空間〉にしうる方法だ。

近未来を想像する

二〇三〇年、ソウルは四車線以下のすべての道路網の地下六メートル地点に、直径三メートルの

4車線以下の道路の地下に設置する物流トンネル計画図

ⓒ 유현준건축사사무소

物流トンネルを開通した。このトンネル道路網は、エネルギー消費を最小化するために、ソウル市全体の地形を考慮して坂道が最小限になるよう構築された。トンネルは五百メートルごとに近くのビルの地下とつながっており、トンネルのすぐ横には物流倉庫を配置している。品物がそこまで配達されれば、近所に住んでいる住民が歩いてやってきて、半径五百メートル以内の家まで配達する。これは新しい働き口を作り出す経済効果がある。周りに配達してくれる人がいない場合は、小型ロボットが路地を通り、直接配達することも可能だ。

朝の九時、蘆原《ノウォン》区にいる消費者が数冊の本とシャンプー、トイレットペーパーをスマートフォンで注文した。午前九時一五分に流通会社は、都市の郊外の物流センターで、オートシステムにより注文された商品を一五分で包装してから、小型自動運転ロボットに載せてトンネルに入れる。この際、ソウルの北東部の地域へ配達に向かうロボットは、いくつかの客車が連結した列車のように結ばれ、エネルギー効率を高めて移動する。都市に入って目的地に近づけば、それぞれの目的地ごとに分散された支線に入る。九時四五分、配達の地点から一番近いサテライト物流基地に、地下の連結通路を通じて到着し、棚に注文商品が配置される。コンピューターは配達サービスの情報をアプリ上に表示する。近所を散歩していた住民がこの情報を確認して商品をピックアップし、歩いて受取人に配達した時間は一〇時だ。この市民は散歩しながらすこしの小遣いを稼いだ。周りを見渡せば、ゆっくり歩きながら、こうしたデリバリーをする人たちがけっこういる。地上の空間はどこに行っても、線形の公園でつながっている。二〇三〇年のソウルでは何を注文しても交通の渋滞がなく、一時間以内に配達される。ニューヨークやロンドンよりずいぶん便利で安全な都市だ。歴史上かつてない新しい都市が作られたのだ。どのような感染症が発生しても、暮らしにはたいして不便はない。こうして全世界の人々が住みたがる都市になった。全世界からクリエイティブな人たちや資本が集まり、韓国はソウルを中心に世界をリードする国になった。

訳注

［1］再建築　三〇年以上経って老朽化した住宅やアパート、マンションを撤去し、撤去された敷地内に新しい住宅などを建てること。韓国では再建築の際、既存のものより高層化されるのが一般的で、住宅価格が上がるので住民たちは喜ぶ。地域自体を新しいエリアとして再整備する「再開発」とは異なる概念。

7章

グリーンベルトの保存と南北統一のためのエッジシティー

グリーンベルトの歴史

「開発制限区域」という意味のグリーンベルトは、イギリスで考案された概念だ。最初の開発制限区域の宣告は、郊外地域の貧民街がロンドン市内へ進入することを阻止するため、エリザベス一世によっておこなわれた。城門から三マイル（約四・八二キロメートル）以内の建物の新築を禁止したのが始まりだった。これは都市の成長を防ぐという、現代のグリーンベルト概念とはすこし違うものだった。私たちが知っている都市拡張抑制概念としてのグリーンベルトは、一八九八年エベネザー・ハワード（Ebenezer Howard）の著書『明日の田園都市（Garden Cities of To-Morrow）』ではじめて紹介された。彼のグリーンベルトの概念は、無秩序なロンドンの拡張阻止のために、ロンドン市内の周辺に幅二キロメートルの緑地を保存し、その空間をロンドン市民の憩いの空間にしようという主旨のものだった。韓国では一九七一年、朴正熙《パクジョンヒ》元大統領がこのような概念を導入した。しかし制定された当時からグリーンベルト地域には、すでに建てられた住居や農地があって、それが正当な〈グリーン〉なのかについては、いまだに意見が分かれている。

だから住宅問題が台頭するたびに、グリーンベルトを解除して住宅供給を増やすべきかどうかということが問題になった。金大中《キムデジュン》元大統領の時に一度解除したことがあり、李明博《イミョンバク》元大統領の時にも解除して住宅を建てた事例がある。二〇二〇年にも住宅価格が暴騰すると、グリーンベルトを解除して住宅供給を増やすべきだという議論が出た。住宅供給のためにグリーンベルトを解除すべきだという主張と、せめて残っている緑地を保存すべきだという主張が対立している。グリーンベルトを解除すべきだという主張には、政府が個人の財産に干渉しすぎるという考えが見られる。一理ある主張だ。しかし公益のためにグリーンベルトの緑地を保存することは、未来の世代のための義務でもある。両方の意見をすべて受け容れつつ解決を図る妙案がないか考えてみよう。

ソウルのグリーンベルトの現況（2019年12月末）

ロサンゼルス対ニューヨーク

まずグリーンベルトの必要性から考えてみよう。緑地を保存するのはつねに望ましいことだが、都市形成におけるグリーンベルトの貢献は、また別のところにある。もしソウルのような大都市にグリーンベルトがなかったら、どうだっただろうか。おそらく際限なく広がるカビのように乱開発され、ソウルが京畿道《キョンギド》一帯に拡張し続けた可能性が高い。

通常ニューヨークとロサンゼルスは、都市的な側面で対比的に語られる。ニューヨークは高層ビルで高密度化された都市として成長したし、ロサンゼルスは目玉焼きのように周囲に広がっている。ニューヨークは島に建設された都市だ。土地の面積に制約があるうえに、真ん中の広大な面積にはセントラルパークとして緑地を確保しておいた。だから残りの狭い面積にどんどん高層ビルを建てるしかなかった。マンハッタンの地下は強大な岩盤になっており、高層ビルの建築に適合した基礎を提供していた。またちょうどエレベーターや鉄筋コンクリート、鋼鉄のような新技術が導入され、以前には存在しなかったスカイスクレーパーの高密度化した都市を作ることができた。一方、土地が無制限に与えられているかのように広大なカリフォルニア、その上に建設されたロサンゼルスは異なる形で発展した。ロサンゼルスは砂漠地帯で土地の価格が安く、無理して一か所に集中する必

低層の建物が主を成す低密度化都市のロサンゼルス（上）と、
高層ビルの高密度化都市ニューヨークのマンハッタン（下）

要がなかったので、都市は限りなく拡張した。住宅地が広がるにつれて、中心部の商業地区にある職場までの通勤距離がだんだん遠くなった。悪名高いロサンゼルスの通勤ラッシュアワーが始まったのだ。ニューヨークとロサンゼルスはそれぞれ一長一短のある都市だ。一、二階の低層住宅のある地域は、高密度化した都市より、友人が三倍多くなるという研究結果がある。このことから推測すると、低密度化した住宅が多いロサンゼルスの共同体の方が、友人がより多くなる可能性がある。しかしエネルギー消費の面から考えれば、ニューヨークよりロサンゼルスの方が問題が多い。ニューヨークは都市空間の密度が高く、市内ではおもに歩くか公共交通を利用することができるが、ロサンゼルスは低密度化していて、地下鉄のような公共交通サービスを造るには経済性が低かった。そこで自動車中心の交通システムを整備するうちに、エネルギー消費と大気汚染が大きな問題として台頭するようになった。

半導体の回路のような都市パターン

グリーンベルトを造成しなかったら、ソウルはロサンゼルスのように、朝鮮半島全体に伸びていく大都市になった可能性が高い。そうなったら高密度化都市になる過程に伴う商業の発達も遅れたはずだ。私は韓国の近代化が遅れた一番大きな理由として、オンドルの暖房システムを取り上げている。オンドルのせいで、韓国の歴史が始まって以来、すべての住宅が一階建てになった。一階建てでは、高密度化した都市が造成されないので人口密度は低く、周りに品物を買ってくれる人が少ないので商業が発達することができなかった。商業が発達できなかったので貨幣の流通量が少なかった。すると貨幣を通じて資本を蓄積することができず、新しい商人階層も形成されなかった。結果的に新しい富裕層が生まれず、富は土地で受け継がれ、社会は停滞し発展できなかった。このような問題を解決するには商業の発達が必要で、商業が発展して公共交通システムが普及されるためには、狭い空間が、ある程度人口密度の高い都市として開発される必要がある。このような側面から考えると、無分別な拡張を防いだグリーンベルトは役割を果たしたと思う。もちろん高密度化した空間をどうデザインするかによって、都市の競争力も変化する。

結局、重要なのはパターンだ。道路網のパターン、ビルや緑地の構成パターン。学校・住居・オフィスのような多様なプログラムが混ざったパターンなどが、都市の効率と社会の特徴を決定づける。たとえば同じく高密度化していても、ムンバイとニューヨークは異なる結果を示している。もちろん政治的・宗教的・文化的背景が異なるからでもあるが、空間のパターンが違っていたからだ。歴史に残る魅力的な都市はそれぞれ競争力を持ちながらも、独特なパターンを作り出してきた事例となっている。このようなパターンを研究すれば、それらがなぜ、一つの時代を導く都市になれた

アムステルダム

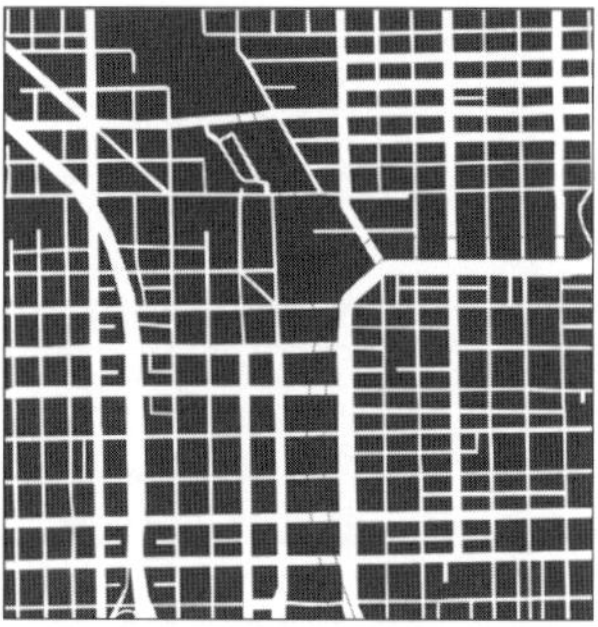

シカゴ

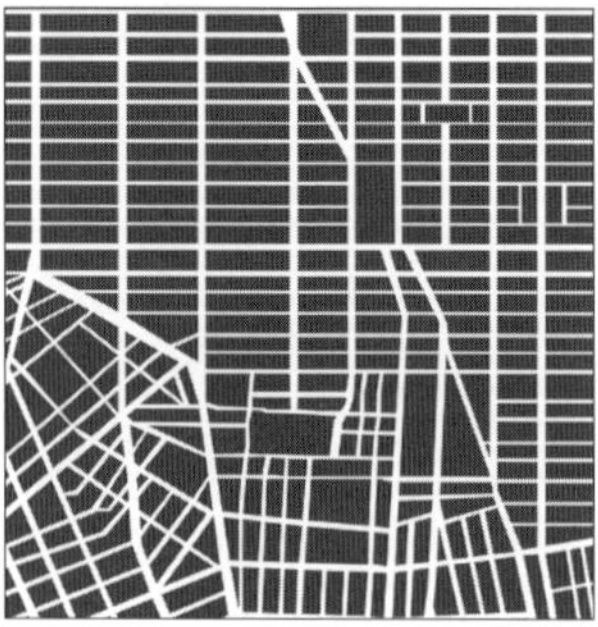

ニューヨーク

都市の道路網パターン

ⓒ 유현준

パリ

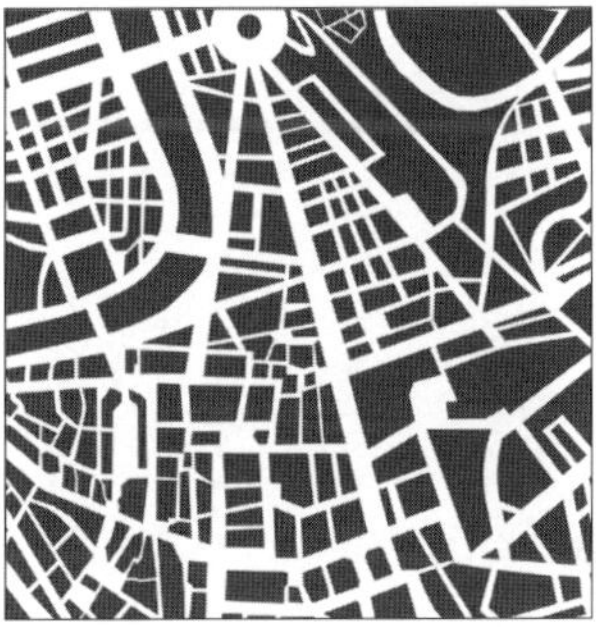

ローマ

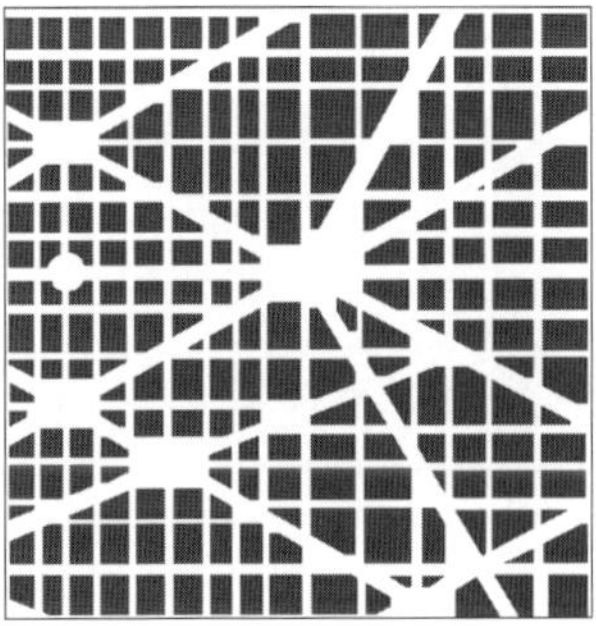

ワシントン

かを理解することができる。ニューヨークは単純に高密度化したのではない。正方形ではない長方形の道路網を持ち、同時に巨大なセントラルパークを持っているという長所がある。アムステルダムの場合は、運河を中心に、道路に向かって細長い敷地を持つという特徴がある。詳しい内容は私の前著『都市は何によって生きているのか』を参照してほしい。韓国の場合は、二一世紀に適合した高密度化のパターン作りが大切だ。これは狭い半導体の中に、効率的な半導体回路を設計するようなものだ。どうやってより安全で、クリエイティブで、自然親和的な人間のための空間を、都市内に密度を高めて作れるかが国家間の競争力を左右する。

ＬＨの新しい任務

家を建てる土地が足りなくて住まいを円滑に供給できないので、住宅問題の解決のために、グリーンベルトを解除すべきだと主張する人々がいる。はたしてそうだろうか？　韓国の都市化の割合は九一パーセントだ。総人口の中で都市に住む人が九一パーセントを占めるということだ。普通、経済学者はその割合が八〇パーセントを超えれば、都市化が完成すると語る。現在、全世界で都市化が九〇パーセント以上の国は、シンガポール・香港・韓国だけだ。前の二つの国は都市国家のような規模だからあり得るとして、韓国は都市化の完成レベルを遥かに上回っているということだ。つまり韓国には宅地が不足していない、という意味だ。韓国の場合、一九六〇年代は都市人口の割合が五パーセントだったのに、今は九一パーセントになった。ここ五〇年間で、総人口の八六パーセントが都市に移動したのだ。あの時代は農地を宅地に変えなければいけなかった時期だ。LHが忙しかった時期だ。LHとは、韓国土地住宅公社の短縮形で、land（土地）とhousing（住宅）の頭文字を取って設立された会社の名前だ。会社全体の構成は、土地を担当するLが三分の二程度を占め、残りをHが占めている。LHの総職員数は二〇二〇年四～六月の統計で、九四三五人だ。二〇一五年の六四一八人から五年間、職員数が五〇パーセント増加し、三千人ほど増えた。LHのおもな業務は農地を宅地として開発することだ。ところで韓国の場合、都市への人口移動はすでに完成した状態だ。それではこれからLHがすべきことは、新しい宅地の開発ではなく、既存の宅地の効率を高めることだ。LHの業務は変わらなければならない。過去五〇年間、緑地を宅地に変える仕事をしてきたとしたら、これからは反対に、宅地を緑地に変える仕事をするべきだ。グリーンベルトに、ビニールハウスしかなければビニールハウスを撤去し、木を植えるべきだ。グリーンベルトと都市が隣接する境界地帯の狭い面積を高密度に開発し、グリーンベルト内の住居を移転させ、残りの部分を緑地に転換すれば可能だ。人口の高齢化で消滅していく田舎の村を、マンション団地に変えようとせず、コンパクトシティーを造成し、自然の緑地に回復させることを考えるべきだ。都市化が九一パーセントの韓国は、これ以上新しい宅地を造る必要はない。その代わりグリーンベルトは本来のグリーン（緑地）として回復させ、不足している住宅供給のために、既存の都市を再開発・再建築することで再整備しなければならない。

エッジシティー
――都市に接したグリーンベルトの境界のみ開発せよ

グリーンベルトを解除すべきだと主張する人たちの話を聞いてみると、現在のグリーンベルトは名ばかりのもので、実際はビニールハウスと無許可の建物が乱立していて、本来の役割を果たしていないという。一理ある意見だ。それでは、打ち捨てられた緑地だからといって、単に宅地として開発するのが正しいのだろうか。私はむしろこの機会に、名ばかりのグリーンベルトを、まっとうなグリーンとして回復させることが必要だと思う。同時に、グリーンベルト内に土地を所有している人たちの財産権を回復するため、都市に隣接しているグリーンベルトの境界地帯を集中的に開発する方法を提案したい。たとえば、グリーンベルトが一〇万坪あるとしたら、そのうちの一〇パーセント、つまりグリーンベルトと都市が接する境界地帯の土地を、一万坪のみ高層化・高密度化して開発するのだ。そして残りの九〇パーセントの土地に、木を植えて公園を造り、自然を回復させる。一〇万坪の土地があるからといって、すべて同じ価値を持っているのではない。土地は周辺部がどういう施設と接しているかによって価値が決まる。線路沿いのうるさい地域のマンションより、漢江《ハンガン》が見える川辺のマンションの方が価値はもっと高い。したがってグリーンベルトの中でも価値のある場所は、都市の生活利便施設を使用することができる、都市に隣接した境界地帯の土地だ。その境界地帯の土地を細長く集中的に開発し、残りのグリーンベルトは公園に変える。そうすれば新しく建てられた住居は、利便性と公園の景色を兼ね備えた、価値の高い不動産になるだろう。このように好条件の住宅を開発して分譲単価を上げれば、少ない延べ面積を開発するだけで、開発業者の立場からしてもよいビジネスになるだろう。多くの緑地を毀損せずともビジネスになり、市民はよい公園を手に入れる。

境界地帯を開発する時は、建物を連ねて建て、万里の長城のように見せてはいけない。実線のようにつながっている建物群ではなく、点線のように途切れ途切れに開発し、都市の側から眺めた際、建物と建物とのあいだに、グリーンベルト公園への接近性と景観を確保しなければならない。このようにして建てられた住居団地を〈エッジシティー〉と呼ぶことにしよう。開発された住居地域が細長いので、都市側にいる人たちもたやすく公園に行ける。現在、漢江沿いのマンション団地は、百メートル以上の幅で造成されており、市民が団地を通り抜けて漢江公園に近づくことが難しい。新しく開発されるグリーンベルトの境界地帯にあるエッジシティーは、幅を一五メートル以内にして、一般市民が団地を通り抜けて公園に行きやすくする。そうすれば、既存の都市民とグリーンベルトに土地を持っている人がみな満足することができる。政治における選挙の戦略的観点から見れば、世の中はゼロサムゲームだ。自分が票を得れば相手が負け、相手が票を得れば自分が負けると考える。私たちはここ数十年間、政治家の扇動のせいで、世の中をゼロサムゲームとして考えすぎるようになった。ところが現実的には、うまくデザインさえすれば、二人の中で一人だけが勝つゼロサムゲームから抜け出し、みなが満足できそうな解答を見つけ出せるだろう。

韓国と北朝鮮の融合のためのDMZ平和エッジシティー

グリーンベルトのためのエッジシティー概念は、韓国と北朝鮮の融合戦略にもなりうる。韓国でもっとも重要なグリーンベルトは、韓国と北朝鮮のあいだにある非武装地帯（DMZ）だろう。人間の接近が難しくなったので自然が回復されたこの地域は、南と北を分断する障害にもなるが、同時に融合の場にもなるチャンスの地だ。非武装地帯は各政権でさまざまな形で取り扱われてきた。朴《パク》槿恵《クネ》政権では平和公園造成の計画があったし、文在寅政権ではGP（休戦線の監視哨）をなくす方向に進んだ。私はDMZに南と北の融合のための都市を作るべきだと思う。一般的な新都市ではなく、自然を保存しつつ、同時に南と北をつなげるエッジシティーを提案したい。南北の融合のために、公園を造ったり軍事施設を除去したりするのは、消極的なやり方だ。積極的な方法として、南北の若者同士が相手の国籍を知らない状態で、デートもして一緒に創業することもできる、日常と経済生態系が共存する都市が作られるべきだ。ところでDMZ都市が作られれば、長期間保存されてきた自然の破壊という問題が生じる。だからDMZに作られる都市は、総面積の一パーセント以下の最小限の規模で、高密度の線形で開発すべきだ。線形の方向は南北方向にし、南と北をつなげる線になるように設定する。南北間の交流が始まれば、両国をつなげる高速道路が南北方向にできることになる。その際、道路とDMZの自然の境界地帯の道路沿いに、線形で高密度の都市を開発すれば、自然の侵害は最小限に抑え、南北をつなげる都市空間を作ることができる。DMZの幅は南北を合わせて四キロメートルだ。したがって、南北をつなげるエッジシティーは、横が四キロメートル、縦が数十キロメートルの都市になるだろう。もし都市が民間人統制線地域の八キロメートルまで含まれれば、南側の制限地域から北側の制限地域まで、約二〇キロメートルの線形都市が作られるのだ。こうして作られた南北方向に長い線形の平和都市は、南側と北側をつなげる都市になる。その都市の建造物群は実線の形ではなく、点線の形に作るべきだ。DMZエッジシティーのサムギョプサル店で南北の青年が友人になり、結婚もして、ベンチャー企業を創業することもできたら、これより素晴らしい南北の融合はないだろう。その都市は二〇世紀の南北の辛い歴史を癒し、二一世紀の朝鮮半島の歴史を醸成する場所になりうる。

この都市のスカイラインは、南北連結の高速道路に接する側は高層ビルによって高く、DMZに向かう側は低階層の建物で低い。だからすべての建物からDMZの自然を眺めることができる。道路網は東西方向にできた道路（ストリート）がマンハッタンのように六〇メートルごとにあり、南北方向の通り（アベニュー）に沿って路面電車（トラム）を設置することで、人々が徒歩で都市のあちこちを歩き回れる、歩行親和的都市が完成する。DMZエッジシティーにいろいろな優遇税制とリーズナブルな住宅を提供すれば、そこは人が集まるチャンスの地になるだろう。そこで韓国と北朝鮮の人々は互いに素性を知らない状態で、共通の思い出を作りながら、徐々に一つになっていける。DMZに自然生態公園だけを保存すれば、まるでソウルの江北《カンブク》と江南《カンナム》を分ける漢江のようになるだろう。徒歩で渡ることができず車や地下鉄に乗らなければ渡れない漢江は、静かな自然空間だが、社会的には、江北と江南を分断する障害物でもある。歩行者が徒歩で行き来できる橋で漢江を渡ることが可能になれば、境界が曖昧になり、江北と江南はもっと一つに融合していただろう。DMZも同じだ。自然生態公園だけを維持すれば、韓国と北朝鮮を分断する障害物になる可能性が高い。ところがその中に、南北をつなげる線形の歩行親和的な都市を作れば、DMZエッジシティーを通して、南北の住民は相互の土地を歩いて行き来するようになる。DMZエッジシティーは韓国と北朝鮮が一つになり、都市と自然も一つになる融合空間になるのだ。そこでは各種の税金政策を

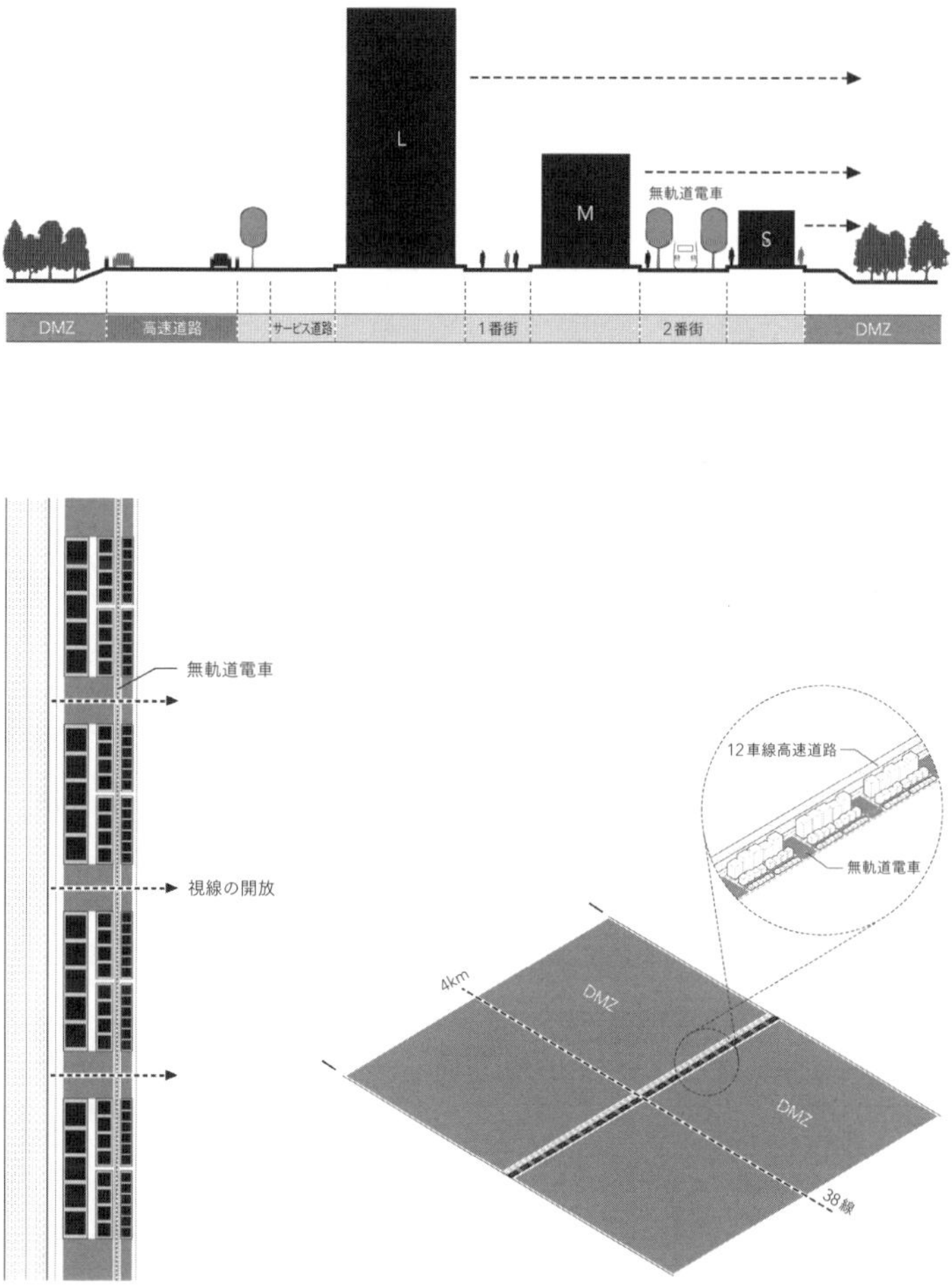

高速道路に近いところから建物の高さがだんだん低くなり、
建物の眺望権が確保されるDMZ計画案

実験的に試行することができるし、資本主義と社会主義の文化的違いを融合させる、さまざまな行政的実験をおこなうことも可能なプラットフォームになりうる。荒唐無稽な話だとあざ笑う者もいるかもしれないが、未来は夢見る者が開いていくのだ。

農夫の都市と商人の都市

グリーンベルトとＤＭＺについては、以上で語ったとおりだ。それでは、既存の都市はどうすればよいだろうか？　私たちの都市にはこれ以上、必要な建物を建てる土地はないのだろうか？　イーロン・マスクの未来ビジョンの中に、太陽系の惑星である火星を開発し、人を移住させるという計画がある。ＳＦ映画『スター・トレック』のファンとして、広大な宇宙に向かっていく進取の精神には拍手を送りたい。今そういうことを試みなければ、地球上の人類は遠い未来に滅亡するかもしれない。しかし同時に今、地球上で起きている環境問題を解決することができなければ、遠い未来ではなく、近未来に滅亡しそうな気がする。火星の開発に拍手しながらも同時に、人間の体で生きていけない宇宙を人間が生きられる環境に変えようとする努力の一〇〇分の一だけでも惜しまなければ、現在の地球をより住みやすい場所として回復させられるのに、どうして苦労を買ってまでそんなことをするのだろう、と思ったりする。火星を植民地化しても、巨大なショッピングモールで買い物する程度にしかならないだろう。そのようなところで人間が、はたしてどれくらい生きられるだろうか？　住みたいとは思うだろうか？　それよりは地球温暖化や人口問題を解決し、地球をより住みやすい場所にする方が百倍は簡単に見える。

二〇一九年ソウル市は「道路上の空中都市」というタイトルで、北部幹線道路の五百メートル区間上に、青年世帯と新婚夫婦のための住居千戸を建てる計画を発表した。住宅弱者層のために家を建てる企画には賛成したい。しかし、なぜ道路の上層部に無理に建てるのだろうか？　道路の上層部に建物を建てるという計画は、朴槿恵政権の時にもあった。しかしこのような計画について耳にするたび、地球を改善しようとは思わず、火星に住もうとする計画と同じように聞こえる。北部幹線道路の上を開発して人を住まわせても、騒音と埃、何よりも振動のせいでよい居住環境にはなりにくい。以前エアコンの室外機の前にある部屋に住んでいた経験がある。微細な振動は予想外のストレスを与える。それゆえ道路上の建物はスラム化しやすい。代表的な例が一九六一年に元ニューヨーク市長ロバート・F・ワグナー・ジュニアが建てた、マンハッタン九五番道路の上の「ブリッジアパートメント」だ。結果的にこのアパートメントは、まともな居住地になれなかった。そこの地域住民の喘息の発症率が高いという研究結果も出た。ソウル市はフランス・ドイツ・香港の事例を取り上げながら、今は技術革新がなされ、多くの部分を解決することができるという。「ラーメンもさほど健康に悪くないから、毎日食べてもいい」といっているようなものだ。「もっと素晴らしいものがあるのに、なぜあえて道路の上に?」という懸念はぬぐい切れない。ソウル市は、一般の私有地に建物を建てれば、土地の購入費が多くかかるので道路上に建てると話す。費用が問題ならむしろ、一般の土地の容積率を調整して、もっと高く建てればいい。開発業者にはできないが、ソウル市なら可能だ。オープンマインドで物事を見れば、ソウルに有り余っているのが土地なのだ。

ソウルの平均容積率は一六〇パーセントほどだという。一方、市内全体が低層のフランスのパリは二五〇パーセントだ。高層ビルがこれほど多いソウルが、パリより容積率が低いなんて、と多くの人が疑問に思うだろう。その理由の一つは、ソウル市では余った空間として捨て置かれている土地が多いからだ。一般的に韓国では建築の際、敷地境界線から距離をとって建物を建てる。採光と風通しのために建物同士を離すためだ。だから建物のあいだに無駄に捨てられた土地が多い。一方で、パリやニューヨークでは建物が横並びに密着している。建物のあいだの空間は一か所に集約されて、中庭や裏庭にしている。これが可能になるのは敷地が細長く区画されているからだ。そもそも最初に都市が作られた時に、敷地を細長くした理由は、都心で商売をするためだった。商売のためには、店の入口が通りに面していなければならない。それで大勢の人が商売をしている都市は、敷地の形が道路に面した部分の幅は狭く、後ろの方の奥行きが長い。ロンドン・アムステルダム・ロー

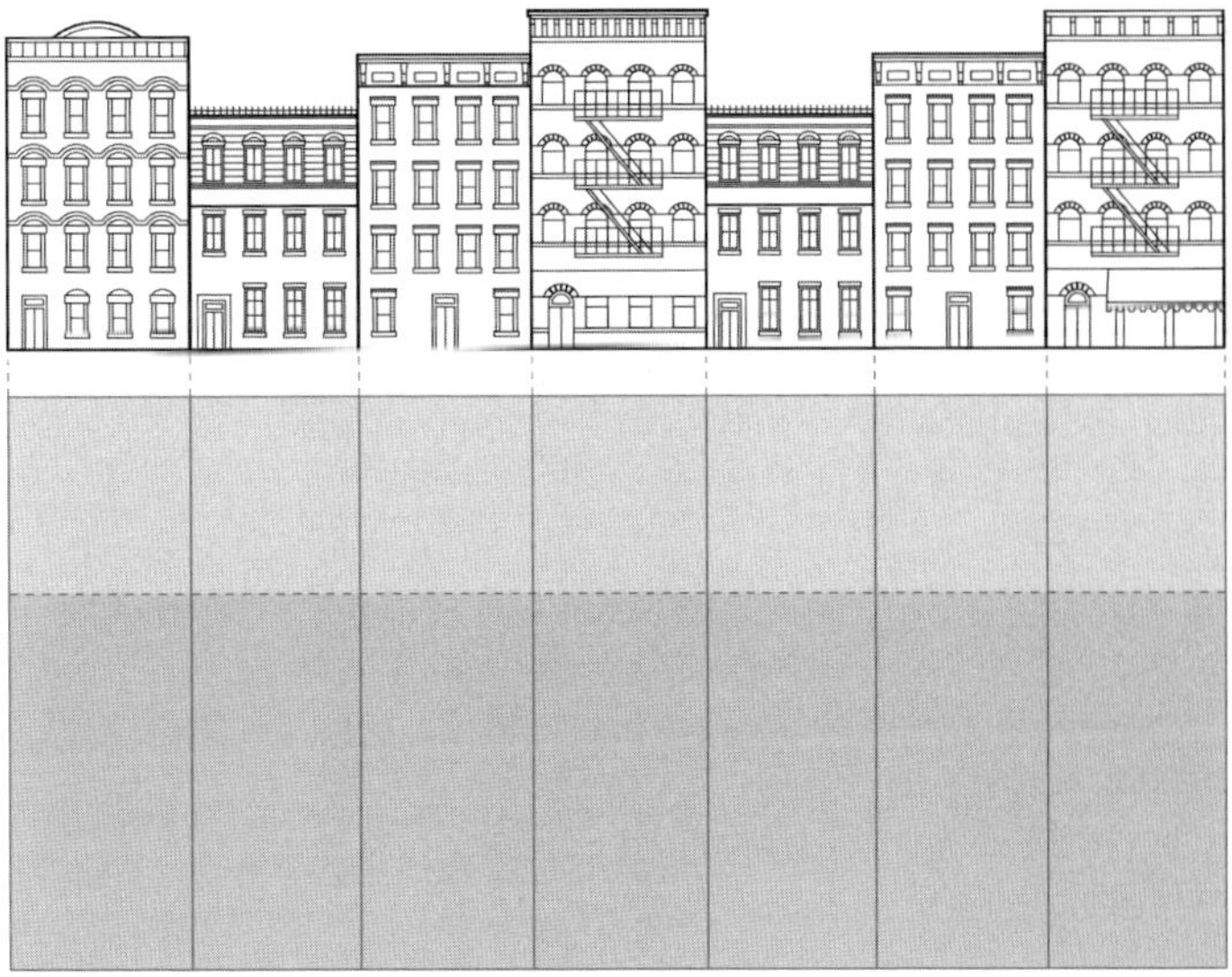

建物が相互に密着している高密度の敷地区画

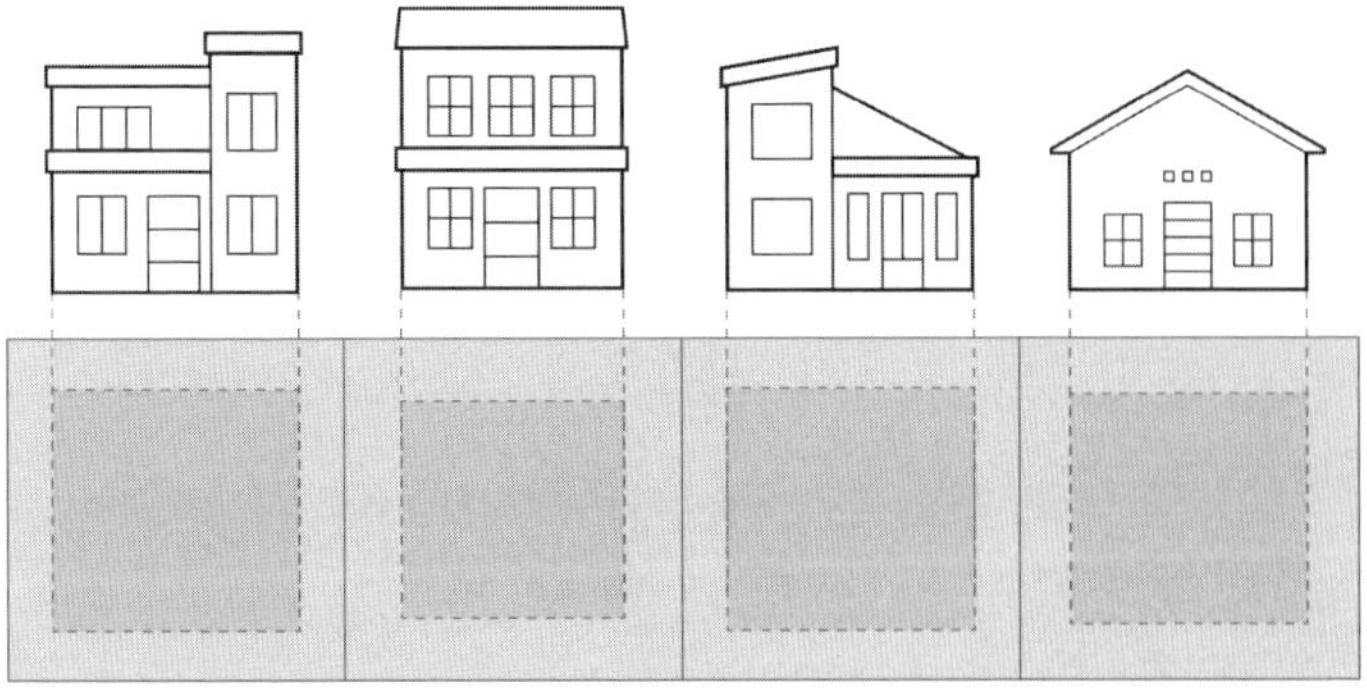

建物のあいだに無駄に捨て置かれる土地が多い低密度の敷地区画

敷地の形が外部空間の効率を左右する。

マ・ニューヨークの区別なく、商業の中心都市は全部同じだ。それに日本の古都である京都も敷地は狭くて長い。ところが韓国では、江南を開発する時でも敷地の形が正方形だ。農夫のマインドで敷地の区画をおこなったからだ。私たちは、土地はきれいな正方形でなければならないと考える。土地を見る際、日が当たる農地と面積だけを考えた結果だ。農夫と商売人の異なるマインドは敷地の形の比率を変え、都市の効率性に差異をもたらした。私たちが商売人のマインドを持てなかった理由は、暖房システムがオンドルだったので、二階建ての家を建てたことがなかったからだ。それゆえ高密度な都市が生まれず、商業が発達できなかったからだ。私たちの都市を変えるには、敷地のデザインから変えなければならない。過去の痕跡を残しながら新しくデザインした再開発・再建築が必要だ。そうやって高密度化を図れば、わざわざ道路上に建物を建てる必要はなくなるだろう。新都市と道路の上に建物を建てる代わり、スマートに都市を高密度化する時だ。

小規模再開発の長所

二〇〇〇年代はじめの時期に再開発・再建築が活発におこなわれた地域に行くと、残念に思うことが一つある。どこに行っても、似たようなマンション団地しかないのだ。このような大規模なものではなく、中小規模で再開発がおこなわれていたらどうだっただろうか。韓国の都市景観の第一

ビル1階のピロティ駐車場

© 김경민

の問題は、過去の痕跡を保存しないことだ。大規模な再開発がおこなわれるので、既存の都市の路地がなくなり、過去の痕跡がすっかり消されるという問題がある。第二の問題はピロティ駐車場だ。韓国の都市の風景をダメにする一つは、一階に造られたピロティ駐車場だが、このような形で開発されるのは駐車場法のせいだ。韓国では基本的に、建物の駐車はその敷地内で解決しなければならない。ところが敷地は百坪以下に小さく区画されている。百坪未満の敷地には、地下駐車場に降りていくための傾斜路を造ることができない。だからおのずと、建物の一階に必要な駐車空間のピロティを建設して問題を解決する。駐車場法では、二〇〇メートル以内に駐車できる土地を確保すれば、敷地内に駐車しなくてもいい。しかし、近所の高い土地を購入して、地上駐車場という目的のみで使う人がいるだろうか。結局ピロティ駐車場しか答えは出ない。これを避ける方法は大規模の再開発しかないが、さまざまな手続き上の理由で実現しにくい。したがって代案として提示することができるのは、中規模の再開発だ。

ソウルの地図を見ると、敷地が六〜二〇ぐらいずつ結ばれたブロックが並び、ブロックとブロックとのあいだに路地がある。もし、路地と路地のあいだの六〜二〇ぐらいの敷地を結んだ規模で、再開発を促すインセンティブ法案を作ればどうだろうか？　その際、新しく建てられる建物の駐車場は地下に統合して入れるのだ。そうすれば、地下駐車場に入る入口の面積は最小化され、路地に面した一階にはピロティ駐車場がなくなる[1]ので、歩行親和的な環境を作ることができる。建築主の立場からしても、価値の高い一階をもっと使えるようになるのでお得だ。場合によっては、各階に行けるエレベーターや階段も隣の敷地と共用で使えて、空間を効率的に活用しうる。現在、各種法律のせいで敷地と敷地とのあいだで無駄に余っている土地を再開発によって一か所に集約したら、小さな公園も造れるだろう。

このように一つずつゆっくり再開発していけば、路地を生かすことができるし、道端に停まっていた車は地下駐車場に消え、路地裏は人々が使う空間として回復される。路地裏の景観は人々が路

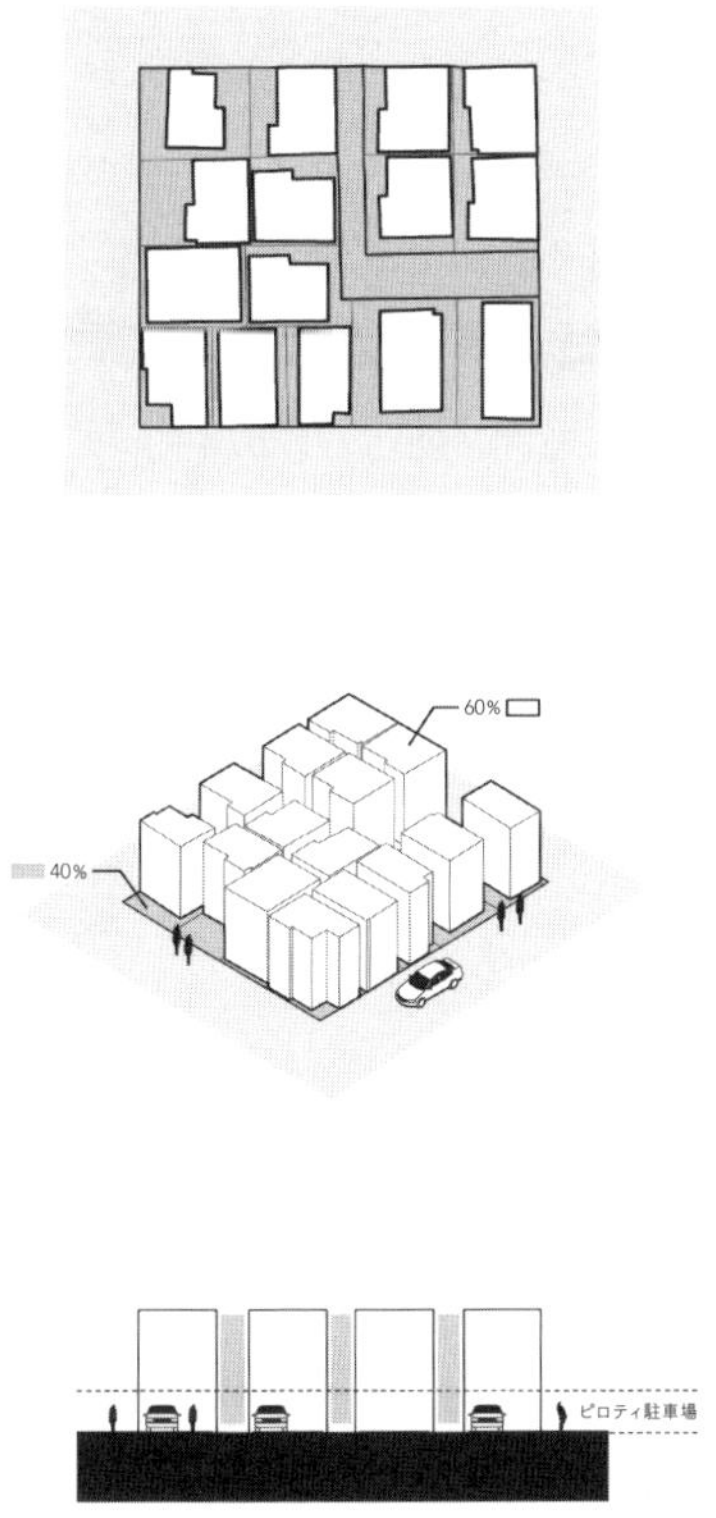

個別に建築した既存の集合住宅。
それぞれ1階にピロティ駐車場がある。

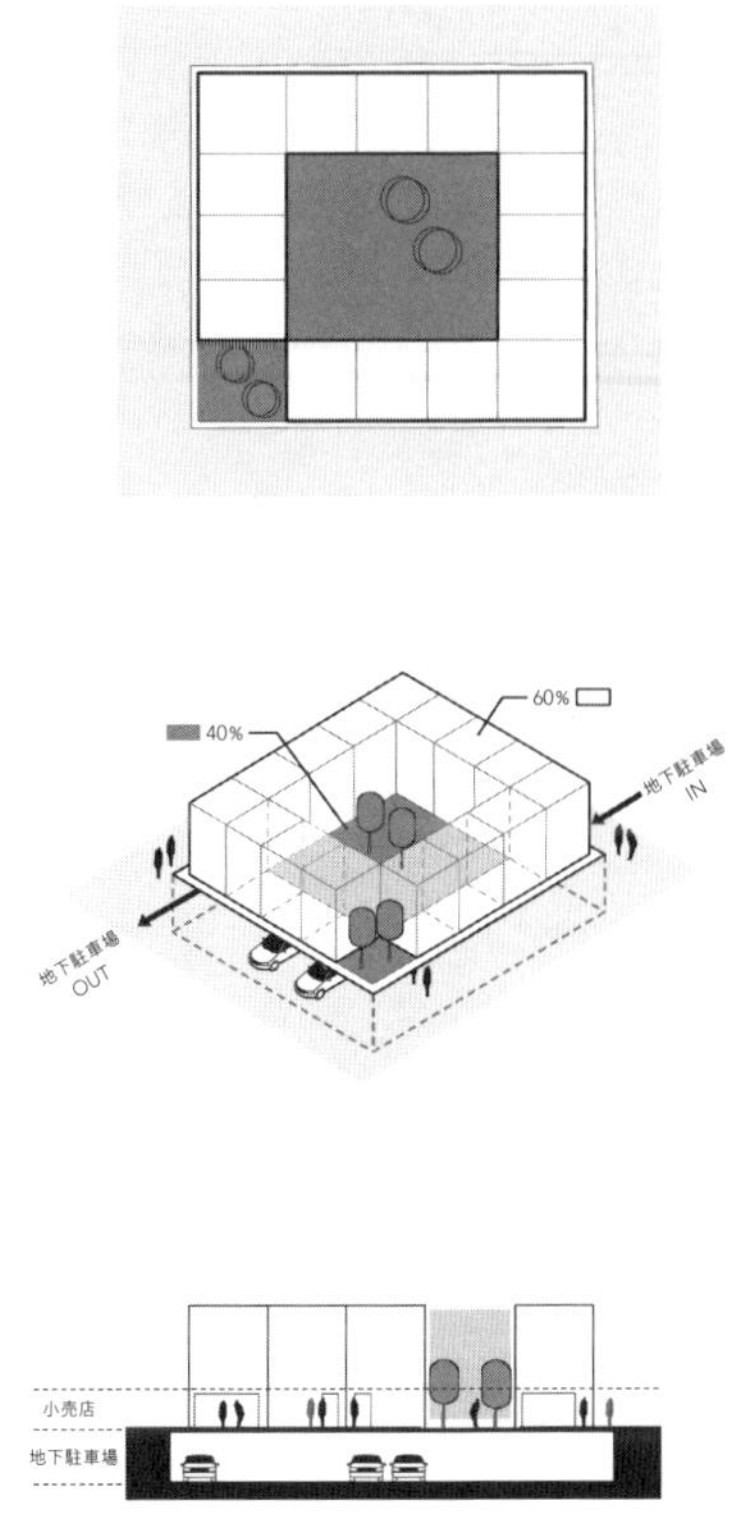

6～20軒を一緒に建築した集合住宅の計画案。地下共用駐車場を一緒に使うので、1階は入居者たちの空間になる。

ⓒ 유현준건축사사무소

地裏を歩く時、ピロティの代わりに、可愛いカフェや小さな公園を眺められるものに変わるだろう。こうした再開発・再建築を促すために、容積率・建ぺい率・高さなどの制限を緩和してくれれば、民間の資本が投入され、多様で美しい都市再生がなされる。このようにしてアップグレードしていけば、あっという間に新しい都市になると思う。

訳注

［1］一階にはピロティ駐車場がなくなる……　建物の駐車場は地下に造って見えないようにした方がよいが、そのためには車が地下に入るための進入路が必要となる。小規模の建物の場合、その面積を確保することができないので、一階にピロティ駐車場を建設する。しかし、六〜二〇ぐらいの敷地を結ぶ形で再開発がおこなわれれば、地下駐車場に入る進入路を造ることが可能になり、ピロティ駐車場をなくすことができるという意味。

8章

商業施設の危機と変化

ディズニーの危機

コロナ禍の直前、ディズニーは世界で一番繁盛していた企業の一つだった。ミッキーマウス・白雪姫・シンデレラのように、時代が変わっても愛され続けるキャラクターを擁していた。世界各地のディズニーテーマパークから稼ぐ現金《キャッシュ》で、『トイ・ストーリー』のピクサー（Pixar）、『スター・ウォーズ』のルーカスフィルム、『アイアンマン』と『キャプテン・アメリカ』のマーベル・スタジオ（Marvel Studios）など、世界的にもっとも有名なキャラクターの知的財産権（ＩＰ）を所有する会社を買い入れた。ディズニーのマーベル社は過去一〇年間、マーベル・シネマティック・ユニバース（ＭＣＵ）として二三本〔執筆当時〕の映画を公開し、全世界の映画界を制覇した。これらのキャラクターを基に、スマートフォンやノートパソコンでドラマや映画を観るＯＴＴサービス事業にまで進出し、ディズニープラスを始めた。ディズニーはオフライン空間のテーマパークから、オンライン空間のＯＴＴプラットフォームまで、壮大な王国を建設したように見えた。二〇一九年まで韓国の若者がもっとも多く購入した海外株はディズニーだった、という事実がこれを裏付けている。

コロナはこうしたディズニーの航海にとって暗礁になった。ディズニーの全方位的なビジネス拡張が可能だったのは、オフライン空間のディズニーテーマパークから入る現金があったからだ。ところがテーマパークが営業中止になり、現金の出どころが消えた。それに、子供時代から遊びに行けるディズニーテーマパークは、たえず新しい消費者を生み出す供給チャンネルでもあった。ディズニーワールドに行けなくなれば、消費者の再生産の連鎖が切れる。これは今後、忠誠度の高い顧客が縮小することを意味し、ディズニーの未来がいっそう暗く見える理由でもある。なぜそんな状況に陥ったのだろうか。

このような危機は、じつはディズニーだけの悩みではない。大型ショッピングモールを運営している大企業から路地裏の食堂まで、大小に関係なく、すべてのオフラインの店が共通に持っている悩みだ。

ディズニーランドのアイコン「眠れる森の美女の城」

© CrispyCream27/Wikimedia Commons

商業の進化は空間の進化

ものを買う行為は先史時代からおこなわれていた行為だ。時代によって品目が多様になり、同じ品目でも価格が多様化する変化はあったが、本質的に違いはない。近代の産業化以来、品物の種類が急増する過程で、消費者という階層が生まれた。現代社会に至ると、単純に品物を買うことだけでは、差別化はおこなわれない。そうしているうちに私たちに馴染み深いものとなってきた単語が〈ショッピング〉だ。私は〈ショッピング〉という単語を、一九八〇年に狎鷗亭洞《アックジョンドン》にある「ハニャン・ショッピングセンター」ではじめて聞いた。購買とショッピングの違いは何だろうか？ 空間の違いだ。市場は屋外空間で、ショッピングセンターは室内空間だ。かつては市場で買えば購買で、ショッピングセンターで買えばショッピングだった。日本の植民地時代から、室内の売り場である百貨店はあったが、ショッピングセンターでは、それより大きな現代的な建物の中に品物を陳列し、新しい消費を指す〈ショッピング〉という単語を作って差別化を図った。購買が単純に代金を払って品物を買うという意味ならば、ショッピングはそれより一歩進んで、現代的価値を与えるマーケティングをおこなった。このショッピングセンターはだんだん進化し、マルチプレックスシネマとプールのあるショッピングモールにまで発展した。「現代ショッピングモール」（現代グループの商業施設」は「ショッピングは遊びだ」というスローガンまで掲げた。クレジットカード決済の時にはショッピングは遊びにならないが[1]、商業施設では過去一〇年間、できるかぎりの力でショッピング空間が与える経験上の差異を提供するためにたえず努力してきた。理由はオンラインショッピングのせいだ。

ショッピングセンターが新しい空間という差別化のポイントで、伝統的な市場の客を奪ったように、オンラインショッピングも新しい空間を提供することで、ショッピングセンターの消費者を奪った。市場が屋外でおこなわれる商取引で、ショッピングセンターが快適な屋内で買い物をすることができる便利な空間を提供しているのに対して、オンラインショッピングは初

屋外で買い物をする市場

© JI HOON KIM/flickr

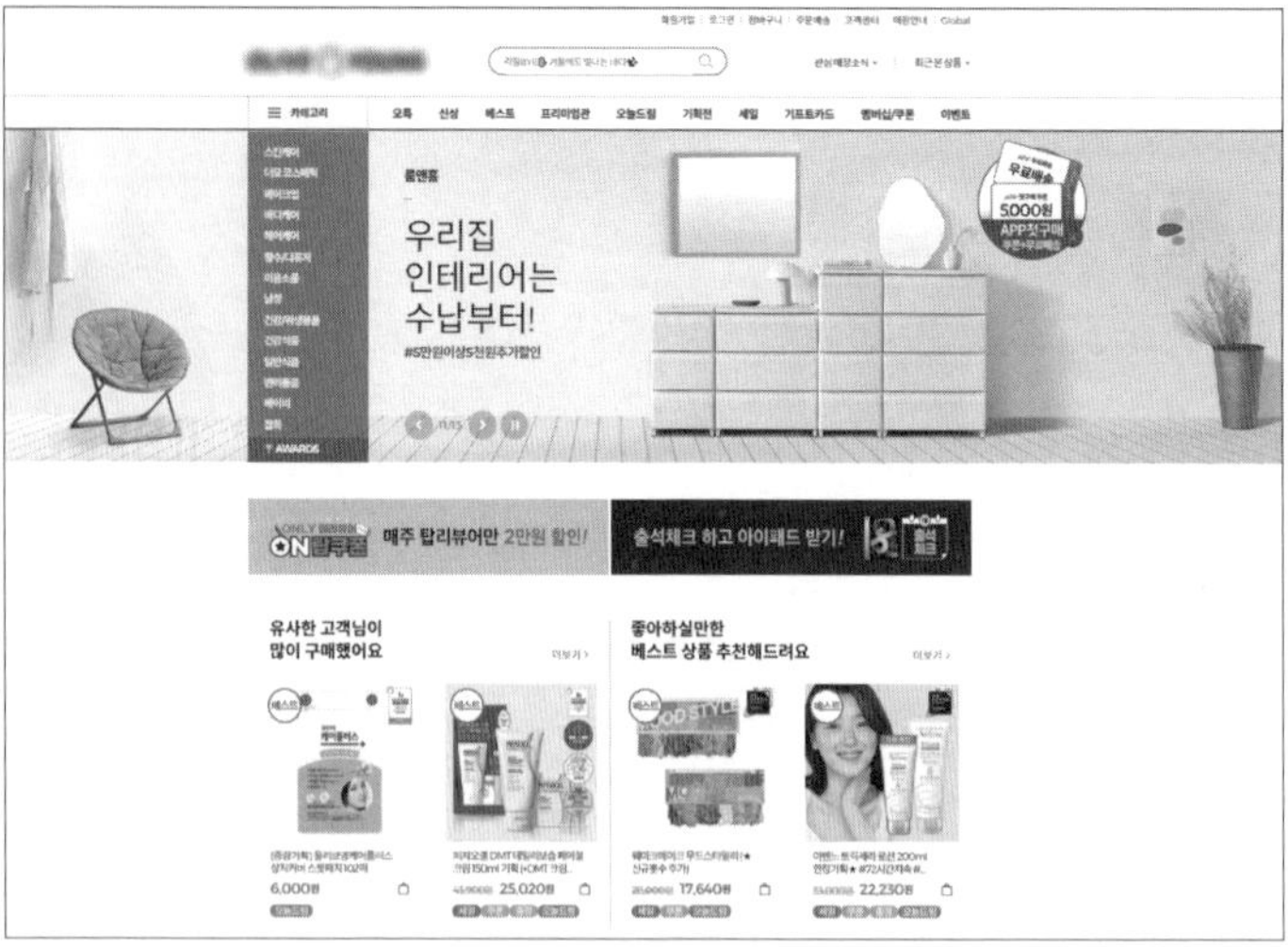

屋内のいろいろな売り場で買い物をするショッピングセンター（上）、
どこでも買い物できるオンライン・ショッピングモール（下）

めから出かける必要がなく、インターネットの仮想空間で買い物をできるような商取引を提供した。市場、ショッピングセンター、オンラインショッピングと外見は変わったが、時代が変われば新しい空間で商取引をおこなう、という進化の本質は変わらなかった。消費者をオンライン空間に奪われ続けている状況で、オフラインの商業空間が生き残る道は、オフライン特有の空間的経験を与える方法しかない。

他人を見ることができる空間

オンラインの商業空間とオフラインの商業空間の違いは何だろうか？　オンラインショッピングの長所は、短い時間で、より多様でより多く、品物を見られることだ。一方で、オフライン空間だけの差別化された長所は、〈他人を見ることができる〉ということだ。オンラインショッピングでは買い物にかかる時間を大幅に節約できる。だから時間当たりの労働力を売って金を稼ぐ中間層は、時間を節約できるオンラインショッピングを好む。中間層の中でだんだん、大型スーパーの人気がなくなる理由だ。一方、時間が有り余っている富裕層はオフラインのデパートで買い物をする。

オンラインショッピングの短所は、〈私〉と〈品物〉しかない、ということだ。一方で、オフラインのショッピング空間では、〈私〉と〈品物〉と〈他人〉がいる。オフラインの商業空間には品物を買い、人を見物し、〈私たち〉を経験する行為がある。オフラインの商業空間は第一に品物が人を誘引し、同じ品物に誘引された似た者同士の経験が作られ、その経験が人々をさらに誘引する。たとえばデパートの一階の化粧品とブランド品コーナーに行けば、その周辺に美容やファッションに関心の高い、同じ部類の人たちが集まる。かれらが醸し出す雰囲気は、豆腐やネギの買い物かごをぶら下げた人々に囲まれて化粧品を選ぶこととは、異なる経験を提供する。ところが、顧客を引き付ける第一の要素である商品販売をオンライン空間に奪われているので、オフラ

2021年2月末にオープンした汝矣島の現代百貨店「ザ・ヒュンダイ・ソウル」。ビルの中央に庭園のような場所を作り、新しい空間を体験できるようにした。現代版の「水晶宮」(235頁参照)だ。大胆に2階分の商業空間をなくし、その階の半分を室内公園にしている。屋内のショッピング空間を、過去の市場のように、屋外空間化する試みだ。空間内の人口密度を下げ、自然を取り入れ、感染症に強い屋外空間のようなイメージを抱かせる試みにも見える。

Ⓒ 김경민

インの商業空間は、周りの人々と共有する空間経験とつながりにくくなった。そこで最近のショッピングモールでは、インターネットで買いにくい自動車販売店を誘致したり、「スポーツモンスター」のようなユニークな形の遊戯場を造ったり、ペットを連れて行ける空間に変えたりしている。その場所に足を運ぶ理由を提供し続けなければならないのだ。ところがコロナは人が集まる行為自体を〈危険〉なものに変えてしまった。コロナはショッピングから得る〈私たち〉の経験を解体し、買い物を完全にプライベートな行為に変えた。

集まれば死に、離れれば生きられる

二〇一八年の統計資料によれば、ソウル市の総延べ面積中、五三パーセントが住居面積で、三一パーセントが商業面積だった。商業面積は商店・食堂・業務空間などで構成されている。コロナによって非対面消費が増えれば、一番影響を受ける空間はまさに商業空間だ。商業空間は不特定多数が集まる空間なので、感染症の危険に一番多く晒されるからだ。不特定多数が集まるという点では公園も同じだが、公園は屋外空間で人々の密度が低いので、大きな問題にはならない。ところが商業空間は屋内空間であると同時に、単位面積当たりの人口密度が一番高い空間だ。商業地区は一般的に、人口密度が高いほど人々を見物することができて魅力的な空間になるからだ。

以前、親しい知り合いで流通業に携わっている人が、海外出張に行ったことがあった。出張の目的はアメリカの商業施設の成功要因を分析することだった。各種のデパートやスーパーなどを巡回して得た結論は〈商売は場所だ〉ということだった。当たり前の話だ。かつて商業施設は人々で混み合うところにあれば成功した。それゆえ人々の目につく大通り、その中でも流動人口が多い交差点の角が一番の立地だった。通常、このようなところにはデパートや銀行がある。それほどよい場所に銀行が位置していた理由は単純だ。韓国に資本がほとんどなかった貧しい一九七〇年代、土地を購入して、建物を建てられるほどの資本を持つ者は銀行しかなかった。だから銀行が交差点の角の土地を買って、建物を造って自社の銀行を入れ、〈他の階の空間を店舗やオフィスとして貸すことで〉家賃をもらって維持するやり方で開発したのだ。韓国のある世代の大型設計事務所の中には、「リム」の字がついた会社名が多い。漢字では「林」を使うが、ほとんどは銀行で働いていた人たちが設立した設計事務所〔正林《チョンリム》建築、熙林《ヒリム》建築など〕だ。なぜ「リム」を使っていたかは知らないが、とにかくかれらだけの土俵ですべてを握っていた時代だった。ところで二〇〇〇年代に入ってから、ネットショッピングが増えると、大通りの一階の人気はだんだん落ち始めた。路地裏は自動車が通っても、歩行者に優先権のある空間なので、ゆっくり歩きながら店を選択して入れる。大通りに比べて家賃が安いので、裏通りには少ない資本で開業できる食堂が多い。敷地が小さく区画されているのでビルも小さくなり、おのずと小規模の店が入ることになった。こうして裏通りでは歩行者が短い区間を歩くだけで、いろいろな店を選べる魅力的な商業的環境が形成された。韓国の都市の裏通りが飲食店街として発展した理由だ。

そのうちにだんだんネットショッピングとデリバリー文化が発達し、一階中心の商業的環境は消え始めた。食堂の場合、売り上げにおけるデリバリーの割合が大きくなるほど、賃貸の高い大通りの一階にある必要がないからだ。一階に店を構える代わり、地下室に厨房だけを置いてデリバリー中心に営業する食堂が増え始めた。このような状況でコロナの発生は直撃弾になった。すでに店を訪れる客が減っていたのに、こうした変化のスピードを加速させるアクセルを踏むような形になったのだ。以前は商売がうまくいっていた、人々が集まるよい場所は、感染症の危険度の高い場所になった。かつては売り場が大きければ大きいほど、人が集まる魅力な場所だった。規模の経済の原理が適用されていた場所がデパートやショッピングモールだ。ところが逆説的に、大規模施設は感染症に対して脆弱な空間構造なので、一番大きな打撃を受けた。コロナ以前一番人気だったスターフィールド・コエックスモールも大きな打撃を受けた。CGVやメガボックスのような映画館は、マルチプレックスの商業施設にとって必須の集客要因だったので、誰もが誘致したがる人気の業種だった。ところがコロナ禍時代に、映画館は一番避けたい施設の一つになった。CGVは創業以来最悪の危機を迎えている。

オフライン商業空間の進化と縮小

最近オープンしたソウルで一番大きな規模のデパート、ザ・ヒュンダイ・ソウルは、新規売り場の入店率が低くて困っていた。すぐ向かい側にIFCモール〔ソウルで有数の大型ショッピングモール〕があったからだ。以前はデパートがオープンすると、入店の競争が激しかったが、今は状況が逆転した。むしろデパートやショッピングモールの方が、入店を希望する店を探さなければならない状況だ。オフラインの売り上げがだんだん減少しているので、新規の売り場を開こうとする店があまりないからだ。「ベター」のような売り場は品物を販売するのではなく、動線や留まる時間など、消費者の行動パターンやデータを販売する体験型店舗だ。一種の空間貸しビッグデータ・セレクトショップだ。「ベター」に行けば品物が展示されていて、天井には数十台のカメラが設置されている。そのカメラで、消費者がどんな品物に関心があり、機器をどう動かしてみたかなど、さまざまな情報を収集し、再分析して販売する。現在の商業施設は既存の店とは異なる形で、ブランドを宣伝できる店を出そうとしている。しかしこうした空間はクールな場所として名高い、聖水洞や新沙洞のカロスキルのような場所に限定される。商業的行為は徐々にオンライン空間に移動しており、オフライン空間では商業空間の需要が減少している。

新しいビル様式の発明

未来の答えを探す時は、過去の歴史を調べてみた方がよい。現在起きている事件はだいたい過去にも起きていたし、歴史は反復されがちだ。過去の商業施設の歴史を調べると、産業革命以前と以降に分けられる。理由は産業革命の際に、品目数のビッグバンがあったからだ。今のショッピングモールの元祖は、産業革命の際に建てられたイギリスの「水晶宮」だ。水晶宮は、鉄骨構造とガラスで建てられたガラス温室のような巨大な屋内空間に、産業革命を通して作られたさまざまな新商品を展示していた、人類最初の万国博覧会場だ。ソル・ヘシム教授の著書『消費の歴史』によれば、水晶宮のおかげでそれまでになかった〈消費者〉という階層が出現したという。それ以降、品物を買う行為が、身分上昇の方法と見なされる新しい文化が生まれた。

建築の歴史では水晶宮のように多様な品物を展示して販売する空間が必要だったし、その過程で誕生したのがデパートだ。それから品物の種類が多くなればなるほどデパートの規模は拡大し、規模が大きくなればなるほど商売はうまくいった。群集の中でショッピングバッグを持ち歩くことが、

イギリス「水晶宮」の外部と内部

自分を誇示する新しい方法になった。消費者が王になる資本主義の時代に、ショッピングバッグは自分を消費者であるということを知らせる記号で、デパートでショッピングバッグを持つことは王になる方法だからだ。新しい時代が到来すれば、新しい建築様式（タイプ）が生まれる。これは建築空間の世界で不変の真理だ。

二〇世紀後半にインターネットが発明され、このような商業行為の多くをインターネット空間に奪われた。アマゾンの成長の勢いは恐ろしいほどすごかった。規模が大きくなるほど、多様な品物の展示が可能になり、かつてこのような施設は競争力があったのだが、オフラインのどの売り場も、アマゾンより多様な品物は展示できなかったので、競争自体が無理だった。価格の面でも競争にならなかった。こうした環境下で、伝統的なオフラインの商業施設が見つけた突破口は、〈品物を買うこと以外の経験を提供しよう〉だった。それは、人を見物することができる、贅沢なオフライン空間の体験だった。大型ショッピングモールは人を見物させるために高級な空間を作り、そうした空間を消費できる〈格のある消費者〉を集めれば集めるほど、人々はもっと集まった。スターフィールド・コエックスモールの場合、ピョルマダン図書館を造って、高々とした天井と巨大な本棚を備え持つ〈無料の空間〉を公開した。既存のどの商業施設にもない高級な〈空間プルレクス〉だった。プルレクスとは誇示を表す言葉〔英語のスラング「flex」の韓国語読み〕だが、一般的に誇示は浪費を通しておこなわれる。三成洞《サムソンドン》のスターフィールド・コエックスモールは贅沢な無料空間を提供する空間プルレクスで、その空間がどれくらい差別化された商業空間なのかを、はっきり見せてくれた。ところが、そんな新しい空間体験も人の見物も、コロナ禍の場合は完全に反対の結果をもたらす。人が集まる場所は危険だからだ。

このような状況下でも、伝統的なオフラインの商業施設にとって救いになる点がある。人間の本能は簡単に変わらないということだ。人は人が多いところに行きたがる。ソーシャルディスタンスがほんのすこし緩和されるだけで、人々は食堂に集まる。どれほどコロナが危険でも、人々はクラブに行く。このような本能は、コロナが落ち着いたらふたたび、商業施設に人々が集まることを示唆する。過去数千年間、無数の感染症が発生したが、人間が集まりたがる現象は変わらなかった。つまり、コロナによる致死率が低くなればなるほど、商業施設への回帰は早まるだろうと予測することができる。しかし万が一、コロナのような感染症が現れ続けたらどうすればよいか。感染症の蔓延でも生き残れる商業施設の形態は、はたしてインターネットの非対面消費しかないのだろうか。ここが悩むところだ。

二つの分かれ道

今後、商業空間の行方は二つに分かれる。現在の危機を小規模の多核構造で突破すべきか、それともコントロールされた大型空間に進むべきか。小規模の多核構造とは、ここ数年間進んできたショッピングモールの大型化とは反対に、オフライン空間に小さな商業施設をいくつか入れることだ。この道の終点はコンビニだろう。既存のものと差別化を図り、特別な空間的体験を提供し、地域性を強調した未来のコンビニも考えられる。今のように、どこに行っても同じコンビニがあるのではなく、他のプログラムとの融合を通して、独特な体験を提供できるコンビニを思い描くことが可能だ。たとえば、本屋と融合したコンビニや、ランドリーと融合したコンビニのように。標準モデルを作って判で押したようなものではなく、多様性のあるコンビニのことだ。多様性を保ちつつも、一つのフランチャイズとしてブランドを維持することができるかが鍵だ。

もう一つの道は完全に区分された空間を作ることだ。最近、デパートではコロナのせいで、ほとんどの売り場の売り上げが激減した。しかしブランド品の売り上げは急増し、全体の売り上げは成長した。デパートの経営者としては、百人の中間層の消費者より、一人のＶＩＰがより大切になったのだ。今後、デパートは生き残るために、全体の売り場からＶＩＰだけ使える空間を増やし、それ以外の空間を縮小していくだろう。すでにデパートの一階の化粧品コーナーは縮小して二階に上がり、その場所にシャンペンバーのようなＶＩＰのための空間が作られている。コロナのような感染症が長期化すれば、ＶＩＰ中心の空間再構成の現象はだんだん拡散していくだろう。すでにロッテ百貨店の本店の場合、全体の延べ面積から、ブランド品売り場の比重を、現在の二〇パーセントから四八パーセントに上げるリモデリングをおこなっている。

ＳＦ映画『エリジウム』を観ると、富裕層は環境が破壊された地球を脱出し、宇宙ステーションのような人工的環境に都市を建設して、そこで生活している。完璧で快適な自然環境がそこにはあり、いかなる病気にかかっても治療できる医療施設が整っている。問題は選ばれた大金持ちだけが入れることだ。人工的な天国概念の空間は、映画『メイズ・ランナー――最期の迷宮』にも現れる。得体のしれない感染症が全地球を覆った時、人類が考え出した方法は、徹底的にコントロールされた都市空間を作ることだった。そこには病気にかかっていない、選ばれた者だけが入って生活することになる。このような未来社会の空間がディストピア的な姿で描かれるのは、そうした進化の方向が、エゴイスティックな人間にもたらされる自然な結果だからだ。実際にアマゾンのＣＥＯジェフ・ベゾスは、宇宙ステーションのような、宇宙都市「スペースコロニー」の建設を計画している。

このアイデアは、プリンストン大学物理学科の教授ジェラード・オニール（Gerard O'Neill）が一九七五年に思いついたものだ。地球と月の重力が均衡を保って力がゼロになる地点に、映画『エリジウム』に出てきたような、巨大円形都市を建設するのだ。空中都市という概念は日本の漫画『銃夢』でも取り上げられており、ほとんどのSFの未来都市に欠かさず出てくる。

住居空間だろうが商業空間だろうが、選ばれた者だけが人工的環境に入れるというのは、けっして望ましいことではない。区分された空間は階層間の葛藤を生じさせ、そのような社会は持続可能ではないと、多くの革命の歴史を通して私たちは知っている。しかし消費者を獲得しなければ生存できない企業の立場からすると、目の前の危機を乗り越えるために、区分された空間建設への誘惑を振り払いにくいだろう。

今後、感染症の危険が増加すればするほど、商業施設では安全な消費空間を作るだろう。同じような事例として、アメリカのプロバスケットボールのリーグ、NBAの運営方法を取り上げることができる。二〇二〇年のコロナ禍はアメリカに、すべてのスポーツリーグの中断をもたらした。その中でもバスケットボールは、狭い室内で軽装のユニフォームを着て、身体接触も多いスポーツだ。野球は約一万二千坪の面積で一〇余名がプレイし、サッカーは約二五〇〇坪の面積で二二名がプレ

NBAの試合の様子。競技場の後ろ側に大型スクリーンを設置し、
実際にファンが座っているように見せ、かれらの様子をリアルタイムで映し出している。

イする。一方でバスケットボールは一二七坪の狭い面積で、一〇名がプレイする。バスケットボール選手は野球選手に比べて、百倍ぐらい人口密度の高い空間でプレイするのだ。直接的な身体接触がほとんどない野球は観客さえいなければ、選手同士の感染症の伝播は大きな問題にならない。しかしバスケットボールは違う。そこでNBAは極端な方法を選択した。客が入らないオーランド・ディズニー・ホテルに、NBAの選手と関連職員を宿泊させ、さほど大きくない体育館をリモデリングした。体育館の壁面にはLEDスクリーンを設置し、全世界のリアルタイム観覧者数百人の様子を配信した。そして試合中にはCGで、競技場の床にホームチームとスポンサーのロゴを表示させた。スタッフと選手のあいだにはガラスの壁が設置され、接触を一切遮断した。かれらは稼ぐために、絶対的にコントロールされた空間で試合をし続けた。選手たちは家族をはじめ一切外部との接触が禁止された。ほとんど監獄レベルの隔離だといえる。にもかかわらず自由を返上しそれに従う理由は、巨額の年俸のためだ。金のためなら自由を返上できるのが人間なのだ。

感染症が作る空間の両極化

これを一般の商業施設に適用したらどうなるだろうか？　独立した寮で二週間隔離したスタッフだけがサービスをおこない、高額の料金を支払った少数の消費者だけが利用することができる、広々とした商業施設が造られたと仮定してみよう。その空間は運営費用がかかりすぎて、使用料ものすごく高くなるだろう。しかし高いからこそ利用したい消費者もいる。料金が高い分、自らを誇示できるからだ。最初は、オーランドのＮＢＡバスケットボールのコートのように見えるだろうが、そこがインスタ映えする、自らを誇示したい人用の空間になれば、かなりよいビジネスになるはずだ。

高所得の少数の消費者だけが入れる空間だらけの世の中は、ディストピアだ。韓国では一九九〇年代の経済成長とＩＭＦ時代[2]を経験しながら貧富の差が拡大した。その後「タワーパレス」のような住居空間がはじめて現れ、門の前にドアマンが立っていて、一般人が奥の空間に入ったりそこを見たりすることができない、かれらだけの住居環境が造成された。映画館にはプレミアムシアターが造られ、余分に料金を支払って、ゆったりと映画を観られる空間が生まれた。ホールにはVIPルームが備えられ、公演前と休憩時間に利用することが可能で、デパートにはVIP専用ラウンジやパーソナル・ショッパー〔VIP顧客が必要とする商品をスムーズに購買できるように手伝う人〕を使うVVIP顧客用の空間が設置された。人類の歴史を見れば、どの時代のどの社会でも、階層が作られ区分された空間はあったが、感染症は既存のそうした空間の階層化を加速させるだろう。感染症の場合に異なる点があるとしたら、富裕層の空間はより大きく、密度はより低くなる方向に進むだろうし、それ以外の人間の空間はその分減らされるということだ。

したがって市場経済に任せておけば、今後のオンライン空間は、技術が発達すればするほどだんだん安価になる一方で、オフライン空間はだんだん高価になるだろう。それゆえ一般大衆はおもにオンライン空間で生活し、オフライン空間は金持ちだけの専有物になるかもしれない。このことを極端な形で見せてくれるのが、ポン・ジュノ監督の映画『パラサイト』だ。映画の中の貧しい家族は狭苦しい半地下の家で、インターネット接続のためにWiFiを探し回る。劣悪な現実のオフライン空間の中にいるかれらには、オンライン空間への接続は切実だ。一方、金持ちの家族の自宅には、リビングにテレビもない。その代わり、日当たりのよい庭を眺められるように、ソファーが置

映画『パラサイト』の半地下の家でWi-Fiを探し回っている姉弟（上）と、Wi-Fiを探していた青年が、家庭教師先の金持ちの家の庭で寝ころんで、本を読んでいる姿（下）が対照的だ。

自我をキャラクター化して、サイバー空間に住まわせようとする試みは、1990年代から始まっていた。おもなユーザーは空間を所有できない若い世代だ。アバターを導入して人気だった「サイワールド」のミニホームページ(マイルーム)(上)と、目鼻立ちを選んで自分に似た顔を作れる、進化したアバター「ゼペット」(下)。洋服を選んだり自分で作ったりすることができて、歩くことも走ることも、空間を作って友人を招待することもできるので、対面することが難しい近年、全世界の若い世代に大人気だ。サイワールドやゼペットのような「メタバース」は、現実のオフライン空間を所有できず、料金を払って利用することもできない若い世代に人気だったという共通点がある。

© Strawberry/flickr

かれている。その家では休む時もテレビの代わりに、庭で陽光を浴びながら本を読む。小学生の子供もスマートフォンで遊ばず、庭にテントを張って遊ぶ。金持ちの空間ではメディアへの依存はなく、インターネット空間も要らない。良質のオフライン空間があるからだ。このような空間の両極化の解消のために政府は、市民の誰もが無料で楽しめる良質のオフライン空間を、都市のところどころの一階に配置すべきだ。そのように都市空間構造をリモデリングしなければならない。

空間消費対物品消費

コロナ時代にブランド品の消費でデパートの売り上げが増加したが、この現象はいろいろな観点から解釈することができる。まず海外旅行ができないので免税店に行けず、デパートで購入するしかなかったということだ。それ以外に、海外旅行に行けないストレスを、ブランド品の消費で解消したという側面もある。空間を消費することができなければ、物品を消費することになる。しばらくのあいだ、ブランドの鞄の消費より、東京の路地裏でうどんを食べる写真で、インスタグラムを更新するのが流行った時期があった。インスタグラムに写真を載せることが、自分を誇示する一番効果的な方法だからだ。物品消費の代わりに空間を消費することが、コロナ以前の消費のパターンだった。ところがコロナによって空間消費ができなくなると、ふたたび物品消費へと戻った。

東京やパリの路地裏で撮った写真が魅力的なのは、行きにくい場所だったからだ。そこに行くには国際線の飛行機に乗らないといけないし、高額なホテルの宿泊費を支払わなければ消費できない空間だった。感染症のせいで海外に行けなくなると、国内で行きにくい空間が人気になった。コロナ時代、一棟貸しの高級ペンションは、数か月先まで予約が埋まっているほど盛況だ。海外に行けなくなると、国内で行きにくい空間を探すことになったのだ。五つ星級のフランチャイズホテルより、一軒家のペンションの方が人気のある理由は二つだ。第一に他の客が共用空間を使わないので、感染症に対してより安全だから。第二に代替不可能の唯一性があるから。フランチャイズホテルは同じ模様の部屋が数十から多ければ数百まである。このように生産単価を落とすため大量生産された標準モデルの空間は、インスタグラムに載せる価値がない。その代わり部屋が五、六室しかなく、それぞれのデザインが異なる高級ペンションは、インスタグラムに載せる固有な空間として価値がある。〈感染症に対して安全で、料金が高くて行きにくく、写真を載せても他では探しにくい空間〉を提供すれば、余裕のある消費者は選択する。

ソーシャルディスタンスを実施した際、人々が一番怒っていたのはカフェに行けなくなったことだ。狭いワンルームに住んでいた青年たちは、何千ウォンの料金を支払って空間を借り、自宅での

新型コロナウイルスが全世界に拡大する以前、人々はSNSに海外旅行の証拠写真をアップしていた。

海外旅行が難しくなった最近では、国内の独特な場所（左の写真は巨済島《コジェド》にあるペンション）を訪れた写真かブランド品の消費で自己表現をする。

ⓒ 윤정인

空間不足を解決してきた。そこが塞がると、かれらが時間を過ごせる場所としては、個人のSNS空間だけが残った。そしてかれらはインターネットの仮想空間で、より多くの時間を過ごすようになった。一方、経済的に余裕のある人たちは自分だけの空間を作った。午後九時以降の食堂の営業が禁止になると、かれらは自分たちだけのアジトを作ってそこで友人に会った。最高の誇示は〈空間的誇示〉だ。ブランド品は数百・数千万ウォンの金がかかるが、空間は数千万ウォンの保証金または数億の工事費がかかるからだ。コロナ以前から一人でまたは友人と、自宅以外で趣味の空間を作ることが流行り始めていたが、感染症が日常化すれば、こうした現象は余裕のある人々を中心にもっと広がるだろう。

行列店に人が並ぶ理由

行列店にさらに人が集まる理由は何だろうか？　すべての人間は生まれると同時に時間と空間の制約を受ける。経済的に余裕があればあるほど空間的自由は増大する。もっと大きな家を所有することができ、もっと多様な場所へ旅行に行ける。しかし時間は誰に対しても同じく制限される。行列店に入ろうとすれば、並ぶ時間を使わなければならない。大企業の会長は大きな家とヨットを所有できても、行列店で食事をするためには他人と同様並ばなければいけない。ところが彼にそんな時間はない。経済的に余裕はなくても時間に余裕のある人は、その時間を使って特別な写真を撮ることができる。またその写真でSNS空間に、大企業の会長には作れない自分だけの空間を作れる。

時間を使って特別な経験をすることができるようにしてくれたら、その空間はポストコロナ時代にも生き残れるだろう。その代表的な事例が「ヒップチロ」空間だ。乙支路《ウルチロ》という古い都心のスラム街に、若者だけが訪れるカフェとワインバーがある。そこがヒップなのは、知っている人だけが行けるからだ。それらの店は看板もなく隠れた場所にあるので、SNSを通じて情報に接した人だけが行ける。ある店はドアが自動販売機になっていて、知らない人は店のドアだと知らず、そのまま通り過ぎてしまう。こ

並んで待つ行列店。長い時間待ってようやく食事をすることができる特別さのため、人々はSNS空間にこうした写真をアップする。

漢方薬局をコンセプトにした乙支路のコーヒー専門店。
レトロの流行で古い雰囲気のインテリアと場所が若者に人気だ。

© TFurban/flickr

店のドアが自動販売機になっている乙支路の店

© 유현준

のような空間には、金を多く持っていても、ＳＮＳを通じて情報を入手できないオールドジェネレーションは入れない。ヤングジェネレーションは大人と一緒にいる空間の中に、かれらだけの世界を作るために、かれら同士だけにわかる略語、つまり隠語を使う。秘密の言語によるコミュニケーションを通して、かれらだけの世界を作るやり方だ。これと同じく「ヒップチロ」は、ＳＮＳからかれらだけが入手できた情報を頼りに、家賃がリーズナブルで都心の見向きもされない場所に、かれらだけの空間を構築したものだ。このように情報を手探りし、遠くまで足を運ばなければならない空間は、特別な空間の体験を与えるだけではなく、店を訪れる過程自体がストーリーになる。スペシャルな空間の体験はそのまま写真として残り、自分のＳＮＳ空間を飾る特別なデジタルレンガになる。このような価値を提供できる商業施設は今も成長している。

減少するオフィス空間

二〇一八年の統計で、全世界のクラウド市場の約三二パーセントをアマゾンが、約一八パーセントをマイクロソフトが、約二パーセントをグーグルが占めている。全世界のクラウド市場の半分以上をアメリカの三つの企業が占めているのだ。なぜ、屈指のアメリカのＩＴ企業がクラウドビジネスに資金をつぎ込んでいるのか？　クラウドビジネスは全世界を相手にする新しい形の不動産事業だからだ。情報化時代は技術が発達すればするほど、オフィスワークの多くの部分がコンピューターのサーバーに入る。デスクの書類の多くがすでに、コンピューターのハードディスクの中に入った。そしてだんだんより多くの会社が、オフィスのハードディスクに保存するのではなく、クラウドを利用するようになっている。オフィスのオフライン空間がサイバー空間の中に入り込んできているのだ。オフィス空間は、このような形でクラウドサービスに代替されつつある。

より多くの会社がだんだんクラウドサービスを利用するようになっている理由は、自社にデータサーバーを構築して維持する方が、もっと費用がかかるからだ。たとえば、インターネットショッピングモールを運営している店があると仮定しよう。この会社はチュソク[3]〔秋夕〕やクリスマスの時の売り上げが通常の何倍にも上がる。しかしそのシーズンに合わせてサーバーを構築すれば、一年中ほとんどの時間は使わないサーバーが多くなる。普段は二百人で足りるオフィスを、ピーク時に千人が必要だからといってその基準で借り、一年間の約八〇パーセントはがら空きなのに、その分の家賃を全額支払うというのと同じだ。会社の立場ではピーク時の一か月だけ、追加でオフィス空間を借りたいだろう。このような短期賃貸方式がクラウドサービスなのだ。アマゾンのような巨大企業が地価の安い地域に巨大サーバーを構築し、自分より小さな会社にサーバーを貸すようなやり方だ。簡単にいえば、全世界のオフィス書類の保存空間とサーバー室の賃貸ビジネスを、多国籍企業二、三社が賄っていると見てよい。ものすごいビジネスだといえる。インターネットの通信速度が速くなったので可能になったビジネスだ。交通手段が発達すれば、時間距離が短縮し空間の意味が変わるように、インターネット速度の進歩もやはり、空間の意味を変える。韓国には多国籍クラウドビジネスをおこなっている企業はないが、それらの企業がサイバーオフィス空間を作るのに必要な、半導体という建築材を納品して資金を稼いでいる。クラウド企業が仮想空間の建築業者ならば、サムスン電子とＳＫハイニックスのような半導体会社は、仮想空間の建材商社だ。

在宅勤務やクラウドサービスのようなデジタル技術の発展は、都市内のオフィス空間の延べ面積の需要を減少させている。これまでは、都市のどこからでも通勤しやすい中心部に業務地区（ＣＢＤ）が入っており、おもにその空間に高層ビルが建てられて高密度化していた。ところがポストコロナ時代は、サテライトオフィス・共用オフィス・在宅勤務のため、中心業務地区の需要は減少し、都心のオフィスの空室率は高まるだろう。既存のＣＢＤの問題は〈都心の空洞化〉現象だった。退社後の都心の中央がゴーストタウンのように、がらんとする現象を指す。それでもＣＢＤ内のビル所有を諦められなかった理由は、容易に金を稼げるからだった。都心の現代的ビルは単位面積当たりの家賃を一番高くもらえる。人々は住居の家賃を浪費だと考えるが、オフィスの家賃は惜しまない。オフィスの家賃を支払う理由としては、まず家族構成員の人数は数十年間ほとんど変わっていないが、オフィスの人数はたえず変わるので、その変化に適応するためだ。そして一番大きな理由は社屋の所有が難しいからだ。とくに都心の好立地に高層ビルを所有するのは大企業以外には難しい。だから企業の格を表せそうなビルの中で、自社にとって最適なフロアを借りるのが一番合理的な選択になる。このような会社が集まってＣＢＤを構成している。ところで全体的にオフィスの需要が減少し副都心が活性化すれば、ＣＢＤ内の業務施設は空洞化するかもしれない。そうして空いた中心業務施設は住宅に変わるのが望ましい。都心のビルが住宅に変われば空洞化現象も消え、治安がよくなり、通勤時の交通量も減らせる。

幅の広い業務施設、幅の狭い住居施設

ところで大型オフィスビルを住宅に変えるには、建築的に難点が一つある。業務施設のビルは幅が広いが、住居施設は幅が狭いということだ。たとえば鐘路《チョンノ》にあるビルの場合、中央に垂直移動のために使う共用エレベーターと階段室があり、左右に空間が入る。通常、片側のオフィスの幅は大きなビルの場合、約一五メートルだ。中央にあるエレベーターや階段室まで含めると三〇メートルを超える。ところで一般的なマンションの場合、幅は一〇メートル程度だ。韓国のマンションの幅が狭い理由は、風通しのために風の道を作っているからだ。一般的に、部屋一つの幅は三メートルから四メートルだが、前後に配置した場合の奥行きは室内の廊下を含めて一〇メートルであり、バ

ルコニーを含めても一三メートル以内がほとんどだ。そうしなければ、両方の部屋に自然光の入る窓を配置することができないからだ。しかし都心の大型オフィスビルの場合、幅が広く、それも一方の面は壁に囲まれたエレベーターや階段室に接しているので、住宅を配置すれば内側に窓のない部屋が生じる。普通、複合型マンションの場合、窓がない内側にはトイレやキッチンなどを入れて、機械で強制的に排気しているが、換気や採光の面で望ましいデザインではない。

オフィスビルは幅が広いので小さな部屋に分ける際に、窓のない部屋が多くなる可能性がある。この問題を建築的に解決するには部屋を大きくするしかない。今後、幅の広いオフィスビルは、広々とした高級住居に変えて使った方がよい。そうしなければビルのオーナーはビジネスの効率を考え、もっと小さな単位で世帯を分割し、賃貸料を稼ごうとするだろう。世帯を小さくすればするほど、賃貸料の収益は上がるからだ。現在ソウルで単位面積当たりもっとも家賃が高い住居は、タワーパレスではなく、乙支路のチョッパン村だ。[4] 大型ビルに小規模の世帯が作られれば、窓のない考試院のような部屋をたくさん入れる方向に、リモデリングされるだろう。だから最低限の住居環境を確保するために、窓のない部屋の使用を禁じる法的措置が必要だ。あるいは日が当たらない中心部の周辺に屋内農場を造り、その外側に住宅を配置する方法もある。今後、さまざまなクリエイティブなリモデリングのアイデアが必要だ。

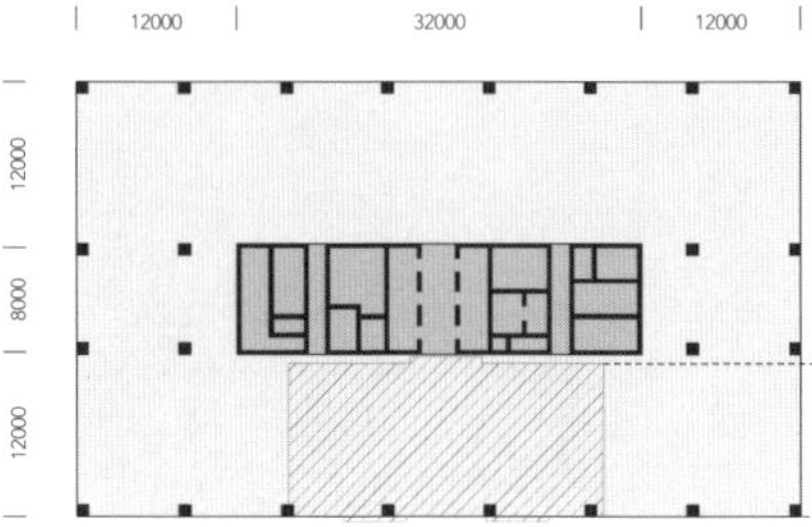

大型社屋ビル

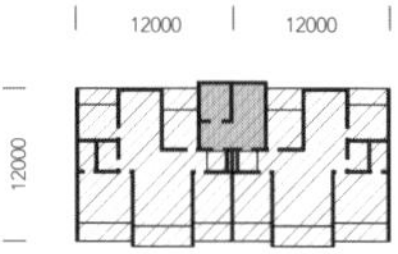

マンションの基本タイプ

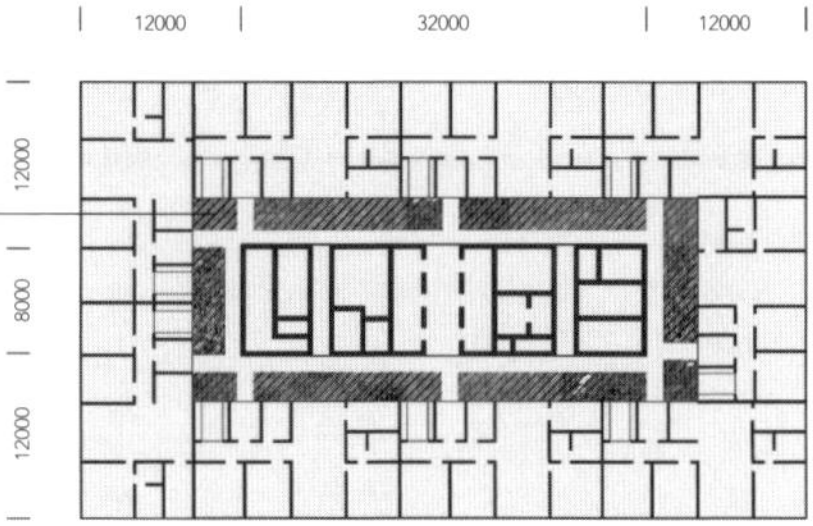

社屋を住居に変えた計画案。窓のない内側に屋内農場を造り、外の窓側に住居を配置した。

Ⓒ 유현준건축사사무소

右頁下の絵の斜線部分は上の写真のような屋内農場を意味する。

訳注

［1］クレジットカード決済の時にはショッピングは遊びにならないが……　「ショッピングは遊びだ」は、オンラインショッピングとショッピングモールでの買い物の違いを強調するために「現代ショッピングモール」が掲げたキャッチコピーだが、決済時には支払いという現実に引き戻されるので遊びにはならない、という意味。

［2］IMF時代　韓国で大企業が連鎖的に倒産し、外貨準備高が底をつく国家倒産の危機に晒されたため、国がIMF（国際通貨基金）に資金支援を受けていた時期を指す。一九九七年一二月から二〇〇一年八月までの約三年半の期間。韓国はIMFの要求を全面的に受け入れ、大々的に国家経済の構造調整をおこなった。多くの企業が強制的に統廃合され、国民は大変な苦痛と忍耐を余儀なくされたが、政府の努力と国民の協力で危機を乗り越えた。二〇〇〇年以降、韓国の経済や企業システムが根底から変貌するきっかけとなった。

［3］チュソク　旧正月と並ぶ韓国の代表的な年中行事の一つ。親戚一同が集まって先祖の墓参りをし、秋の収穫に感謝する。旧暦の八月一五日におこなわれ、この日とその前後が祝日となる。

［4］チョッパン　一人だけが寝泊まりすることができる最低限の大きさに仕切って造られた狭小住宅のこと。都市の最貧困層が住む部屋で、入室の際に保証金は要らず、家賃も安い。

9章

青年の家はどこにあるのか

ホン・ギルトン対世宗大王

ポストコロナ時代にも住宅価格に関する議論は続くだろう。富と権力の分配と社会問題はどの時代にもあるからだ。この章では、住居という点で一番脆弱な階層と思われる青年の住宅問題、とくに〈所有か共有か〉に関する議論について話したい。どの国でも、社会の貧富の格差が大きな問題として浮上している。映画『パラサイト』が全世界的に支持された理由も、すべての国で、格差問題が普遍的な問題として浮上しているからだ。トマ・ピケティの著書『資本とイデオロギー』によれば、ソ連の崩壊後、社会内での富の偏りが全世界的に激化し、下位五〇パーセントの人々が占める富はだんだん減少しているという。こうした背景から、強力な税金政策で富を再分配するという考え方が、経済的な苦境下にいる多くの人々に支持されている。

経済的に困難な人が多くなり、社会がまともなビジョンを提示できない時に誕生するキャラクターが「ホン・ギルトン[1]〔洪吉童〕」だ。腐敗する官僚に罰を与え、倉を開放して貧しい国民に金品を配るキャラクターが支持されるわけだ。また雇用創出のために公務員の数を増やし、非正規職を正規職に転換してくれる政治家も人気だ。見逃してはならないのは、この過程で分け与える者が権力を握ることになる点だ。政治家は国民の税金で自分の人気と権力を得る。ホン・ギルトンのような政治家が多いというのは、経済が成長できず階層間移動を可能にするハシゴがないことの証拠でもある。一九七〇年代に登場した集合住宅は、階層間移動ができるハシゴの役割を果たしていた。マンションを買うことは地主になり、中間層になる道だった。今の若い世代にはそうしたハシゴがないので、ビットコインに熱狂し、株式投資に夢中になり、株の譲渡所得税に怒るのだ。

富と権力の公正な分配のために、他の方法を採用した人もいる。世宗《セジョン》大王は、朝鮮時代の富と権力の不均衡は〈文盲〉に原因があると考えた。大多数の百姓が富と権力を持つことができないのは、漢字が難しくて教育の敷居が高いからだと考えた。そこでハングルを創製して、誰でも簡単に文字を読み書きできるシステムを作った。百姓に魚を分け与える代わりに、魚釣りの方法を教えたのだ。残念なことにハングルの実は、大韓民国の建国後、ようやく摘み取れるようになった。簡単に覚えられるハングルのおかげで、韓国の文盲率は世界で一番低く、均等な教育の機会を通して、階層間移動を可能にするハシゴを作ることができた。魚釣りの方法だけではなく、魚が多いところに国民を導くのも政府の重要な役割だ。新しい産業の生態系を作らなければならないという意味だ。浦《ポ》項《ハン》製鉄所を設立して、自動車産業と造船業の土台を作ったことや、全国にアスファルトの道路網を整備して、自動車産業を起こしたことなどがその事例だ。

ここ数年、都市再生の側面で注目されるのは、益善洞《イクソンドン》の人気だ。パッとしない古い都心で一階建ての建物が密集する地域に、若者たちが店を出したら人々が集まるようになった。理由は、狭い路地裏という独特な体験を提供することができて、少ない資本での開業が可能だったからだ。少ない資本で開業できるようになれば、自然な流れで、狭い面積の地域に密度の高い多様性が生まれる。だからすこし歩くだけでも、多様な体験をすることができるユニークな都市になるのだ。

若干のリモデリングだけで開業することができた理由は何だろうか。住宅の庭に透明な天井を張って室内に変えた違法増築を、区役所で目をつぶってくれたからだ。弘大前のケースも同じだった。言い換えれば、政府が規制を緩めたら、自然な流れでうまくいったということだ。時代遅れな原則に固執していたら、公務員が一生懸命働いたとしても、都市の進化や発展の邪魔になる。政府が税金で古い建物をリモデリングし、開業サポートセンターを作って、若者たちに〔店舗用の物件を〕無償提供するからといって開業につながるのではない。ソフトウェアを変えて民間の資本が投下されるようにする方が一枚上手だ。少ない資本で開業できる世の中になるように、行政のソフトウェアを更新しなければならない。こうすることで多様性が生まれ、競争を通じて優れたＤＮＡが生き残るからだ。

© onedaykorea/flickr

益善洞の路地裏（上）とそこにある店（下）。伝統家屋の屋根のない庭に、
透明な天井を張って、空の見える室内空間を作った。

© Alejandro/flickr

韓国は建築界のノーベル賞と呼ばれるプリツカー賞を一回も受賞していないが、隣の国・日本は七回も受賞している。その理由は他でもない。韓国では大手企業一社が三千世帯の集合住宅を団地として設計し供給している一方で、日本では地震があるため、高層マンションより揺れに強い、低層型の木造住宅がたくさん建てられているからだ。三千世帯の木造住宅は、三千の建築主と三百の多様な建築設計事務所の協業を通じて多様性を生み出す。建築家の立場から見れば、日本は韓国より事務所の開業のチャンスが三百倍も高いのだ。創業の敷居が低いので多様性が生み出され、多様な会社が公正な競争を通じて成長する。建築の多様性と競争力という面で、韓国は日本に相当遅れている。

まともな都市の発展のために、必要であれば、容積率は維持しても建ぺい率は緩和し、駐車場法を変える方がよい。すべての法律はその時代のニーズによって作られたソフトウェアにすぎない。ソフトウェアはアップグレードされなければならない。グリーン・ニューディールも、よりよい住宅供給も、税金を注ぎ込んで単発で終わらせるよりは、民間の資本が投下されるように、行政と法律のソフトウェアをアップグレードする必要がある。韓国の政治家の中にホン・ギルトンはすでに多い。今はシステムをアップグレードできる複数の世宗大王が必要とされる時期だ。

© future15pic/flickr

マンション中心の韓国（上）と住宅中心の日本（下）。
日本では、クリエイティブで独特な形の住宅建築が試みられている。

二一世紀の小作農――家賃

これはアメリカで社会人として働いていた時に、ユダヤ人の友だちから聞いた話だ。多くのユダヤ人は子供が生まれたら、金の指輪のような現物[2]ではなく現金を貯蓄して、子供の名前でファンドに投資する。かれらが成長して結婚する際に、その資金をシードマネー〔着手金〕にして家を購入する。アメリカでは住宅価格の一〇パーセントだけを持っていれば、住宅ローンで家を買える。当時は優良な住宅は五〇万ドル、つまり韓国の通貨で五億ウォンぐらいだったので、五千万ウォンだけあれば家を購入し、社会人としてスタートすることができた。その同僚はシードマネーで住宅を購入し、毎月家賃を支払う代わりに、銀行のローンを返し続けた。一方、私は契約金の五千万ウォンがないので、転々と家賃生活をしていた。当時の私は給料の半分ぐらいの家賃を支払わなければ、ニューヨーク近郊で生活することが不可能だった。こうして七年が経った。家賃が百万ウォンをすこし超えていたので、八四か月間支出した家賃はほぼ一億ウォンになる。もし私が家を買ってからスタートしていたら、一億は私の資産として残ったはずだ。私と彼は一緒に出発したが、富の格差はどんどん広がった。家賃生活とはこういうものだ。家賃を払いながら暮らすというのは、自分の不動産資産が貯まるのではなく、自分の労働の対価が消えていくことを意味する。一方で、その金は不動産を所有している誰かの資産として蓄積される。家賃の支払いは二一世紀に存在する新たな形の小作農だ。ある人々は公共賃貸住宅に住みながら貯蓄し、後で家を買えばよいというが、問題は住宅価格が上がり続けるということだ。政府は毎年最小限二パーセントの経済成長を目標に努力している。通貨量が多くなるのでインフレーションは続き、貨幣の価値はだんだん落ちる。同じ金額を銀行に貯金しておけば、貨幣の価値はだんだん下がる。一方、不動産は有限な資産なので、貨幣の価値が下がれば住宅価格は上がる。不動産バブルがなくても、何もしなくても、毎年住宅価格が上がるのは当然なことだ。もし、二パーセントの経済成長率を上回る給料を貯金すれば、後で家を購入できるだろう。しかし貯蓄の速度より住宅価格の上昇が早かったら、マイホームを所有することは永遠に難しい。実際、過去数十年間の不動産の資産価格を見れば、経済成長率より早く上昇している。年俸と住宅価格の上昇は雪だるまと同じだ。

幼い頃、雪だるまを作ったことがある。私は雪を固めて雪が積もった路地で転がし始めた。私の友人は練炭を一つ持ってきて転がしていた。時間が経つにつれて、二人の雪だるまの大きさに大差がついた。理由は何だろうか。最初に始めた大きさが違っていたからだ。練炭は住宅で、私が転がしていた雪の塊は自分の給料だ。自分の年俸は三千万ウォンで、一年に一〇パーセント上がると仮定してみよう。一年後に自分の年俸は三三〇〇万ウォンになる。ところが同じ期間三億ウォンの家はインフレ率が二パーセントだけでも、三億六百万ウォンだ。その次の年に自分の年俸は三六三〇万ウォンになるが、住宅価格は三億一二〇〇万ウォンになる。自分の年俸を貯金して家を買うとしても、住宅価格には遠く及ばない。公共賃貸住宅に住みながら給料を貯金しても家を買いにくい理由だ。だからといって二〇二一年の住宅価格が正常だという意味ではない。そして今すぐに家を購入しなければならないという意味でもない。私がいいたいのは、正常な経済状況の下で健康な中間層をより多く作るためには、青年に公共賃貸住宅を供給するより、できるだけ早く住宅を持てるようにしなければならないということだ。

プラットフォームビジネスのような不動産

自動車は購入と同時に価値が下がる。今日新しい車を買えば、翌日数百万ウォン下がる。反対に不動産は上がる。貨幣の価値が下がれば、有限な資源である不動産の価値は反対に上がるという理由もある。しかし、不動産価格が上がる理由はその周辺に他の生活上の利便施設が入り、シナジー効果が生じるからでもある。たとえば、一九七〇年代、狎鷗亭洞に現代アパートが建てられた。その後一九八〇年代に聖水《ソンス》大橋と東湖《トンホ》大橋が造られ、地下鉄三号線の狎鷗亭駅ができ、オリンピック大路が開通して接近性が向上した。そして近くにロデオ通りができた。一九九〇年代には漢江市民公園ができて、新沙洞カロスキルもできた。二〇〇〇年代にはＣＧＶ映画館も建てられた。一九七〇年代に建てられた現代アパートはそのままだが、周辺に各種インフラと生活上の利便施設が入って関係を結び始めた。このような関係は時間が経つにつれてますます増える。そうしているうちに現代アパートの価値はどんどん上がる。このように周辺との関係性を示す数字によって価値が決まる資産がある。プラットフォームビジネスだ。ネイバーやグーグルのような検索プラットフォームビジネスは、そのサイトにつながる他のサイトが増えれば増えるほど価値が上昇する。不動産という空間はプラットフォームビジネスのような性質を持っていて、時間が経つほど周辺との関係が増え、それによってますます価格が上がる。ソウルと首都圏は仕事のチャンスが多いので、人口は増え続ける。人口が増えればいろいろな利便施設が生まれ、政府はインフラを拡充する。だから確率的に中心部の住宅価格は上がり続ける可能性が高い。

政府と大資本家のみが地主になる世の中

毎年経済成長を目標として動き、インフレーションになる資本主義の経済では、不動産を所有しなければずっと取り残されたままになる。反対に不動産資産を所有していれば、経済成長の果実を分かち合うことができる。私たちの父母の世代がそうだった。ベビーブーム世代が金を稼げた理由は一九七〇年代に住宅を購入し、国家経済が成長しながら毎年一〇パーセント以上のインフレーションになり、それとともに住宅価格が上がって大きな資産になったからだ。あの頃に融資を受けてより大きな住宅を購入していた人は、より大きな利益を得た。これは〈投機〉であり悪行だという人がいる。しかしそのようなことをいう人の中で、資金があっても家を買わない人がいるかどうか、確かめてみるとよいだろう。

何十軒もの家を所有して住宅価格を引き上げる行動を支持するのではない。自分と家族が休める家を一軒所有するのか、それとも家賃で暮らすのかということについて語っているのだ。私たちは現状をありのままに冷静に見る必要がある。現状を理解する前に、道徳的な物差しで是非を問う態度は危ない。物事の是非に関する倫理的判断は、時間が経って客観的な視点を持った後、自分自身で主体的におこなうべきだ。事実を冷静に見る前に、性急に倫理的な是非を判断すると先入観を作り出し、感情にも振り回されやすい。何よりも危険なのは、是非の判断を代わりにしてくれる誰かに操縦される可能性だ。魔女狩りや人民裁判がその代表的な事例だ。結局、そうした倫理的判断を下した宗教や共産党だけが権力を持つ世の中になった。そして、多数の一般人は自分が操縦されている事実すら知らず、権力に搾取される世の中になった。

住宅を所有することは、社会的・経済的に他の意味を持つ。不動産を所有するというのは、土地を所有した人、つまり地主になることを意味する。一九七〇年代に集合住宅を買うというのは、土地の権利書を所有することだった。家賃暮らしが小作農の人生なら、集合住宅の購入は地主になる道だった。一九六〇年代まで、韓国の住宅はほとんどが一階建てだった。一九七〇年代に入って、一階の上の虚空に集合住宅を建て始め、国家の不動産資産の総量が増えた。このようにして供給が増えると、以前より大勢の人が、空間という不動産を所有する可能性が高まった。集合住宅を建てて家を供給し所有できるようにしたのは、すべての国民を地主に変える革命だった。他人のものを奪って配るといった血の革命ではなく、技術によって以前にはなかった資産を創造して分かち合う、本物の革命だった。実際、現在の開発途上国では、経済発展と社会安定という二兎を追うために、一九七〇年代の韓国における集合住宅の供給方法をベンチマーキングしている。朝鮮時代は〔人口のうち〕数パーセントの両班だけが不動産を所有している地主だったが、一九七〇～八〇年代の韓国では、集合住宅のおかげで多数の地主の中間層が生まれ、近代化に成功した。

ところでもし、青年たちの住居として公共賃貸住宅を中心に供給したら、どのようなことが起きるだろうか？　公共賃貸住宅で楽に家賃生活をしてきたかれらが中年になった時、すでに住宅価格は上がりすぎていて、住宅購入を諦める可能性が高い。そしてかれらはまた別の公共賃貸住宅を政治家に乞うことになるだろう。経済的自立が難しくなり、政府と政治家にもっと依存する人間になるだろう。政治家に依存する国民の増加を好む政治家もいる。このような政治家には票を得られる状況だけが重要だからだ。もちろん低所得層のためには、公共賃貸住宅の供給を増やしていくべきだ。国民の一部は家を購入する能力もなく、また購入したくない人々もいるだろう。しかし根本的には、国民が住宅を所有することができるようにすべきだ。理由は簡単だ。大勢の国民が不動産を所有できなければ、結局、不動産は政府か大資本家だけが所有することになるからだ。これでは朝鮮時代への逆戻りだ。

住宅全体の中で政府所有の公共賃貸住宅の割合が大きくなれば、どのような結果が現れるだろうか？　公共賃貸住宅に住んでいる人々の政府に対する依存度が高まれば高まるほど、政治家の力は増大する。公共賃貸住宅の割合が大きくなるほど、政治家は国民の税金で権力を振り回す地主になる。そしてその政治家は自分の好みに合わせて権力移譲を図るだろう。これは政治権力の習い性だ。より多くの国民が国家所有の賃貸住宅に住むことになれば、より多くの権力を政治家に手渡すことになる。かれらはこういうだろう。「政府が国民のみなさんに安定した公共賃貸住宅の暮らしを提供いたします。もう大家に追い出される心配はありません。高い家を買おうと努力しなくてもいいのです」。甘い言葉だ。しかしこれは低所得層にのみ当てはめるべき言葉だ。中間層のためには住宅価格を下げ、家を所有できるようにしなければならない。このような意味で、政府が住宅供給を増やすという対策はうれしい知らせだといえる。ただし、ＬＨのような公共機関ばかりではなく、公共と民間が一緒に開発してほしい。公共賃貸住宅だけを増やしていく世の中では、政府が大家になってしまう。そうすれば人々はこう考えるかもしれない。「政府は国民が主となる団体だから、私たちは自分の住宅に住むことになるのではないの？」。そうではない。実際は政治家が大家になるのだ。政府の不動産所有の割合が高いほど、その国は独裁国家になる可能性が高い。

ある集団が大きすぎる富を所有すれば腐敗する。政府も例外ではない。トマ・ピケティの『資本とイデオロギー』によれば、中世ヨーロッパ全体の富、つまり不動産と動産を含めて、すべての経済的資本の三分の一は教会の所有だったという。凄まじい富の集中だ。中世に教会権力が腐敗する他なかった理由だ。私たちはあの時を暗黒時代と呼ぶ。興味深いのは、現代の中国政府が所有する富が、中国全体の富の三分の一になっているということだ。この本で言及されているデータから、なぜ中国政府があれほど腐敗しているかがわかる。歴史を見れば農耕社会が始まって以来、いかなる社会でも、資本主義の経済原理が適用されなかった時代はない。時によって政治的な社会主義は実在していたが、資本に関しては古今東西を問わず、利己的な人間によって、同じ原理で動かされてきた。どの社会でも富はすなわち権力だ。ある特定の集団に富が集まれば結局権力は一方に集中し、権力が一方に集中すれば腐敗するものだ。それゆえ過去に多くの政治家が財閥を牽制しなければならないと力説した。ところが一部の政治家は富を政府に集中させて、本人が財閥になろうとしている。時代や状況によって顔は変わるが、人間の欲望はいつも同じだ。このような状況の下で、国民は冴えていなければならない。とくに若さの他に何も持っていない青年世代は、いっそう気をつけなければならない。

悪党と偽善者の時代

金持ちの資本家はもうひとつ別の夢も見ている。全国民を自分の消費者にしようとする夢だ。言葉では消費者だが、また違う形の小作農だ。ミレニアル世代を代表する現象で「共有経済」がある。共有経済は「あなたは所有する必要はなく、消費だけすればいい」と語る。とても思慮深い言葉のように聞こえる。シェアハウスを建てる人たちはこのようなことを話す。「家の購入のために貯金する必要はない。借りて使えばいい。行きたいところへ旅に出て、フルオプションの家をレンタルして、素敵に暮らしなさい。私の会社で手がけた、クールなインテリアのシェアハウスで暮らしたらいい。ただし、よりよいリビングとキッチンを楽しむために、キッチンとリビングは共用で使い、休みたい時はあなたの小さな部屋で休めばいい」。ところが、こうした家の家賃を見るとびっくりする。少ない場合は百万ウォン程度から、医者のような高所得の専門職を対象としたあるシェアハウスでは、洗濯・掃除・朝食などのサービスを含めて、三、四百万ウォンもするところもある。結婚していないシングルは、同じ年代の人たちと家族のように暮らし、アメリカのシットコム〔テレビドラマなどのシチュエーション・コメディー〕みたいな雰囲気を夢見つつ、そうした場所を選択することもできる。しかし残念ながら、現実はこれとはやや異なる。シェアハウスで暮らし続けるのは、真面目な小作農になることだ。リーズナブルな価格のシェアハウスも同じだ。シェアハウスやシェアオフィスを単純によいとはいえない。オフィスがウィワーク（WeWork）のようなシェアオフィスに代替されれば、結局ウィワークが賃貸ビジネスのほとんどを占める恐竜になるのだ。かつては何人かのビルのオーナーが分かち合っていた富が、ウィワークという多国籍企業に集約される。同じく、何人かのオーナーが所有していた住宅が、いくつかのシェアハウスのブランド企業ばかりに集約されるのは、けっして望ましいことではない。資本主義社会で住宅を所有していない人は、不動産と動産という両資本の翼のうち、片方の翼だけで飛ぼうとしているのと同じだ。韓国社会の青年たちは不動産の翼を切られているので、ビットコインや株式投資だけが出口として残されている。それが現実だ。

住宅価格が暴騰し、銀行のローンなしで住宅を購入しなければならない世の中になって喜ぶのは二つの集団だ。すなわち、大資本家と政治家だ。貧富の格差が拡大すればするほど、資本家は資本の集中を手に入れ、政治家は住宅を所有することができず公共賃貸住宅を乞う票田を得るからだ。私たちは悪党を捕まえれば世界が改善されると信じているが、じつはこの世には、悪党とその悪党を非難しながら、その状況を利用して自分の権力と利益を得ようとする偽善者がいる。これに気づかなければならない。悪党と偽善者のあいだで国民は気をつけなければいけない。利己的な人間が作ってきた社会で、権力は分割して分かち合うほど正義に近づく。金は権力だ。したがって不動産資産は権力だ。政府や大資本家に不動産が集中されるよりは、より大勢の人が分かち合って所有できる社会の方がより正義のある社会だ。自分の子供のために、善良な巨大権力の政治家や企業家に期待するより、不動産資産を分かち合う社会を受け継がせたい。

格差の境界線を徐々に引き下げなければならない

今後もずっと、住宅を購入したくない人もいれば、購入能力のない階層も存在するだろう。とくにチョッパン村に住んでいる人々の住居環境は悲惨すぎる。青年たちが住んでいる考試院も同じだ。だからかれらのために一定レベル以上の公共賃貸住宅を供給し続けるべきだ。一人だけが首都圏内に住宅を数多く所有し、住宅価格を引き上げ続けることに対する適切な規制や税金政策も必要だ。現在、住宅価格が高騰した多くの原因は、〈チョンセ貸付〉制度と人口論に基づいた誤った不動産予測のせいでもある。一〇年前、何人かの専門家は人口が増えないため、韓国の住宅価格は下がるだろうと予測した。人々は住宅価格の下落を期待し、チョンセの家に住み続けた。ちょうどチョンセ貸付という制度ができてそれを利用した。チョンセへの需要は増え、チョンセの金は貸付を利用することができたので、チョンセ価格は上がり続けた。政府は住宅価格の安定のために、住宅購入時の融資の割合を減らしていった。一方でチョンセのための貸付は、比較的簡単に受けられた。だから余裕のない人々はもっとチョンセ貸付を受けてチョンセ暮らしをし、チョンセ価格はさらに上がり続けた。この時、住宅価格が上がると予測した人々の中で余裕のある人は、チョンセで家を貸してその家を購入するといった、いわゆる〈ギャップ投資〉[3]をおこなった。そうすると、さらに住宅価格は高騰した。最近はパニック購買が始まった。それではたして、本当に必要な人に住宅を所有させる方法はどういうものだろうか？

まず供給を通じて住宅価格を安定させなければならない。それから徐々に青年の持ち家率を上げていかなければならない。国民のすべてが一気に住宅を所有するようにはできない。それなら住宅を所有できる境界線上にいるより多い人〔現在は家を所有していないが、将来的には所有したいと思っており、その可能性のある層〕が家を持てるように、政策づくりをすればよい。国民は三種類に分類できる。家を所有している人・家を所有せず今後も購入しないつもりの人・家を所有できずにいるが所有したい人。私たちは三番目の部類、つまり今は家を所有できずにいるが所有したい人に注目しなければならない。重要なのはこの境界線上の人たちだ。

住宅の所有者と非所有者の境界線を上に引き上げて、より多くの人に家賃暮らしを続けさせるか、それとも反対に下に引き下げて、より多くの人に住宅を所有することができるようにするか、という問題だ。それではどうやって住宅価格を落とし、家を所有できるようにすればよいのか？　まず供給を増やせばよい。供給の話になると、いくら住宅の供給を増やしても、少数の人だけが家をたくさん買って、住宅価格が安定しないという人が多い。そのとおりだ。だから各種税金政策などが伴わなければならない。しかし供給なしで税金政策だけでは、今の住宅価格問題は解決されないだろう。なぜなら韓国の所得水準が高くなって、現在の住宅では消費者の目線に合わないものがほとんどだからだ。実質的になくすべき住宅が多すぎて、アップグレードが必要な時点に来ている。ある者はこういうだろう。今でも高価なのによりよい住宅を作れば、貧富の格差はさらに広がるのではないかと。もちろんそうした懸念もありうる。しかし考えてみよう。優良な家を建てなければ、住宅価格は下がるだろうか？　反対に、優良な家がないから粗悪な住宅すら高くなるだろうか？　私は後者だと思う。私が見るに、どうしてあんなに粗悪な家があれほど高いのか、と思わされる物件がほとんどだ。逆説的に良質の家を大量に供給したら、他の住宅価格は安定していくかもしれない。まず現在、韓国の居住水準と供給状況について調べてみよう。

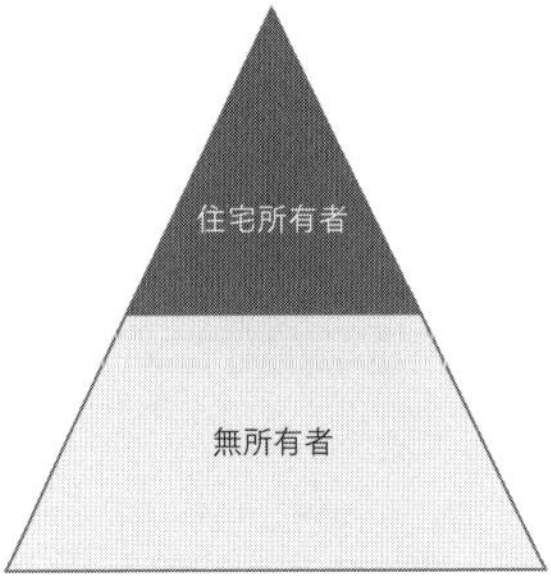
住宅所有者
無所有者

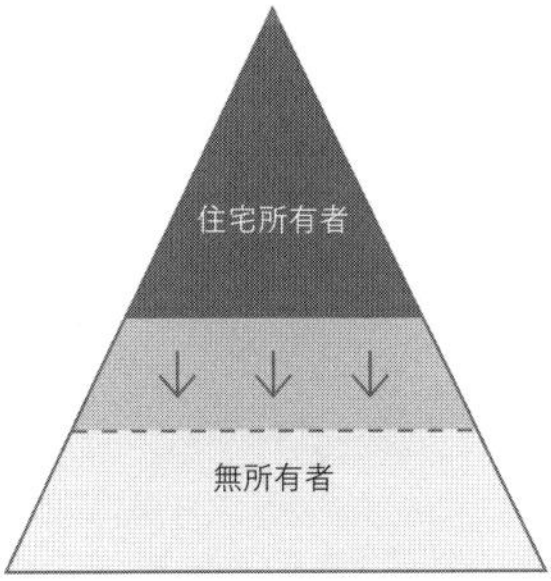
住宅所有者
無所有者

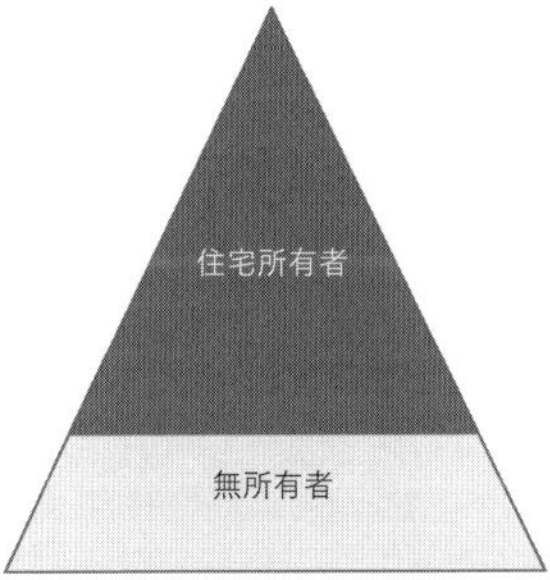
住宅所有者
無所有者

人口よりは世帯数

ここ五〇年間、国民一人当たりの住居の室内面積は増加してきた。冷蔵庫とガスコンロは大きくなり、各部屋にベッドが入り、食卓・洋服・靴は増えた。ものが増えて狭くなった家はバルコニー拡張法で補われた。もう一つの重要な変化は単身世帯の増加だ。住宅の需要は人口より世帯数によって決まる。単身世帯は三〇パーセントの六一四万世帯、二人世帯は二八パーセントの五六六万世帯、三人世帯は二〇パーセントの四二一万世帯、四人世帯は一六パーセントの三三〇万世帯、五人以上の世帯は五パーセントの一〇一万世帯だ。韓国の総世帯数は約二千万世帯だが、二〇一八年に統計庁が発表した全国の総住宅数は一七六三万戸程度だ。需要に比べて供給が足りないので、住宅価格が上がるのは当然だ。

住宅が不足している理由は、単身~二人世帯が増えたからだ。五千万の人口がすべて四人家族ならば、住宅は一二五〇万戸が必要だろうが、韓国の標準的なライフスタイルといわれている四人家族は、現在一六パーセントしかない。ところで、いまだに住宅市場では四人家族を中心に、八五平方メートル（約二六坪）がおもに供給されている。実際に必要なのは、単身または二人世帯のための住宅だが、そのための供給が少ないので価格は上がり、結局、かれらはオフィステル[4]・ワンルー

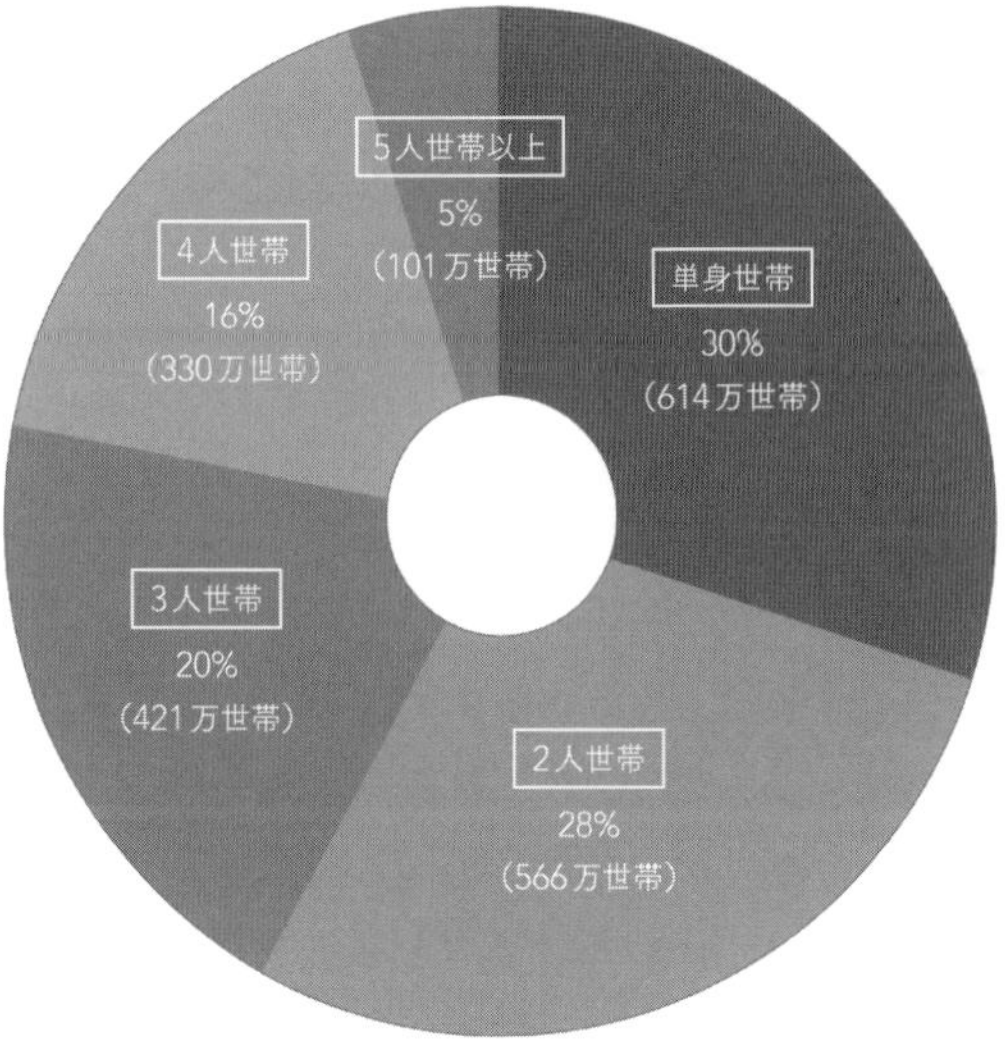

ム・シェアハウス・考試院を転々としている。ワンルームがハシゴの一段目で、四人家族のための八五平方メートルのマンションが三段目なら、ハシゴの二段目が空いているのと同じだ。単身または二人世帯に合わせて開発した、新しい間取りの小型マンションの大量供給が必要だ。

　ここ一〇年間ソウル市は、再建築時に公共賃貸住宅を含めれば、インセンティブを与える政策を展開してきた。ところが住宅の所有者たちは、公共賃貸住宅が入ると住宅価格が下がるからといって公共賃貸住宅を入れず、世帯数を増やさない一対一の再建築[5]を求めてきた。一対一の再建築すらさまざまな規制でろくにおこなわれていないのが現状だ。私たちは三〇坪マンションの二世帯を壊し、三〇坪一戸と一五坪二戸を建てて、三世帯を作らなければならない。さらに一歩進んで容積率を引き上げて、世帯数をもっと増やさなければならない。そうしなければ住宅価格は下がらない。また所得三万ドル時代にふさわしいレベルの、バルコニーもあって、一人当たりの占有面積も適切な、市場が願っているマンションを開発しなければならない。市場と戦わず、市場を利用すべきだ。私たちはここ一年間、都市と住居をアップグレードする自分たちの世代の責任を果たしていない。

プルーイット・アイゴー対江南

私たちが住んでいる「集合住宅」というのは、一九二〇年代ドイツの建築家ヒルベルザイマーが作った概念だ。彼が構想した未来の住居は、現在私たちが住んでいる板状マンションと同じ形だ。アメリカのセントルイスは増加する人口と住宅の需要のために、スラム街を再開発して新しい団地を構想したが、その際ヒルベルザイマーの集合住宅概念を導入し「プルーイット・アイゴー」を建設した。一九五一年に懸賞設計で建築家ミノル・ヤマサキのデザインが選定され、一九五四年、三三棟の一一階建ての集合住宅が完工した。総二七六二世帯、一万二千人が暮らせる大規模の現代式集合住宅で、団地内に子供のための遊び場も造った。理想的な住居として評価されたこの集合住宅は、その年アメリカ建築家協会から表彰された。ところが三年後この集合住宅は、殺人・放火・麻薬の

プルーイット・アイゴーが爆破される様子

© west end museum/flickr

売買が横行するスラム街になった。仕方なく市は一九七六年までに、集合住宅三三棟を爆破してなくした。一方、韓国では、同じデザインの板状マンションをソウルの江南に建てた。時間が経った今、江南のマンションは富の象徴になった。同じデザインだったのに、正反対の結果が出た理由は何だろうか?

プルーイット・アイゴーの失敗はいくつかの理由から説明することができる。人口の増加が予測されていたがそれとは反対に、白人らは郊外へ引っ越して都市人口は減少し、その結果プルーイット・アイゴーの居住者の九八パーセントは貧しい黒人のみになった。実際に入居率は六〇パーセントを超えたことがないほど空き家が多く、居住者以外の外部者が麻薬売買の場所

© 미국 지질조사국

プルーイット・アイゴー（上）と江南のマンション（下）

として利用することになった。しかし運営者である市は費用を削減するために管理をせず、建物が老朽化するとスラム化はより加速化した。個人主義の強い欧米社会では、大勢の人が一緒に暮らす集合住宅より一戸建てを好むという文化的な違いもあった。

江南のマンションとプルーイット・アイゴーの一番決定的な違いは〈所有〉と〈賃貸〉の差だ。プルーイット・アイゴーは賃貸住宅だったが、当時の入居者たちにインタビューしたドキュメンタリーを観ると、誰もが金を稼いだらそこから引っ越すことばかり考えていたという。共同体に対する愛着がないのだ。そうなった理由は隣人に対する尊重の気持ちがないからだ。隣人を尊重する気持ちがないというのは、同じ場所にいる自分に対するプライドもその分ないことを意味する。基本的に隣人を尊重する気持ちがないところに、望ましい共同体は形成されない。

現在、韓国にも、公共賃貸住宅に抽選で当たった人は、五年後その家を分譲してもらえる制度がある。しかしこの制度には疑問点が二つある。第一に今、住宅を購入することができない人が給料を貯金して五年後に家を買うことができるだろうか？　第二に神の手助けで住宅を購入できたとしても、はたしてこのように公共賃貸住宅に抽選で当たった人が、青年人口全体の何パーセントを占めるのだろうか？

こうした制度は、政治家の立場からすると二つの戦略になる。第一に政府（政治家）は青年の住居所有のために一生懸命に働いている姿を見せることができる。第二に運よく抽選で当たって住宅を所有することになった人は、その政治家の熱烈なサポーターになりうる。政府が直接住宅を供給して解決しようとする社会よりは、市場の原理によって国民が適切に供給できるよう、政府がソフトウェアを構築する方が望ましい社会ではないだろうか。正義に溢れた政府が直接資金を集めて、家を建ててあげるというのは、一種の〈ホン・ギルトンコンプレックス〉だ。もちろん市場経済の弊害を防ぐために制度的補強も必要だし、適切なホン・ギルトンとしての行動も必要だ。しかし、不動産という巨大市場をホン・ギルトンの公共機関だけで解決しようとするのは、権力と情報の集中を作り、これはまた別の腐敗を引き出す。ここ五年間、ＬＨは一二〇兆ウォン以上の負債があったにもかかわらず、職員数は六千人から九千人に増え、これまでずっと新都市の建設とグリーンベルトの解除を通して、住宅問題を公共中心に解決しようとしてきた。その副作用はＬＨ職員の土地投機事件[6]を見ればわかる。

洋の東西を問わず、自分の町への愛着と隣人を尊重する気持ちは、住宅を所有する者たちの町より公共賃貸住宅に暮らす住民の町の方が低い。お願いなので、政策の立案者はこうした人間の根本的な本性を理解してほしい。それでは、低所得層の人々がどうすれば住宅を所有することができるようになるのか？　そのような方法はありうるのか？　チリの低所得層のための住居「エレメンタル」（Elemental）がその可能性を示している。

チリの低所得層の住宅政策

二〇一六年、建築界のノーベル賞と呼ばれるプリツカー賞は、受賞者としては若い四〇代後半のチリの建築家アレハンドロ・アラヴェナに授与された。彼がデザインした低所得層のための住居「エレメンタル」のアイデアは独特だ。低所得層は余裕がないので高額の住宅を買えない。こうした人々のために家を半分だけ建てて分譲したのだ。建築物にはほとんど外装仕上げ材もなく、インテリアもまったくない状態だった。住宅を購入した人たちは入居後、稼ぎながらすこしずつ自分の家を完成していった。時間が経って子供が生まれたら、部屋をもう一つ増築した。金が入ると家の前にフェンスを造って花も育てた。数年後、それぞれの家がそれぞれ違う姿で完成された。町はより住みやすい場所になり、住宅価格が上がった分、家は入居者の資産として残った。将来その家を売って、もっとよい町に引っ越すことも可能になった。重要なのはその共同体が、居住する価値のある場所に成長したということだ。町への愛着があり、隣人を尊重する気持ちがあるから可能になる。このような好循環のスタートは住宅を所有したことから始まる。

健康な社会とは、住宅をほしいと強く願う人に、家を所有することができるチャンスを提供する社会だ。ところが通常、こうした人々にはスタートするための資本がない。かれらのための新しい

「エレメンタル」は半分だけ建てて分譲し、入居者が残りを完成していく。
左の写真は半分だけ建てた分譲時の様子、右の写真は入居者が残りを完成した時の様子。

© The Interior Directory/flickr

貸付制度が必要だ。最近は個人の傾向をビッグデータで調べ、少額の貸付をおこなうフィンテック〔金融とITが結びついたサービス〕がある。このようなシステムを利用すれば、多様な貸付制度を作れるだろう。シンガポールでは国家の住宅を抽選でもらい、住宅価格が上がれば売却して自分の資本として蓄積できる。そうした機会を二回まで与える制度がある。韓国では公共賃貸住宅をふたたび政府に売り戻す制度を通じて、個人が不動産で富を蓄積することができないようにしている。両国の異なる状況はあるが、青年世代が不動産を通じて資本を蓄積する道を防ぐのは、旧世代と比較して公平な状況ではない。

住宅所有者の多い社会の方が、そうではな

い社会より、健全な共同体を作ることができる。このように断言できるのは、すでにソ連・北朝鮮・東ヨーロッパの事例からもわかるように、人間はそれほど善良ではないからだ。人間が所有欲を捨てるように精神を改造しようとする試みは、釈迦から始まり最近の法頂《ポプチョン》和尚[7]まで、数千年間さまざまな宗教と哲学において試みられてきた。それでも変わらないのが人間だ。歴史上の特定の時代に、多数の人々が夢を持って共有社会を建設しようと試みた時期があった。およそ百年前に流行した社会主義革命がそれだ。あの時も少数の狡猾な偽善者は多数の善意を利用して、権力を独占し独裁者となり、世の中はさらに大変な状況になった。現在も世界のあちこちで同じことが起きているし、これからも変わらないだろう。こうした社会にならないように、若い世代を含めてより多くの人が、不動産という権力を分かち合って所有することができるシステムを作らなければならない。小さくとも自分の家を所有するのは、経済的な自主と独立を遂げる確実な方法だ。たとえローンを抱えるとしても。

不動産の価格が急騰した市場で無理をしてでも住宅を買え、という意味ではない。住宅価格が上がったから購入を諦め、公共賃貸住宅だけが唯一の方法だとは考えないでほしい、という意味だ。私たちはさまざまな方法を駆使して住宅価格を安定させ、青年が家を所有できる社会を作らなければならない。国家や民族の自主と独立を強調しながら、個人の自主と独立は大切に考えず、むしろ望まない人たちがいる。もともと国民・民主・正義・民族のような大きなテーマを語る者の中に、権力のためではなく、個人のために働く人は少ないものだ。住宅を所有することで、より多くの青年が経済的に自立できた時、望ましい社会が生まれる可能性は高まる。

訳注

［1］ホン・ギルトン　朝鮮時代の小説『洪吉童伝』の主人公。韓国で知らない人はいないほど一般的に知られているヒーロー。腐敗した貴族の家や官府を襲撃し、そこから得た穀物を飢えている国民に配っていた。

［2］金の指輪のような現物　韓国では子供の一歳の誕生日のお祝いとして、金の指輪をプレゼントする習慣がある。非常時に用心金として使ってほしいという意味を持つ。

［3］ギャップ投資　チョンセの仕組みを利用した不動産投機の手法。投資家はチョンセの保証金を当て込んでマンションを購入する。チョンセは物件価格の六～八割にもなるから、投資家はギャップ＝差額のみ自己資金やローンで賄えば済み、物件の価格上昇後に売却して差益を得る。

［4］オフィステル　オフィスとホテルを合わせた賃貸物件で、商業施設が集まる場所に位置するため、交通の便がよいのが特徴。ワンルームと大きな違いはほとんどないが、室内が清潔で生活に必要最低限の家具家電は備え付けられている。管理人が常駐することが多く、一、二階は店舗が入っているため家賃や管理費が高い。

［5］一対一の再建築　再建築の際に容積率を上げてマンションを高層化すれば、完成後の世帯数が増え、もともと住んでいた住民たちの出費の負担は減少し、建設会社の利益にもつながる。しかしこの場合、韓国では増加した容積率の二五パーセントを公共賃貸住宅にしなければならないという規制がある。マンションの団地内に公共賃貸住宅が入っていない方が住宅価格の上昇率は高い。完成後の住宅価格の上昇を見込み、住民たちが高額の建築費を負担し、再建築の際に世帯数を増やさないことを一対一再建築という。

［6］LH職員の土地投機事件　二〇二一年、LHの社員数十名が、新都市の開発と関連した内部情報を流用して開発前に土地を購入し、不動産投機をしていた事件。韓国のメディアに大きく取り上げられ、国民の怒りが爆発した。

［7］法頂和尚（一九三二～二〇一〇）　韓国の僧侶。エッセイスト。一九七六年刊行した『無所有』は三七〇万部のベストセラーで、韓国人に広く愛された。一生無所有の精神を貫き、深山で一人暮らしをしながら質素に暮らした。

10章

国土をバランスよく発展させる方法

貨幣になったマンション

韓国人の半数はマンションに住んでおり、そのデザインもほとんど同じだ。八五平方メートルに制限された中間層の住居形態は、部屋三つの同じ間取りの家だ。自分の家も友人の家もすべて同じだから、家の価値判断基準は住宅価格しか残らない。これが一番深刻な問題だ。画一化されれば価値判断基準は定量化される。だから韓国では住宅価格・成績・年俸・身長・体重のような、定量化された指標で人物を評価する。韓国の中間層の基準は、五千万ウォン以上の年俸に、三〇坪以上のマンションを所有しており、二千cc以上の車を持っていることだ。すべての基準が定量化された指標だ。一方、フランスの中間層の基準を見れば、自分特有の味つけの料理を作ることができる、楽しんでいるスポーツがある、演奏できる楽器がある、外国語を使えるといった定性的基準だ。このような価値観の差がある理由は、韓国のライフスタイルが全体主義と呼んでよいほど、画一化されているからだ。定量的価値観で幸せを測定する国では、ごくわずかの人しか幸せになれない。

家の間取りがどこでも同じマンションだから生じる、韓国だけの独特な現象がある。マンションが貨幣化されることだ。財布に入っている五万ウォン券の紙幣には、申師任堂《シンサイムダン》[1]が描かれている。紙幣は釜山《プサン》に行っても、広州《クァンジュ》に行っても、全国どこでも同じ図柄だ。だからどこに行っても、貨幣を交換して経済的な活動をすることができる。マンションも同じだ。図柄が同じだから価値を判断しやすく換金性がよい。同じ間取りのマンションは、まるで巨額の預金小切手と同じだ。このような状況では自分だけの家と空間で個性を表すよりは、金額やマンションの大きさだけで家を評価することになる。

若い社員の中にチュソクの休暇に田舎の実家に戻らず、テンプルステイ〔寺院に滞在するプログラム〕をする者がいた。理由を聞くと、実家に戻れば親戚がいつ結婚するのかと訊ねてくるからだという。韓国の年長者には、三〇歳を超えても結婚していないのは問題だと考える人が多い。こうした人は、翌年、結婚して戻ると、子供はいつ持つ予定かと聞いてくる。そしてその翌年、子供を産んで連れて行けば、下の子はいつ持つ予定かと訊ねる。私の両親がそうだった。その世代の年長者の頭には、「一人だけ生んで立派に育てよう」というスローガンが刻印されているからだ。人生とはそもそも時期が来れば結婚して、子供を二人生んで、三〇坪台のマンションに暮らすもの、と考えている人々だ。自分だけのフイフスタイルを見いだせない社会だから、不幸な人は増えるしかない。人間の性質はそれぞれ違うのに、全員が一つのライフスタイルに合わせて生きなければならないからだ。もし私たちの社会の中に見いだせる人生の形が一〇あるとしたら、幸せな人は一〇倍増えるだろう。百あったら百倍増えるだろう。人生の多様性を育てていくのは、所得三万ドルを超えた韓国社会に必

© YunHo LEE/flickr

貨幣のような機能を持つようになった韓国のマンション

© A Few Random Pictures/flickr

要な徳目だ。多様性を育てていくもっとも簡単な方法は、住居形態の多様性を増やしていくことだ。人を変えるよりはものを変えた方がずっと簡単だからだ。それでは、私たちの住宅でデザインの多様性をどうやって実現すべきか。一番簡単なのはマンションのデザインを多様化すればよい。

ソウルの漢江ビュー対ニューヨークのハドソン川ビュー

マーベル・コミックは、登場人物が何十人も現れる映画『アベンジャーズ／エンドゲーム』で、歴代最大ヒット作を誕生させた。観客はさまざまな能力や弱点を持っているヒーローたちがトラブルを抱えながらも成長し、力を合わせて悪党を倒すストーリーに熱狂した。一方、これを真似たDCコミックスは、六人が登場する『ジャスティス・リーグ』を製作したが失敗した。理由はスーパーマンが一人で悪党を倒す映画だったからだ。この時代は一人ですべてを担うような単純な時代ではない。大衆は多様な要素がハーモニーを成す場面を見たがる。多様性への追求は人間の本能だと思う。私たちは通常、〔ヘテロセクシュアルの場合〕自分と反対の性質を持った異性に魅力を感じる。多様な遺伝子の融合で作られた子孫が、より強い生存力と免疫システムを持つことができるからだ。

不規則の程度を表すフラクタル指数というものがある。白い紙のような完全な規則の状態をフラクタル指数一として考える。その上に黒ボールペンで落書きを始めると、徐々に不規則性が増えてフラクタル指数は増大する。落書きが増えて完全な黒になれば、フラクタル指数は二になる。人間が美しいと感じるレベルは、フラクタル指数一・四だという。完全な規則でもなく完全な不規則でもない、ほどよい不規則さに美しさを感じるのだ。森の枝の模様はさまざまだ。しかしすべての枝は上にあがればあがるほど細くなる規則性があり、木の葉の模様は違っていても色は緑で統一されている。不規則の中に全体をまとめる規則がある。だから人間は自然を美しいと感じるのだ。

二枚の写真がある。一つはソウルの江北から江南を眺めた川辺の風景だ。同じ形の二〇階のマンションが数キロメートルにわたって、屛風のように広がっている。もう一つはニュージャージーからハドソン川の向かい側にあるニューヨークを眺めた風景だ。それぞれ異なる形のビルがハーモニーを成してそびえている。このようなニューヨークの風景を見るために、全世界から観光客が集まる。マンハッタンの川辺の風景が素敵なのは、多様性が醸し出すほどよい不規則性を見せているからだ。ほとんどのビルが縦に長い垂直型の建物という統一性はあるが、その中で形と色がほどよく多彩なのだ。他方で、蚕室《チャムシル》のマンション団地が美しくないのは、たった一つの設計事務所が数千世帯のマンション団地を設計したからだ。高さも全部同じだ。一二階に制限されたら一二階に、三五階に制限されたらすべて三五階に建てる。風景がカクテキ〔角切りにした大根で作られるキムチ〕の頭みたい

漢江（上）とニューヨークのハドソン川（下）の風景

だ。単調で美しくないと感じるほかない。新しく建てるマンションは高さもさまざまで、低層型には低層なりの特色があり、高層型には高層だけの長所のある、デザインの多様性を追求しなければならない。

数年前、大手建設会社のマンションの間取りを新たに開発するプロジェクトに参加したことがある。その際、新しい間取り図と既存のものの選好度調査をおこなった。新しい間取り図は四九パーセントの支持を得て、既存のものは五一パーセントの支持を得た。私が経営者ならば、四九パーセントの消費者のためのブルーオーシャンに飛び込んだと思う。四九パーセントの消費者が欲しがっているのに、市場にはそのような製品がないからだ。ところが建設会社の幹部はリスクを低くするために、五一パーセントの間取り図を選んだ。これが韓国のマンションがどんどん似ていく理由だ。韓国のマンションのデザインに関する意思決定は、大手建設会社の常務がおこなう。かれらは短い任期中にリスクを負いたがらない。すべてのデザインはおのずとだんだん似たような形に収斂していく。供給者の数が少なく規模が大型化すれば、住居の形も単純化していく。

もし漢江沿いのマンションがもうすこし多様なデザインだったら、ソウルの都市景観はこれほどおかしなものにはならなかっただろう。多様なデザインのマンションづくりが難しいわけでもない。一つのマンション団地は通常、三〇ぐらいの棟で構成される。その際、団地全体のマスタープランは一つの会社がデザインし、棟を三つずつ分けて一〇のプロジェクトに細分化してから、それぞれ別の会社に具体的なデザインを任せればよい。そうすれば団地内の同じ大きさのマンションにもそれぞれ違う間取りが生まれ、立面デザインと建材も異なる形でデザインされる。ある棟にはメゾネットタイプの部屋があり、ある棟には素敵なバルコニーがあり、ある棟には可愛らしいレンガづくりのマンションが建てられるだろう。こうした姿が調和を成せば、自分の家にもっと大きな自信を持って暮らせるようになるだろう。それに都市景観も遥かに美しくなるだろう。より多くの建築家が競って、素晴らしいデザインを作るために努力するだろう。今のようにＬＨで退社した職員を幹部として迎え入れ、公共住宅プロジェクトを獲得しようとしてロビー活動をすることもなくなるだろう。設計事務所が数百人まで規模を拡大し、多様な出身大学の社員を雇い、出身大学の教授を訪ねて公募展の審査を請託することもなくなるだろう。韓国の大手設計事務所は、世界的な仕事をしている海外の事務所より多くの社員を雇っている。国土も狭く海外の仕事も少ないのに、それほど組織が膨大になっているのは、発注を受けるマンション団地の規模が大きすぎることと、熱心にロビー活動をするしかない公募型の審査システムのせいだ。こうした少数の肥大化した組織は多様性を作り出すにはふさわしくない。

偽ブランド品都市の量産

多様性がないのは単にマンションのデザインだけの問題ではない。韓国に新しく造成される都市全体の問題でもある。江南開発以降、造成されたほとんどの都市は見分けがつかない。盆唐《ブンダン》・板《パン》橋《ギョ》・一山《イルサン》・世宗・松島はほとんど同じような姿で、写真では区別がつかない。新都市はほぼＬＨで都市設計をおこない、エンジニアの会社で土地利用計画図を描くが、同じやり方で繰り返し仕事をしているので、同じような都市しか出ないのだ。もちろんいろいろと多様なやり方で公募展を通じ、新しいアイデアを導入することを試みてはいる。しかしもともと多くの規則と慣行があるので、本当の意味での新都市は誕生しにくい。実例として世宗市の場合、公募展を通じて革新的なドーナツ模様の都市設計案が出た。ところがそのデザインを実行する過程で、他の都市と同じようになってしまった。世宗市を見ると、いったいどの部分で革新都市といえるのか理解することができない。私の観点からすると、どこへ行くにも車に乗るしかない、超高層マンションだらけの、ただの地方都市に過ぎない。大韓民国の歴史上、一番野心に満ちて作られた革新都市がこの程度なのだから、他のところは言うまでもない。

このようにして地方に作られたすべての新都市が江南をロールモデルにしたら、どんな結果になるだろうか？　地方都市は江南の偽ブランド品になってしまい、そこで金儲けをした人たちは、オリジナルの江南のマンションをもっと買いたがるだろう。だから地方で金儲けをした人たちは、誰もかれも江南のマンションを買いたがる。ソウルへの一極集中化は地方の個性がなくなったせいでもある。

それではこのような問題をどのようにして解決することができるのだろうか？　やはり答えは多様性にある。ソウルが高密度化したニューヨークのような都市ならば、世宗市はそれとははっきり異なるサンフランシスコのような都市にするべきだった。サンフランシスコはカリフォルニアの暖かい気候と路面電車が作り出す風景を持っており、東部の都市ニューヨークとははっきりと違う。世宗市を作る時、まったく新しい形の住居と教育環境を造成し、世宗市の住民がそもそもの価値観か

古代ローマの数多くの遺跡が印象的なローマ（上）。緋色の建物や都市を横切るアルノ川が記憶に残るフィレンツェ（中）。ゴンドラと水路で有名な水の都市ベネチア（下）。都市国家だった3つの都市はそれぞれ違う色彩を持っている。

らしてソウルと異なる都市を作っていたらよかったと思う。ニューヨークとサンフランシスコは気候や地理的条件自体がそもそも違っていたので、異なる形式とデザインの都市が容易に作られたといえる。気候がどこも同じような韓国の場合は、それぞれ独自の都市を作るために、もっと努力しなければいけない。

狭い国土であるにもかかわらず都市間のデザインがまったく異なる事例がある。イタリアの都市国家のケースだ。韓国と似たような半島国家で気候も似ているが、イタリアのローマとフィレンツェとベネチアは完全に違う都市だ。どうしてそれほど異なる都市が作られたのだろうか？　理由は簡単だ。一つには、統一化された法律がないからだ。この三つの都市はそれぞれ手に入れられる建築資材が違っており、その地域で可能だった建築技術で都市を作らなければならなかった。当時は統一イタリアではなかったので中央のコントロールがなく、自律的に都市が形成されていたので可能になった結果だ。韓国は地方自治制度を導入している。すくなくとも建築法の側面では、今よりずっと多くの自治法を認めなければ、新しい都市は生まれないだろう。

多様性を削ぐ審議となくすべき諮問

多様性を作り出すために、もう一つ改善すべきなのは、数え切れないほど多い審議だ。アモーレパシフィックの社屋を設計したデイヴィッド・チッパーフィールドという建築家がいる。建物をつねにボックスの形で建てる建築家だ。これと正反対のスタイルの建築家は、東大門デザインプラザ（DDP）を設計したザハ・ハディドという建築家だ。自由奔放な曲線の形でデザインする建築家だ。

韓国で一定規模の建築を建てる時は、許可申請時にかならず審議を受けなければならない。その過程で多くの審議委員が深く考えもせず、デザインを評価し、あれこれ口を出す。審議期間はかれらが腕章をつけているあいだだ。思う存分権力を振るいながら、さまざまな意見を出す。たとえば、チッパーフィールド風のデザインを持っていったのに、ハディド型の審議委員がいると、どうしてこんな物寂しいデザインをしたのかと意見を述べて変えろという。ハディド風のデザインで審議を受けると、チッパーフィールド型の審議委員が、どうしてこんなまとまりのないデザインをしたのかと意見を述べて変えろという。結局、何人もの審議委員の発言を全部受け入れると、デザインは最初の意図とは異なるところに行きつくか、グレーゾーンに留まることになる。最悪の状況を避けるために作られた審議制度は、このように誤用されるケースが多い。それでは、最悪の状況を避けるためにどうすればよいだろうか？　最初の段階でまともな建築家にプロジェクトを任せればよい。

韓国には、最初の選定に問題があるのに、後から修正しようとする制度ばかりがある印象を受ける。こうして誕生したシステムが〈諮問〉だ。

© sanghoon kim/flickr

東大門DDP〔デザインプラザ〕（上）とアモーレパシフィックの社屋（下）

© accsoleh/flickr

個人的に私が一番嫌うのが諮問だ。最初の段階でまともな建築家に仕事を任せ、その後は信頼するのがよい。ところが反対に、そうではない建築家に仕事を任せ、不安だからあの人この人に諮問を受ける。諮問というのはじつに侮辱的な要請だ。諮問に応じることができる人はアイデアで生活している人たちだ。交通費程度しか払わずに諮問を受けようとする社会は、基本的に知的財産権に対する概念が欠落している低級な社会だ。

諮問でよいアイデアを提供すれば、二つの問題が発生する。第一にそのアイデアが採択されれば、諮問に応じた人はよいアイデアを盗まれることになる。第二にそのアイデアが採択されなかった場合、時間を浪費したことになる。こうしたことを話すと、社会のために才能を寄付してほしいという人がかならずいる。

才能の寄付は社会の発展のためになくすべきだ。才能を寄付するのではなく、その才能で金を稼ぎ、稼いだ金を寄付すべきだ。先輩が才能を寄付し始めれば、その後に続く才能のある後輩は自らの才能で食べていけなくなり、その分野を離れるしかない。私はこうしたケースをたくさん見てきた。名を知られた先輩たちが設計費を引き上げず、不足する料金を別のルートで建設業者からのリベートを受け取るか、他のやり方で充当する姿も見てきた。時にかれらは、受け取った金額よりははるかに多くの仕事を提供していた。このようなやり方で、より多くのプロジェクトを受託すれば、社会では尊敬されるかもしれないが、そのおかげで後輩たちは「君より有名な建築家はあの程度の金額で、こんなに素晴らしい仕事をしてくれるのに、君は何様のつもりでこんな高い設計費をもらうのか？」といわれる。

社会発展のための奉仕は無償で仕事を提供することではない。正当な報酬を受け取って仕事の質を高め、その結果を通じて社会に奉仕すべきだ。そうしなければ才能のある学生がこの分野に参入する好循環は起こらない。ところがこれとは反対の状況なので、才能のある同僚や教え子が一人二人と設計をやめてこの分野を離れていく。私はそのようにして建築設計の分野を離れる教え子や同僚をたくさん見てきた。才能を無償提供する先輩たちは市場をかき乱し、未来をダメにしているのだ。これは国家規模のおびただしい量の損失だ。韓国のK-POPが世界を牛耳っているのは、ロールモデルになりうる先輩たちがいたからだ。そのモデルとはすなわち、かれらが有名になって稼ぐことができる姿だ。だから汗を流し、ダンススタジオで時間を過ごす後輩が存在するのだ。韓国社会は道徳性の競争をやめて、各分野で本質的な意味で競争をしなければならない。倫理や道徳ばかりを強調する社会は、偽善者に満ちた社会を作りかねない。

文化強国は知的資産が財産になる時に作られる。韓国の建築デザインは他の先進国に比べてレベルが劣っているだろうか。当然そうだ。私たちがちゃんと設計費に投資したことがあるのか、自問してみなければならない。これは単に建築界だけの問題ではない。コンピューターソフトウェア・ファッションデザイン・執筆など、クリエイティブなアイデアで付加価値を作り出すすべての分野に該当する話だ。現実批判はこのあたりでやめて、実質的に国土をバランスよく開発するために、いかなる解決策があるか、大田と京畿道の驪州《ヨジュ》を中心に見てみよう。

二一世紀のスマートタウン

板橋は盆唐より江南に近いという長所がある。そこに洒落込んだ大型社屋のITタウンが造成された。ところがそこで働いている社員たちは、会社が板橋を離れて、聖水洞のような旧都心に引っ越すことを願っているそうだ。若者はなぜ板橋より聖水洞を好むのだろうか？　まず板橋の社屋では、社員が出勤し、社員証をタッチしてオフィスに入ったら、ビルの外に出ることはない。ビルの各フロアは分離されていて、各フロアの人々は互いに断絶している。人はエレベーターに乗って他のフロアまで行って話をしたりはしない。ビルにバルコニーやテラスもないので、外の空気を吸うためには、エレベーターで一階に降りて玄関を出るしかない。かろうじて屋上が開放されているビルの社員たちは、天を仰いで外の空気を吸うために屋上にあがる。しかしそこは同じ会社の人々で一杯だ。匿名性が確保されないので気楽に休めない。人間は自然を見なければならないし、多様な人々の中に隠れて休まなければならない存在だ。社員食堂の食事よりは、路地を歩いている時に適当に入って食べられる食堂を好む。それがより自律的な人生だからだ。そうしているうちに多様な人々に出会い、溶け込むことになる。

板橋の社員たちは社屋に閉じ込められている。大田の大徳《テドク》研究団地も同じだ。そこでは巨大な研究所の建物が平均二キロメートルずつ離れて、山の中に建っている。このような場所で学際的融合は生まれない。融合とは、研修機関に集まって、二泊三日間のワークショップをおこなうからといって生まれるものではない。融合とは、一つの空間で共通の思い出を作りながら、その場所に対しておのずと〈自負心〉が生じる時に発生する。ニューヨーカーという言葉がある。ニューヨークに住んでいること自体が誇らしいと感じるからこそ生まれた言葉だ。ニューヨーク出身のアメリカ人は、自己紹介する際にアメリカ人とはいわず、かならずニューヨーカーという。それくらいでなければ、成功した地域または都市とはいえない。

「知識産業センター」と呼ばれる場所があるが、そこはもっと索漠としている。九老《クロ》デジタル団地などにあるそうした建物は、最初は「アパート型工場」と呼ばれていたのだ。ところが機転が利く開発業者たちは、「知識産業センター」という知的な名前にしれっと変えた。いざそこに行ってみると、鳥小屋のような場所だ。このような場所で融合とクリエイティブな発想が生まれるだろうか？坡州《パジュ》出版団地や上岩洞《サンアムドン》放送団地も同じだ。こうしたところは典型的に、工業団地を作っていた発想で造成されたものだ。出版と放送は人間が生きている様子を文章や映像で表現する仕事だ。ところが実際にそれを作り出している人たちは、都市から遠く離れた郊外にいる。出版と放送のためには、本を保管したり放送機器を置いたりする場所が必要だ。だから広大で土地代が安い空き地に造成したのだが、これは都市ではなく工業団地だ。

蘇堤洞のハードウェア＋大徳研究団地のソフトウェア

若者はなぜ聖水洞が好きなのだろうか？　かれらが体験したことのなかった空間がそこにあるからだ。聖水洞は昔から自動車修理工場のような大小の工場があった場所だ。こうした工場は広い空間が必要なので、敷地が三百坪ぐらいで分けられており、柱と柱の間隔も広くて天井も高い。このような中規模サイズの空間構造は、ソウルの他の場所では見つけにくい。ほとんどの若者はマンションで生まれ育ち、家を出ればマンションとマンションのあいだの広大な空間で遊んでいた。空間的にスモールサイズとラージサイズのみ経験していたのだ。三清洞《サムチョンドン》と益善洞は、エックススモールサイズの空間を体験させてくれるので人気だった。聖水洞はミディアムサイズという、ひと味異なる空間体験を提供してくれたのだ。このように最近、若者が訪れる場所は、特別な空間的体験を提供してくれるところだ。

成功したといわれている日本の蔦屋書店は、アートギャラリーとグッズを販売するコーナー、カフェとバー、コンビニなどを併設して、自らをライフスタイルと空間を販売するショップと明言している。私たちが二一世紀型企業のためのスマートタウンを作ろうとするなら、まともな空間とその空間が作り出す、以前はなかったライフスタイルを提供しなければならない。そうしてこそクリエイティブな人たちが集まり、融合も生まれる。

ある製薬会社でクリエイティブな人たちの特徴を調べてみたら、郵便配達員や隣の部署の社員と役に立たなさそうな雑談をすることが多かったという。このように多様な人と気楽に話し合っている時に、クリエイティブなアイデアは思い浮かぶ。クリエイティブな融合が生まれるスマートタウンを作ろうとすれば、偶然で愉快な出会いのある空間でなければならない。たとえば、路地、雰囲気のよいカフェ、公園とベンチ、図書館、ギャラリーのような空間だ。このような都市的要素がオフィス空間と融合している場所が、私たちが作るべき次世代のスマート企業タウンだ。

そのためには特別な空間的材料が必要になる。たとえば大田駅の東にある蘇堤洞《ソジェドン》のような場所だ。大田駅の広場は駅の西側に位置している。それゆえ反対の東側は開発の死角地帯になっていた。だから古い一階建ての建物や路地がそのまま残っており、数十年間、時間が止まっているような特別

ⓒ 유현준

聖水洞のカフェ「おじいちゃん工場」。
中規模の空間と工場を改装した独特な雰囲気を体験することができる。

ⓒ 유현준

な空間的雰囲気を提供している。ソウルの益善洞のような雰囲気を持つこの場所は、ここ数年カフェなどができてすこしずつ変わっている。しかしこれと同時に大規模なマンションの再開発がおこなわれている場所でもある。蘇堤洞では、益善洞のような商業化も、大規模なマンションの再開発も、どちらも望ましいやり方だとは思わない。既存の都市の姿を完全に消しながらおこなう開発は、既存の空間的価値を失わせる。そして益善洞みたいなヒップな場所になっても、それは一時的な流行りにすぎず、インスタグラム用のセットとして消費されてしまう可能性が高い。新たな代案が必要だ。むしろここは新しい企業タウンにふさわしい場所だ。まず大田駅には全国のどこからでも一時間以内で行くことができる。蘇堤洞は大田駅から歩いて五分だ。

それに大田にはKAIST〔韓国科学技術院〕をはじめ、大徳研究団地の多くの研究所に優秀なブレーンがいる。蘇堤洞の独特な空間的状況と大田の人材が一緒になれば、ガレージで起業が活発に起こるような、韓国だけの独特なスマートタウンを作ることができる。百年以上の蘇堤洞の建築空間的ハードウェアと、大徳研究団地のソフトウェアが一緒になれば、二一世紀型のフィレンツェが作られるかもしれない。

大田の中のフィレンツェ

蘇堤洞のスマートタウンづくりに大金がかかることはない。ソフトウェアである建築法さえ変えればよい。政府がおこなっているスマートタウンのプロジェクトは、通常五〇億ウォン以下だ。それくらいの資金はビルを一つリモデリングする額にもならない。むしろ自治体および国土交通部〔日本の国土交通省に相当する行政機関〕と協議し、その地域の建ぺい率と駐車場法を緩和させた方が実効的だ。現行法では、建物を壊してから狭く高い建物を建て、一階にピロティ駐車場を造るしかない。事業性もなく外観も醜い開発になる。その代わり、政府の予算五〇億ウォンで近所にパーキングビルを建てて、パーキングスペースを貸して駐車場を代替させ、ピロティ駐車場をなくす。それから建ぺい率を緩和させて、一階部分をもっと広く建てられるようにするのがソリューションだ。

ソウルの益善洞が活気づいてきたのは、伝統家屋の中庭の違法増築に〈適度に〉目をつぶったからだ。そのおかげで民間の資本が入り、多様な店舗が集中する町になった。個々の建築主は少ない資金で一階に拡張した空間を作り、中小ベンチャー企業部〔韓国の行政機関〕はバイオテクノロジー（BT）研究所の隣にIT研究所を配置させ、その隣にはデザイン会社を置くような企業の配合に力を注げばよい。そして大徳のさまざまな研究所から若い研究員を一〇名ずつサポート人材として出してもらい、サテライト研究所を蘇堤洞に配置させるのだ。建ぺい率と駐車場の緩和の代わりに、建物のオーナーは年間賃貸料の引き上げ率を五パーセント以下にし、ジェントリフィケーションを防止する。オーナーの財産権の補償は、町が魅力的になれば自然に上がる地価上昇で補える。こうして作られた蘇堤洞タウンのカフェで、広州訛りの若者と大邱《テグ》訛りの若者が、共同創業について語り合う風景が演出されれば成功だ。本当の融合とは、バイオテクノロジー企業とIT企業の研究員が恋愛でもしなければ、スタートしたといえない。ニューヨーカーのように〈ソジェラー〔蘇堤洞《ソジェドン》の住民〕〉という言葉が生まれればメガヒットだ。これは単に蘇堤洞だけに限られたシナリオではない。独特な空間構造で優秀な人材が接近しやすい場所なら、全国のどこでも可能なシナリオだ。地域ごとに、このような個性溢れる、魅力的なタウンが数多く作られることを期待している。

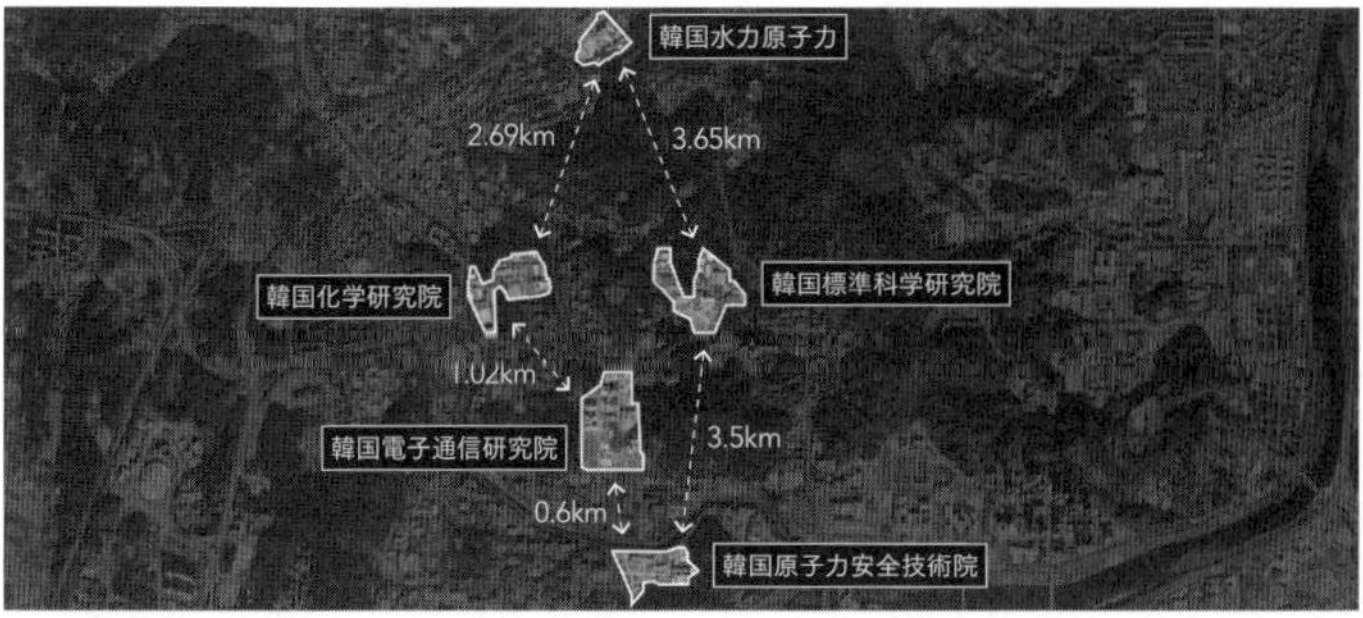

それぞれの研究院のあいだの平均距離＝2.9キロメートル

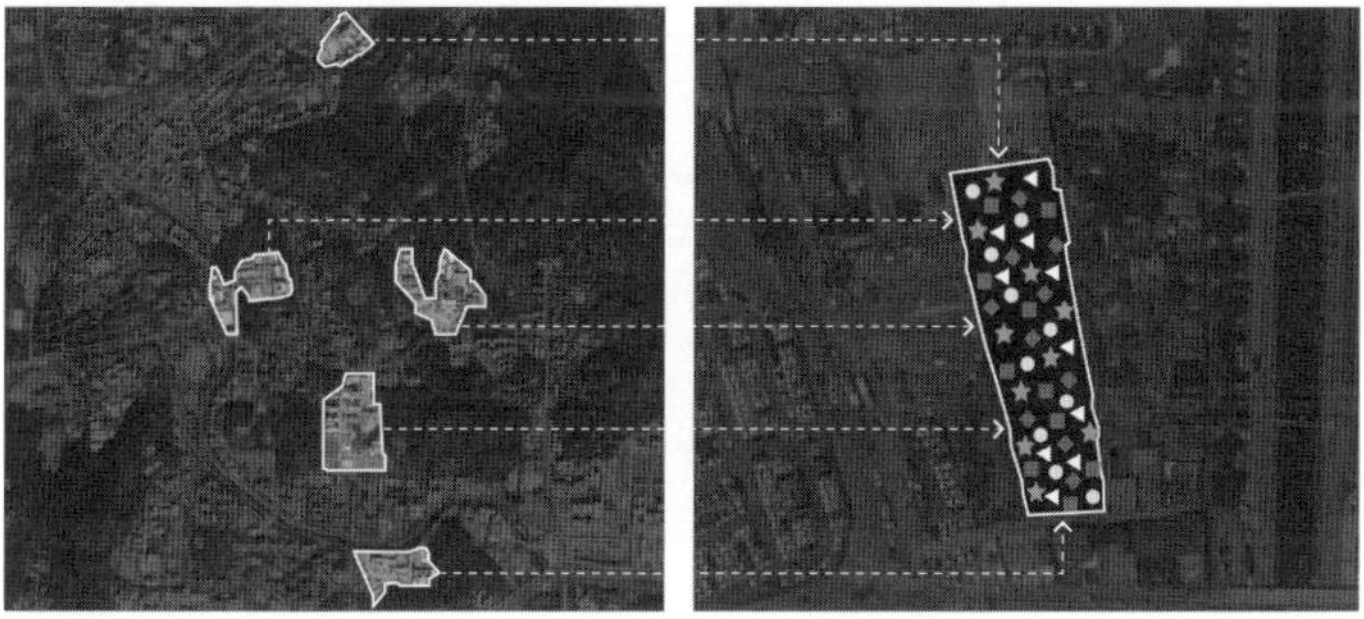

各研究院から研究人材を10名ずつサポートしてもらって蘇堤洞に配置

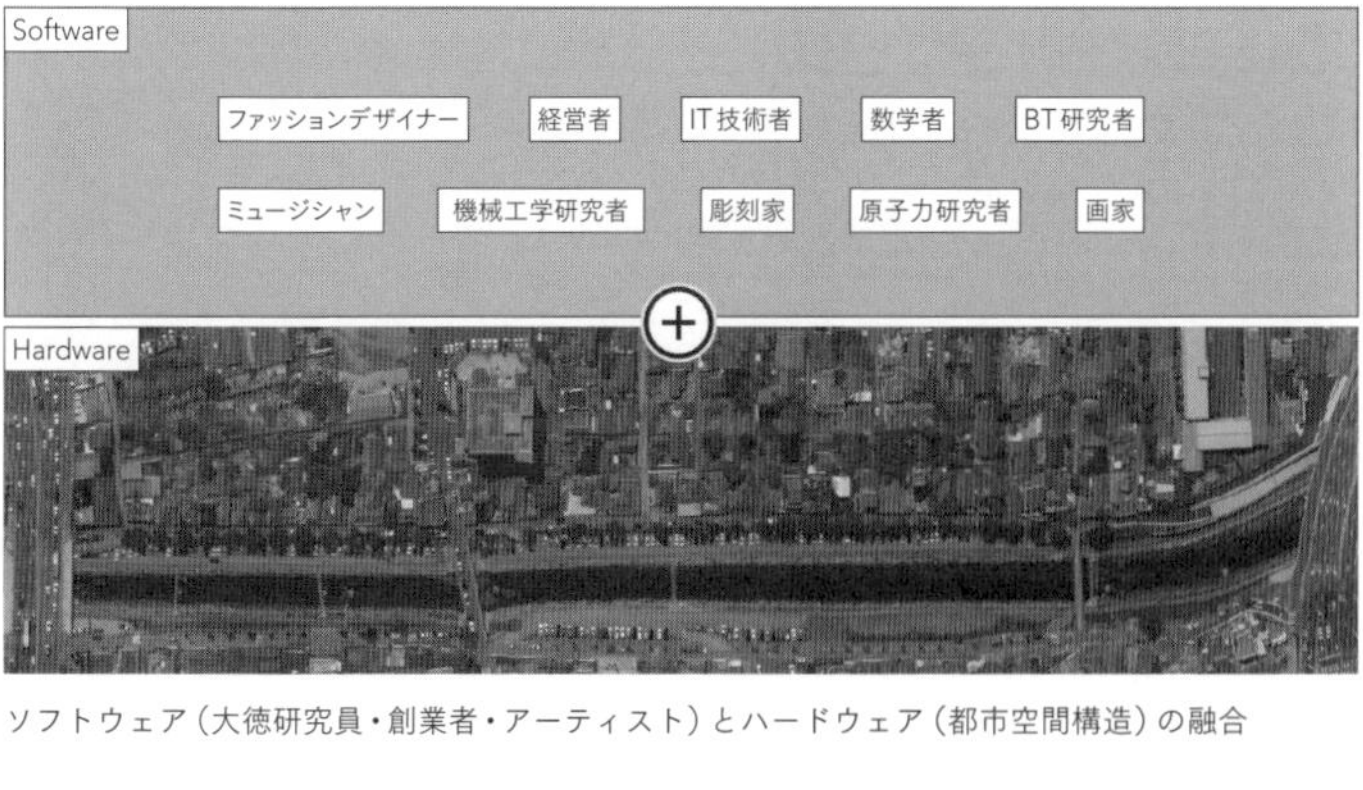

ソフトウェア（大徳研究員・創業者・アーティスト）とハードウェア（都市空間構造）の融合

驪州が生き残る道

驪州市は大きく三つの区域に分けられている。南漢江《ナムハンガン》の南に位置する低い建物や小さな敷地で区画された旧都心、南漢江の北に位置する新しいマンション団地、最後に旧都心の南に新しく建設中の鉄道駅の周辺に造成されている新興マンション団地だ。驪州市は新しい団地の周辺に学校も新設し、そこに首都圏で働く人々が移転してくることを期待していた。前述したように、このような計画はもう一つの新都市を作ることになるだけだ。長期的に見た場合、このようなやり方で驪州だけのライフスタイルを生み出すことは期待しにくい。幸い市長を中心とした自治体は、歩行者中心の都市を夢見るビジョンを持ち、そのために旧都心を再生させ、南漢江に歩行者専用の橋を造る計画を立てていた。

私が提示した南漢江周辺の活性化のおもなコンセプトは、首都圏地域の自転車に乗る人口を引っ張ってくることだった。ソウルには百万人以上の自転車を楽しむ人口がある。かれらはおもに楊平《ヤンピョン》を目的地として自転車に乗っているが、私は驪州がかれらにとって魅力的な現代式都市になると思う。ソウルから自転車に乗って三時間ぐらいで来られる場所で、南漢江の景色も美しく、都市も静

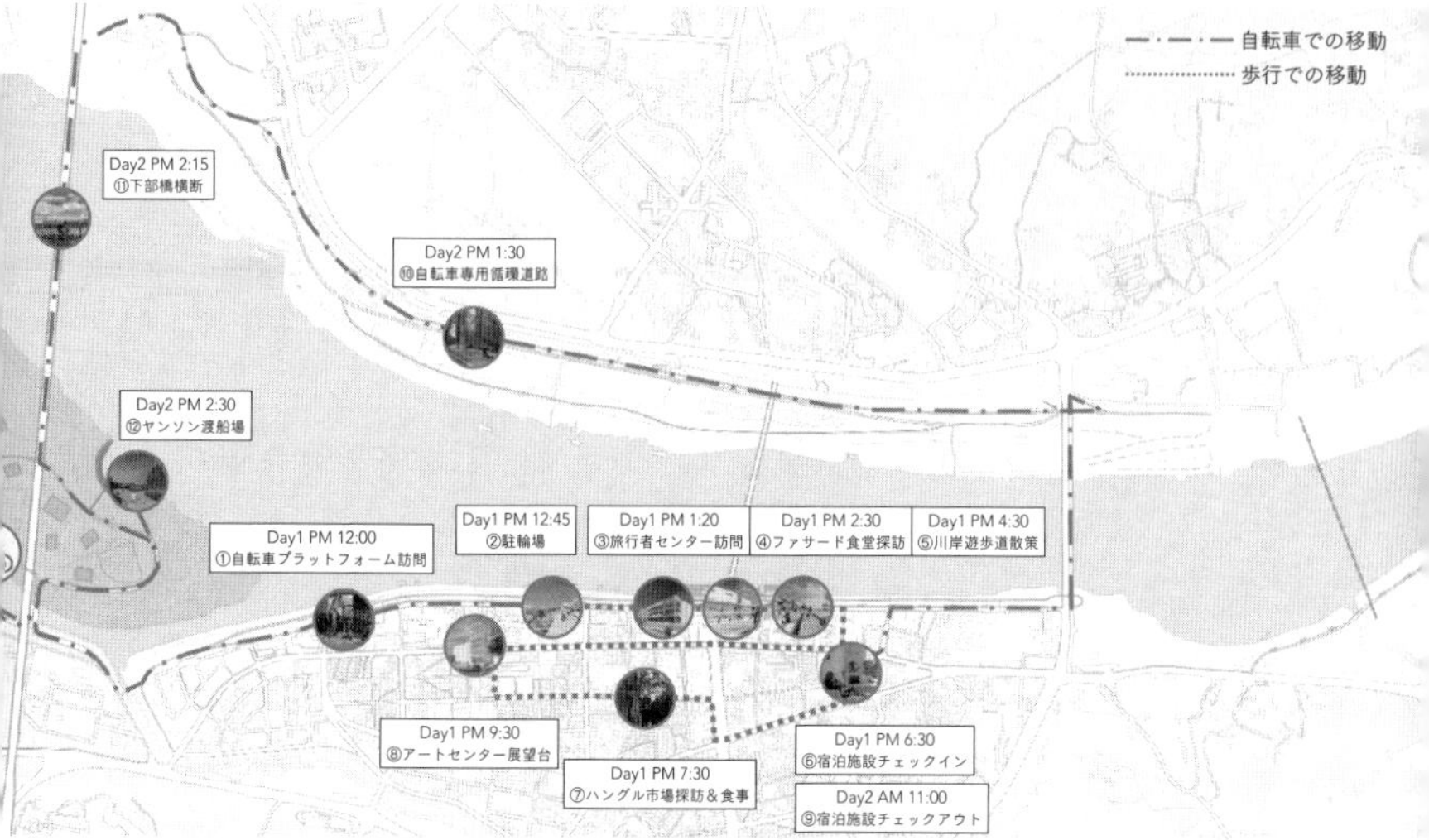

自転車専用道路に沿って自転車サービスセンター・屋外運動施設・宿泊施設・美術館・カフェ・食堂・駐車場の建物などが配置されている驪州の都市計画

かでよい。何より都市全体が自転車乗りに便利な平地だ。そこでマスタープランでは南の川辺にある建物をリモデリングして、自転車の修理と販売をおこなう店・カフェ・食堂・アートセンターなどを配置し、北の広い水辺空間を利用して各種体育施設を配置した。そして全体的にドーナツ型の循環動線を作った。ところどころに駐輪場を造って、自転車で気楽に都市全体を回れるようにしたのだ。このようなコンセプトの内容を踏まえ、次のようなシナリオを考えてみることも可能だ。

驪州での三日間

金曜日は在宅勤務をすることができる日だ。水曜日あたりにスマートフォンのアプリで宿泊施設を決め、宅配で二泊三日分の着替えとノートパソコンを驪州の宿泊先に送った。金曜日の朝に早起きして、自転車で驪州に向かった。漢江の川辺の爽やかな景色を見ながら自転車で走ると、驪州の旧都心にある宿泊先に午前一一時ごろ着いた。アプリでチェックインした宿泊先には、自分の着替えがきちんと洋服ダンスに整理されている。宿泊先に入ってシャワーを浴びて軽い服装に着替える。ノートパソコンを鞄に入れて、自転車で川辺にあるサービスセンターに寄った。そこで自転車のペダルとサドルの整備を任せ、近所の食堂に入ってランチをとった。その後、自転車に乗って南漢江がよく見えるカフェに行く。そこでノートパソコンを使って必要な業務をおこなった。ここに来てみると、自分以外にもソウルから自転車で来た人が多い。かれらと驪州の旧都心にある、いろいろな面白い場所で二日間仕事もし、時々休憩もした。都市全体がゆったりしていて、小説家やミュージシャンのワークルームがところどころにある。驪州はバイク族〔自転車やオートバイに乗って楽しむ人々〕のメッカのようなところだ。私はこの都市の風景やライフスタイルが気に入っている。いつかは引っ越してきてここに住んでもいいかな、とも考えてみる。日曜日の午後、ふたたび荷物を宅配で送り、私は自転車で家に戻った。

ライフスタイルづくり

カリフォルニアのベニスビーチに行けば、海辺で運動をしたり、スケートボードに乗ったり、サーフィンを楽しんだりする人たちで賑わっている。そこはカリフォルニアらしいライフスタイルを楽しむ人々で溢れている。近所にあるアボットキニー大通り（Abbot Kinney Boulevard）は、全世界でもっともヒップな通りに選定されたことがある。アボットキニー大通りには録音スタジオをはじめ、フランチャイズではない個性溢れる素敵な店が立ち並んでいる。このようなベニスビーチとアボットキニーの文化は確かに、ニューヨーク五番街やブロードウェイとは違う。誰もベニスビーチのライフスタイルをニューヨークのライフスタイルと定量的に比較したりはしない。ただ違うだけだ。京畿道の驪州も、自転車文化を基盤とした新しいライフスタイルの空間を提示することができれば、同じような価値観を持つ人々が驪州市に集まって時間を過ごし、金を使い、いつか引っ越してくるかもしれない。星州《ソンジュ》は星州らしいライフスタイルを、新安《シナン》は新安らしいライフスタイルを作れたら、ポストコロナ時代に競争力のある都市に成長できる。そして、こうした文化は単に首都圏だけではなく、全世界の人々が訪れる空間にもなりうる。アジアの小さな国である韓国から人々が飛行機に

カルフォルニアのベニスビーチでスケートボードに乗っている人たち

© Taylor Davis/flickr

アボットキニーには個性溢れる店がたくさんある。

© 유현준

乗ってイタリアのベネチアに行きたがるなら、反対にベネチアの人々が新安に来たがるようにもするべきではないか。

訳注

［1］申師任堂（一五〇四〜一五五一）　朝鮮時代初期の代表的な女流画家。儒学者・李珥《イイ》の母親で、韓国では良妻賢母のシンボルとされる。

11章

空間で社会的価値を作り出す

「わたし」を抱擁する教会

建築は同じ費用を使ったとしても、クリエイティブなデザインで社会的価値を作り出すことができる。小学校の社会科で習った文章をいまだに覚えている。「建築は他の芸術と違って、一度建てられたら公の空間の中に長いあいだ残る。だから社会的に大きな影響を与える」という内容だったと記憶している。この文章を社会主義的に解釈する建築家は、個人の所有権に制約を加えてでも、社会的価値を追求すべきだと力説する。韓国社会ではしばしば、こうした考え方の建築政策と所有主が衝突する。ここ一〇年間のソウル市のいくつかの政策、たとえば階数と高さ制限による再建築組合との軋轢がこれに該当する。これは避けられない問題だろうか。これを単に政治的問題と考えてしまった瞬間、建築家は自分の本分を尽くしていないことになるだろう。建築家ならクリエイティブなデザインによって、軋轢を融和に導かなければならない。私がおこなったプロジェクトの中で、建築主と市民が両方勝利したデザインを紹介してみる。

第一のプロジェクトは世宗市のサンソン教会だ。この教会は、大田にあったサンソン教会が世宗市に新しい支部を開設した時に建てられた聖堂だ。このプロジェクトを担当していた牧師は、地域社会に貢献する開かれた教会を造ろうとしていた。教会は大金をかけて建てられるが、実際は日曜日の午前のみもっぱら利用され、残りの時間はほとんど空いている空間だ。建築主は平日に誰でも利用することができる空間を作りたいと考えていた。そこで一階は交流のための空間とし、平日にはいつでも誰でも、信者ではなくても利用できるように開放した。建材としては一階に透明なガラスを使用して、内部をよく見えるようにし、通行人が入ってみたいと思うようにデザインした。この教会の特徴の一つは、教会の象徴である十字架を目立たないようにしたことだ。一般的に十字架は目立つように一番高いところに設置するものだが、クリスチャンではない場合には違和感を感じやすい。この問題を解決するために、十字架を建物の角に配置し、形のある姿としては作らず、目に見えない虚空の空間で十字架を象った。風にそよぐ葉のような模様の何百枚もの鉄板で構成された面を配置し、十字架の模様にくりぬくように空洞を作ったのだ。それゆえ風が吹くたびに森の枝々のあいだから聞こえるような音が鳴る。この音を聞いて通り過ぎる巫俗の信者が教会に入り、悔い改めたこともあったというので、外部の人にとって敷居の低い教会を造りたかったという目的は達成されたようだ。

もう一つのデザイン上の特徴は、建築物のおもな立面が曲線を描いていることだ。現代都市の建築物は大体箱型になっている。建築の立面は平面になっていて、通行人と平行して、いかなる対話

世宗サンソン教会（設計＝ユ・ヒョンジュン建築士事務所）。
建物の角に隠れている長方形の部分に十字架の模様を空けて、
その外側に鉄板で構成された数百の面を配置し、
風が吹くたびに木の枝々のあいだから聞こえるような音が鳴る。

© Kyungsub Shin Studio

も拒むような建造物に見える。そこで建築物の立面を曲線にすると、二つの現象が生じる。建築の立面の丸みが外側の方に膨らんでいれば、通行人の立場では押し出されるような感じを受ける。反対に丸みが内側にくぼんでいれば、通行人を抱《いだ》くような印象を与える。誰かを抱きしめる人の腕は丸く円を描くような形になっている。このような曲面は抱擁されるような印象を与えるが、建築空間ではドームの下でそれが感じられる。ヨーロッパの聖堂のドームの下で感じる穏やかな心理的安定は、丸い天井が自分を抱擁するように包んでくれるからだ。

日常生活では傘の下で、これと似たような空間的経験をすることができる。傘は現代都市で体感できる軽くてリーズナブルなドーム空間だ。ドームの曲面が与えてくれる安定感のために、かつて教会ではもっとも神聖な空間にドームを造っていた。しかし礼拝が説教中心に変わって教会が都心に位置するようになると、より多くの人を効率よく収容しようとするうちにドームは消え、長方形の建物と礼拝室だけが残ることになった。もはや教会の空間は人々を抱擁してくれる空間ではなくなったのだ。教会ならば、疎外された「すべて重荷を負うて苦労している者」を抱擁しなければならないと思う。そのような教会の空間を生み出すため、人々を抱擁するような丸みのある立面を作った。それから一階には伝統家屋の軒のような〈内部でも外部でもない中間部の空間〉を設けて、人々が気楽に教会の領域に立ち入れるようにした。

教会の入口の軒の空間

© Kyungsub Shin Studio

ガラスを通して外部からでも中を見られるカフェ（交流室）

© Kyungsub Shin Studio

通り過ぎる人が丸みのある立面を見て中に入れば、軒の空間が出迎えてくれて、ついで軒の空間からガラスの中の様子を見て、カフェに立ち寄ることになる。こうして一階は誰でも入って楽しめる、無料で過ごせる空間になる。もし同じような交流のための空間だったとしても、地下や二階に位置していたら、みなの空間にはなれなかっただろう。どのような建物を設計する場合でも一階が一番重要だ。集合住宅を設計する際も、相互に異なる階層が混ざるソーシャルミックスを求めるならば、一階をどれくらい開放的なものにするかに重点を置かなければならない。

建物の中の人が都市の風景になるビル

第二のプロジェクトはオフィスビルのJ社屋だ。韓国のオフィスビルのほとんどはバルコニーがない。実際、建物にバルコニーを造ることは法律的に許されているが、工事費のせいか設置されない。このようにバルコニーのないビルは、ガラスの窓や壁で内部の様子が隠されていて、マスクをつけている風景のようだ。もしパリやニューオーリンズの建物のように、オフィスビルにもバルコニーがあったら、内部の人々は容易に屋外空間に出て休めるし、通りの人々は余裕があるように見えるバルコニーの人々を眺めながら楽しめるだろう。そのバルコニーに植木鉢を出しておけばなおよい。J社屋の道路に面した立面全体にバルコニーを造った。そしてこのバルコニーの外側に、細

© Kyungsub Shin Studio

© Kyungsub Shin Studio

© Kyungsub Shin Studio

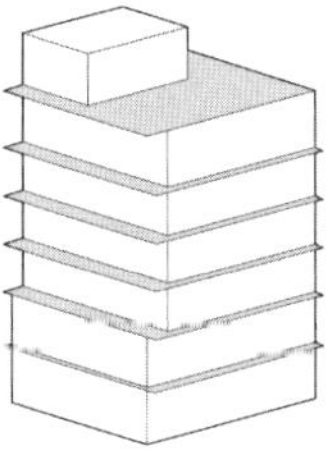

Balcony

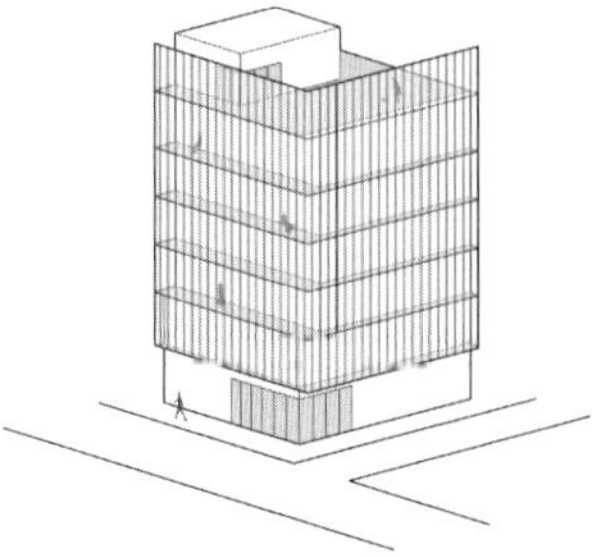

Private Balcony

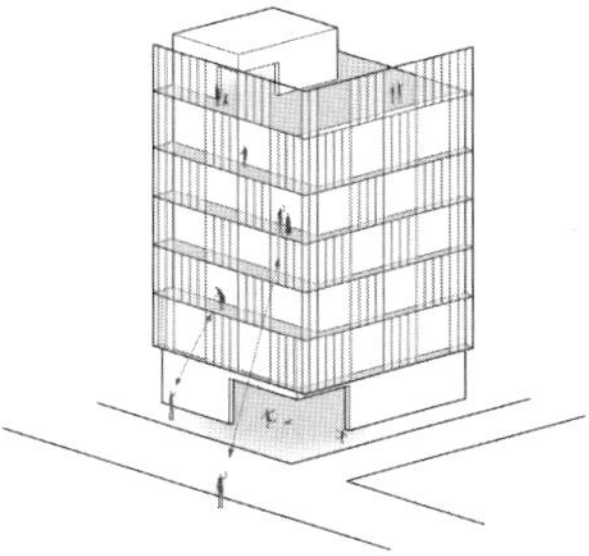

Private/Public Balcony

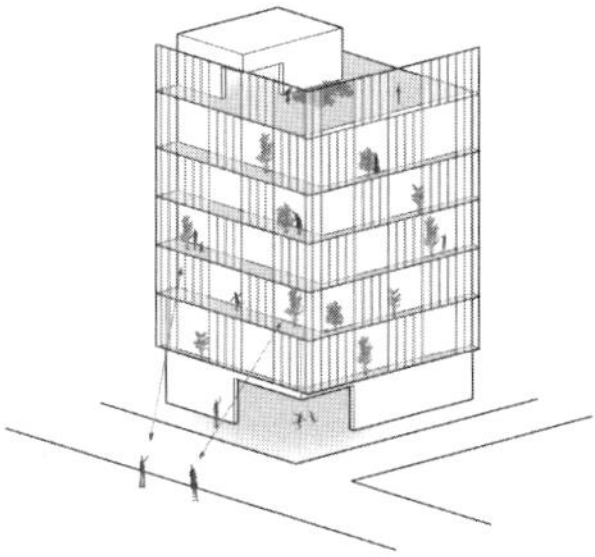

Green/People Communication

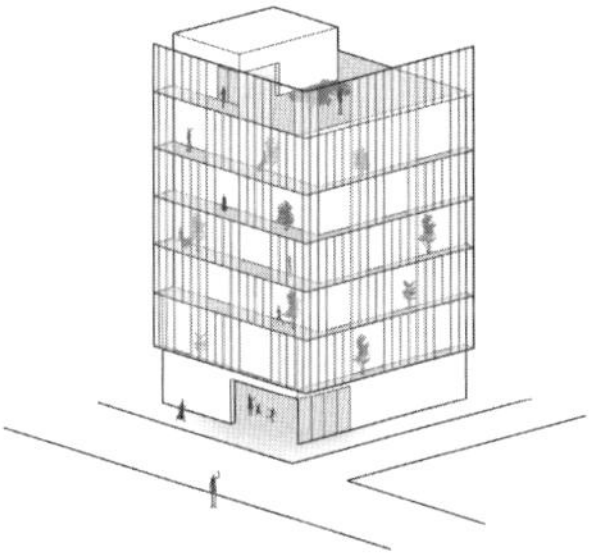

Variative Elevation

ビルの中の人たちの生活の様子が建物の仕上げ材になるJ社屋
（設計＝ユ・ヒョンジュン建築士事務所）

© 유현준건축사사무소

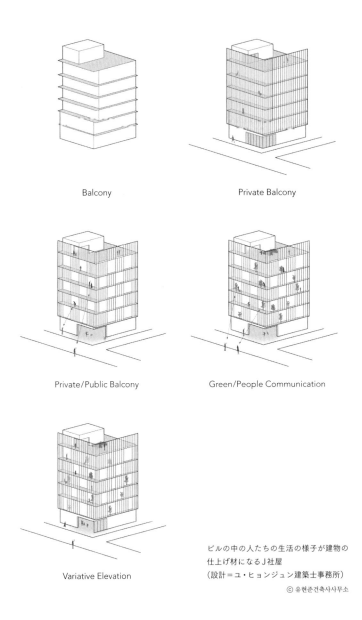

い丸棒で作った透過性のスクリーン〔細い鉄の棒が縦に吊るされたすだれ状のもの〕を付けた。半透明の幕のようなこのスクリーン装置は、直射日光を軽減させて採り入れ、眺める角度によって透明度が変わり[1]、電動式で開閉することもできる。ビルのフロアの使用者の選択によってスクリーンが開閉され、この多様な選択によってビルの立面の格子模様が完成されることになる。路上の市民は訪れる日付や時間帯によって、さまざまに変化するビルの立面の格子模様を見ることになる。ビルの使用者はバルコニーに座って語り合い、植木鉢を置いて飾るようになる。そしてビルの内側にいる人々の生活が、この建築物の外側の立面を完成させる。最終的に人々の生活が建物の外装の仕上げ材になるのだ。バルコニーの空間とスクリーン装置を通じて、ビルの中の人と路上の人は互いの行為を通して対話することが可能になる。このビルは刻一刻と表情が変わる建物で、その表情を通じて都市の風景もよりよいものになる。

裏通りの人も海が見られるように

第三のプロジェクトは海辺のカフェだ。最初にこのカフェをデザインした時は、美しい海の景色が見られるカフェの室内面積を最大限拡大しようとした。そこで建物を海辺に向かって横長に配置させた。しかし裏通りを歩く通行人の立場からは、カフェの建物が海を隠す衝立になる。また海の景色を見るためには、代金を払ってカフェに入らなければならない。この問題を解決するために建物を分節化し、いくつかの棟に分けた。そうすれば裏通りにいる人も、建物と建物のあいだから、海の景色を見られるからだ。それゆえ建築主を説得する必要があった。建築主には、この新しいデザインは工事費を減らし、営業面積を拡大することができると説明した。建物の棟を分けると、建物と建物とのあいだに空きスペースが生じる。その分、工事費は減る。もちろん建築物の立面の総量は増えるが、代わりに建物をいくつかに分けて建てて、建物と建物とのあいだの空間をデッキにすれば営業可能な面積になる。その上、各棟を異なる高さにすれば、低い建物の屋上を高い建物から渡れるテラスとして使うことができるという長所がある。実際に建築される部分より営業できる面積が増え、工事費を節約できる点をアピールした。

一般的に、カフェのすべての席から海辺を眺められるように「一」の字のように建てれば、カフェから見える風景はすべて同じだ。この場合、一回訪れた客は再来店しないかもしれない。しかしいくつかの建物に棟を分ければ、異なる位置からそれぞれ違う風景が見えるように演出され、客の再来店が増えるだろうと建築主を説得した。幸い建築主は新しい試みに開かれたマインドを持っており、この計画案を採択してくれた。階段は建物の外に造った。そうすればカフェを利用しない人もその階段を利用して、建物の屋上や上の階に行って海を眺めることができる。代金を払わなくても海を見られるようにすればビジターが増え、今後のカフェの運営にもプラスになるだろう。こうして誰でも行き来でき、裏通りの通行人も海の景色を見ることができる、社会的価値を持つ建物が誕生した。

ここがポイントだ。同じ量のコンクリート、同じ量のガラスでも、窓の位置をどこにするか、壁をどのような形にするか、建築物をどう配置するかで、建物の内部の人にだけ都合のよい建築になることもあれば、外部の市民にも恵みを与える建築になることもある。

建築はデザインで容易に社会的価値を作り出せる分野だ。これはかならず誰かの犠牲が必要となるゼロサムゲームではない。相手が利益を得れば自分が損害を受けるゼロサムゲームは、政治家が世界を見る時のフレームであるにすぎない。韓国社会は現在、度を越して、政治家によって植え付けられたゼロサムゲームの視角から分断され、対立している。問題が生じれば、誰が敵なのかという点から答えを探し出そうとする。誰かに出会っても、その人が味方か敵か区別しようとする人々で満ちている。適切な葛藤は社会発展にプラスになりうるが、度を過ぎれば社会は崩壊する。一方が勝つからといって社会が進歩するわけでもない。主人が変わるだけでは問題は解決しない。大衆はそのような〔政治的なゼロサムゲームの〕過程で消費され、利用されやすい。社会的価値のあるクリエイティブな解決策を作り出す人が増えれば増えるほど、社会はウィンウィンになる。これは建築家だけにできることではないだろう。企業家・アーティスト・教育者・労働者の誰もが、自分の持

「ウィンドフェンス」(設計=ユ・ヒョンジュン建築士事務所)。
カフェの正面表側(上)と裏側(下)から見た様子。カフェの裏側にいる外部の人も、建物のあいだの空間や屋上(外部の人も建物の外の階段を利用することができる)から海を眺めることができる。

© Kyungsub Shin Studio

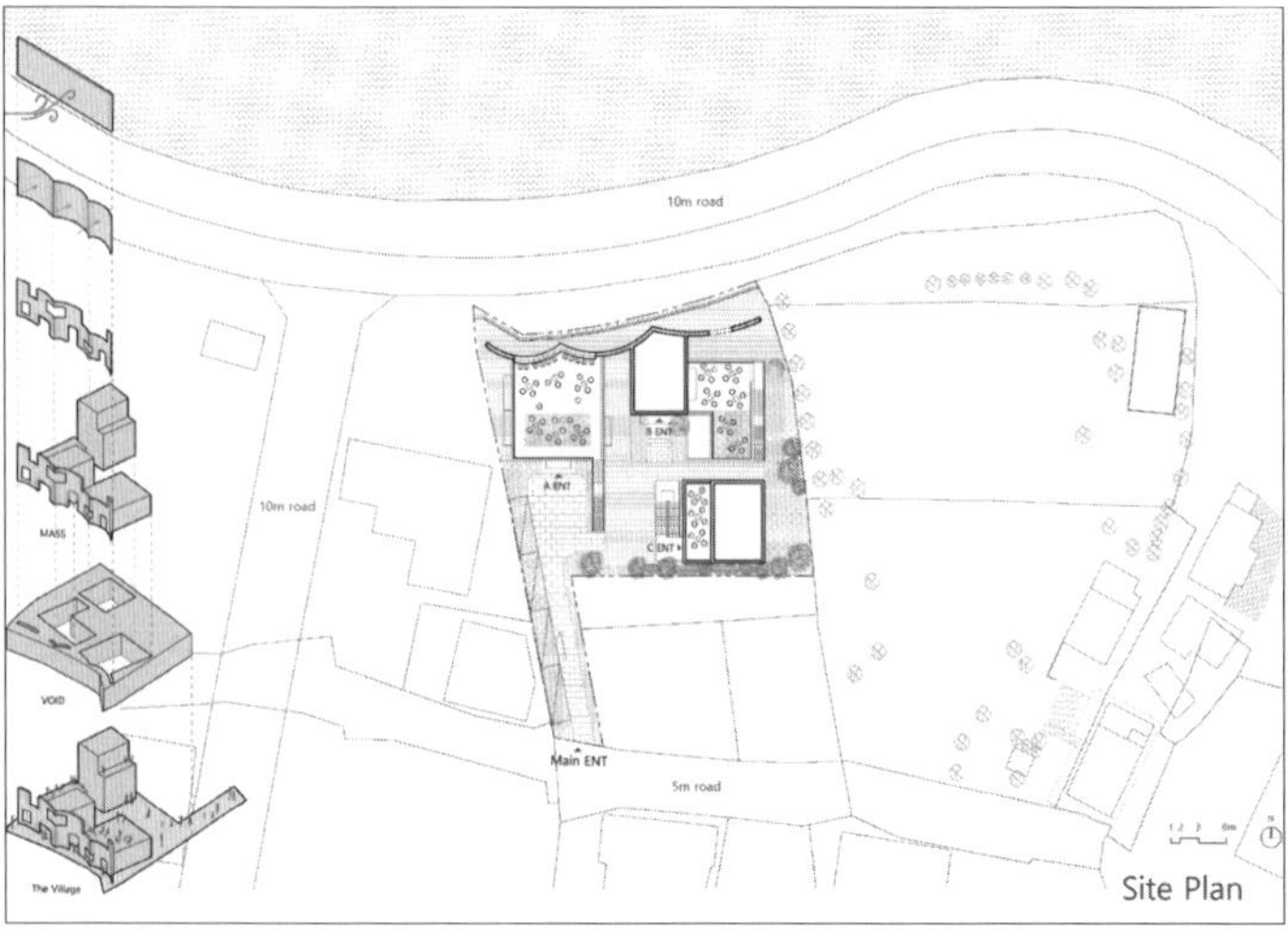

© 유현준건축사사무소

ち場で、社会的価値を作り出す小さな動きを蓄積していけば、この社会はよりよい段階へと進化すると思う。

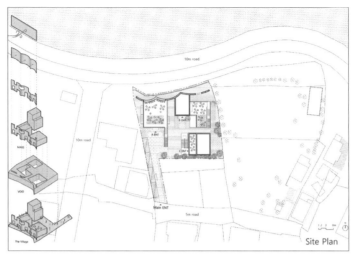

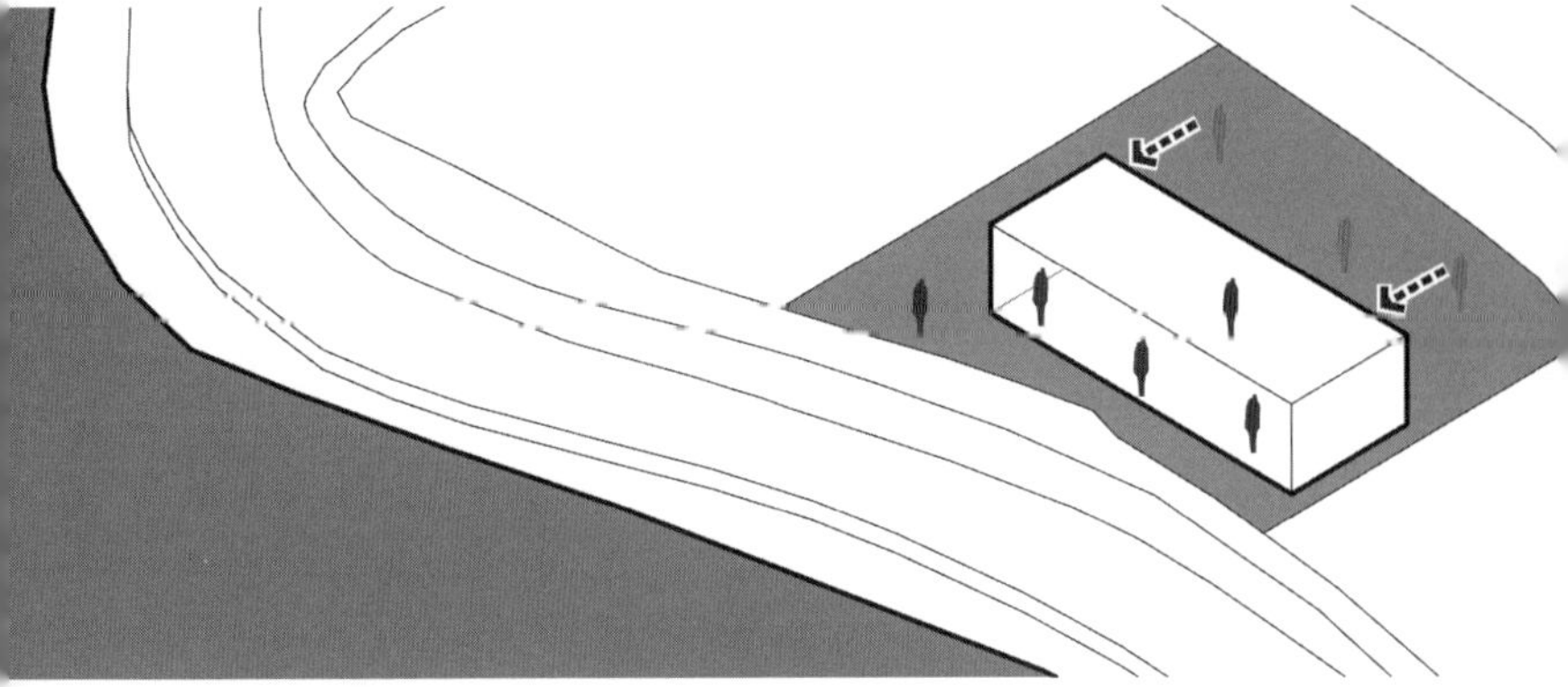

建物の裏側の通行人が海の風景を見られないように邪魔する建物の配置

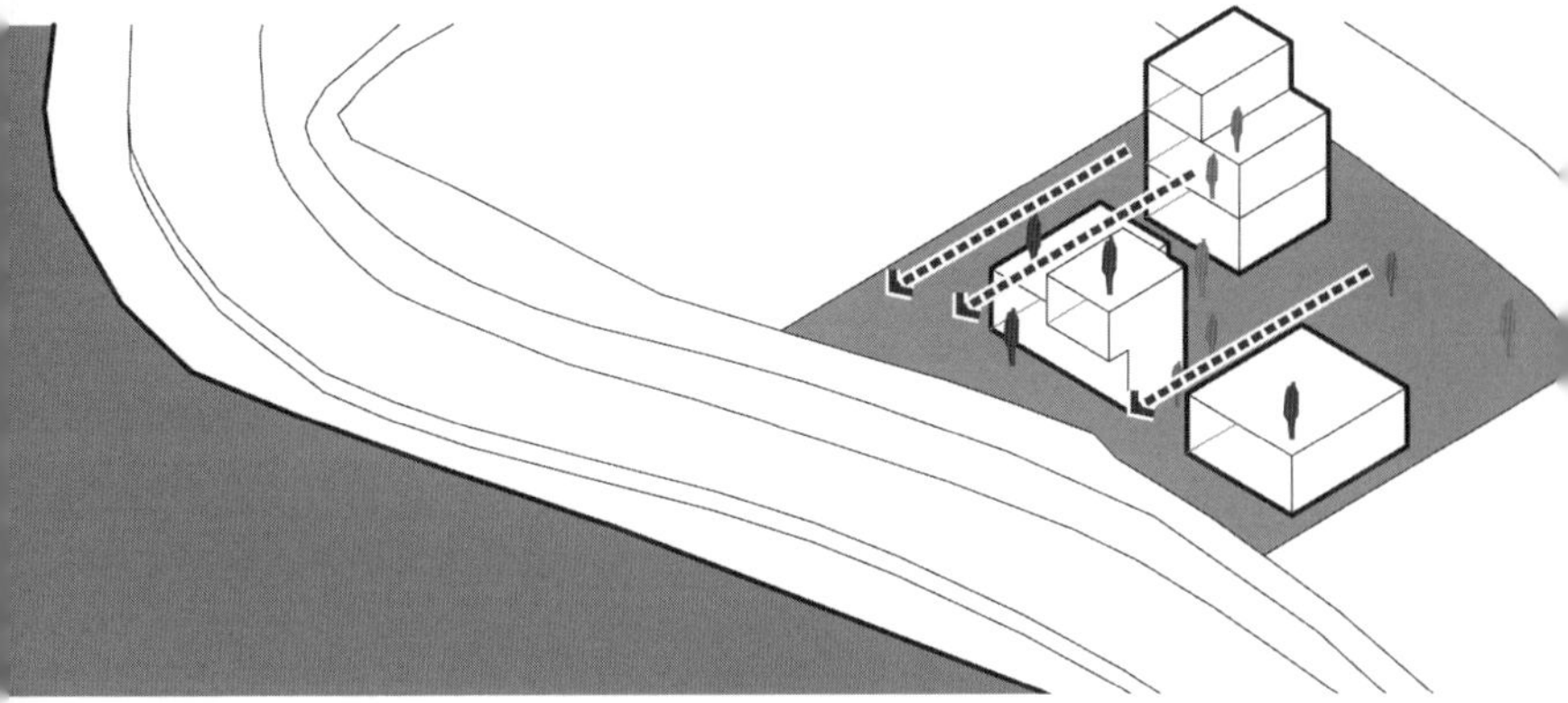

外部の人も海の景色を見ることができ、建物ごとに眺める風景が変わる建物の配置

訳注

［1］眺める角度によって透明度が変わり……　このスクリーンを正面から見ると細い鉄の棒のあいだから建物の中が見えるが、観察者の位置を変えて四五度の角度から見れば半分以上中が見えなくなり、八〇度の角度から見れば完全に中が見えなくなる。このようなことを著者は「透明度が変わる」と説明している。

おわりに

気候変動と感染症——新しい時代を作るチャンス

基準が変わる世の中

小学生の頃、私はおもちゃのミニカーが好きだった。だからミニカーを何台買えるかで世の中の富を測っていた。一番好きなものがこの世を見る基準になる。最近、刊行される書籍の判型が小さくなりつつある。小さなエッセイ集の場合は、既存の書籍の半分しかないものもある。書籍の判型が縮小する理由はスマートフォンの影響が大きい。現代人はほとんどの情報をスマートフォンから得ている。映画やドラマも大型テレビよりスマートフォンの画面で観るケースが多い。だから現代人にとってスマートフォンより大きなものは何となくぎこちない。それゆえ情報に接する書籍もスマートフォンのサイズと似たようなものに変化している。スマートフォンが世の中を見る基準になりつつあるのだ。

私の長男は去年、大学の受験生だった。勉強に忙しい時期だったはずなのに、毎日欠かさず三〇分ぐらいは、小学生の頃からやってきた「メイプルストーリー」というゲームをしていた。二〇〇三年に市販されたこのゲームは二次元のオンラインゲームで、右から左側に流れていく背景画面の中を、主人公が走り回るものだ。それぞれのステージにそれぞれ異なる背景の空間が用意されている。空に浮かんでいる都市が現れたり、森が背景になったりする。このゲームにはこのような背景の空間が数百個はある。最初はこのゲームをしている息子を見て、休む時は何もしない方がよいのでは?と思い、なぜそのゲームを楽しんでいるのか理解できなかった。ある日後ろから、ぼーっとゲームをしている息子を見て、なぜ彼がゲームをしながら休むのか気づいた。彼には「メイプルストーリー」の背景画面が故郷だったのだ。小学生時代から一番多くの時間を過ごしたスクリーンの中のゲーム空間が、彼には私が子供の頃遊んでいた路地と同じだったのだ。彼が単純な「メイプルストーリー」のゲームをしながら、動いている背景画面を見ることは、散歩しながら動いている風景を見るのと同じだった。スマートフォンやゲームのような仮想空間でより多くの時間を過ごすミレニアル世代は、仮想空間を大人世代とは異なる感覚で受け取っている。このように個人の経験は世の中を見る基準になる。そしてその基準は未来を作る。

コロナブルーと空間

人類の文明の歴史は時空間の拡張の歴史だ。機関車を発明して自分が経験できる空間を拡張し、電話の発明で自分が意思疎通できる空間の領域を拡張した。百年前の朝鮮時代の人は一生村から逃れられなかったが、現在の大韓民国の国民はより広い空間を経験しながら生きている。もちろん私たちが住んでいる家は最小限の規模であり小さいが、その代わり現代人は数千ウォンのコーヒー代を払ってさまざまなカフェ空間を消費できるし、海外旅行で遠出をすることができる人も多くなった。現代人一人の空間は自宅以外にも、さまざまなカフェ・レストラン・映画館・美術館・競技場・コンサートホール・旅行地などで構成されている。史上最大の大きさだ。しかしこのような空間の消費がコロナによってなくなってしまった。カフェで休めず、退勤後の食事会もできず、海外旅行にも行けなくなった。ひたすら家に閉じこもって暮らすしかなかった。一人が消費していた空間は五分の一以上縮小した。自分の空間が縮小すると、自分の権力や資産が縮小したような気がする。狭まった空間に閉じこもって暮らしていると、コロナブルーがやってきた。皮肉なことに、コロナのせいで、空間の重要性をもっと感じるようになった。

コロナという感染症が流行ると、外は危ないという発想が巣くうことになった。結局、一番安全な場所は〈我が家〉〈我が車の中〉になった。自分だけの空間に対する欲求は増加したのに、住宅価格は天井知らずに上昇した。自己所有ではない家を飾るしかないので、絵画を買って飾る消費が増えた。いつ引っ越すかわからない他人の家の壁紙を変えるより、いつでもはずして持ち運べる絵画をインテリアにするのだ。引っ越しの際に持ち運べる家具の買い替えにも金を使い始めた。リゾートやホテル宿泊も安心できないので、もっとも安全で、自己所有の自動車で寝泊まりする「車中泊」が流行りもした。そこがどこであっても、寝る時にその空間は完全に自分のものになる。車中泊は自動車に乗ってどこへでも出かけ、その場所を自分の庭にすることだ。人が多い劇場や競技場に行けないから、一番安全な屋外空間で一人で運動する登山も、若者のヒップな流行となった。感染症はさまざまな形で私たちの人生の空間を変える。変化した空間は私たちの考え方も変える。

クジラがゾウより大きな理由

ゾウの体重は数トンだが、クジラの体重は数十トンに及ぶ。一般的に水生哺乳類は陸の哺乳類より体が大きい。科学者はその理由をこう説明する。冷たい海水の中で体温を維持するためには活発な新陳代謝が必要で、そのためには体が大きければ大きいほど効率がよいと。横・縦・高さの長さが二倍になれば、面積は四倍になるが、体積は八倍になる。体が大きくなるほど冷たい海水に接する表面積は増える。それとともに体積は幾何級数的に増える。この時、海水に接しない内側の細胞は体温維持に有利だ。そのため一番大きな水生哺乳類は一番大きな陸の哺乳類より、体重が二五倍ぐらい重い。

ここに構造的な理由が加わる。長さが二倍伸びれば、体積は八倍増えるので、体重は八倍にもなる。増加する重さはすべて骨が支えなければならない。その際、骨の強度のために断面積が八倍になるわけにはいかない。断面積は面積なので四倍だけ増える。だから単位面積当たりの支えなければならない重さは、二倍増えなければならないということだ。単純に計算して、長さが二倍増えるたびに、骨の密度も二倍増えなければ体重を支えられない。だから動物は図体が大きくなるほど、骨も丈夫にならなければならない。体の小さい鶏の骨は噛んで食べられるが、体の大きい牛骨はそうできない理由だ。ところが骨の密度の増加には限界があるので、陸の動物の体は無限大に大きくなりにくい。一方、海では増大する体重を水の浮力で支えられる。だからクジラはゾウより数十倍体が大きいのだ。海の生物は体重を支える必要が少ないので、骨も大きくなる必要はない。それに魚の骨は細くて「とげ」と呼ばれている。

体の大きさが増大すれば、骨の断面に加わるストレスはネズミ算式に増える。この問題に直面するもう一つの分野は建築だ。建物の高さが高くなるほど、柱の断面が支えるべき重さは急激に増加する。韓国の過去の建築では木材を主材料として使っていた。木材は単位面積当たりの支える力の強度が低いので、高い建物を造りにくい。過去のケースを見れば、木構造で建てた建築物は五階ぐらいが最大値のようだ。木構造でこれより高く建てようとすれば、人が使わない、内部が空っぽの場合なら可能だ。皇龍《ファンリョン》寺址《サジ》の木造塔[1]はそこに人が住まないので、九層まで建てられた。五階より高い建築物を建てるには、柱の断面の単位面積当たりで支えられる重さが木材より大きく、強い材料を使わなければならない。西洋の伝統的建築物が東洋のそれより高くて雄大なのは、木より硬い石を主材料として使って、高く築き上げることができたからだ。それでローマのサンピエトロ大聖堂は、ドームの高さが百メートルもある。しかしそれも内部が空っぽのドーム建築だったので、あれほど高く建てられた。室内を階ごとに使えるビルは、硬い石を使っても八階が最大だった。

もっと高い建築物を建てるためには、新しい材料が必要だった。鉄やコンクリートは木材や石より単位面積当たりの圧縮力を支える力が大きい。近代建築の時代に入って、鉄筋コンクリートの柱が登場してから、数十階の高さを建てることが可能になった。このように動物の体の大きさや建物の高さは、重さを支える構造体の材料の強度によって決定される。私たちの社会も同じだ。社会の規模が大きくなればなるほど、その社会を支える骨格が丈夫でなければならない。数十名の原始社会が数百名規模の社会に成長することができた理由として、原始宗教の役割が大きかった。現在の巨大な人間社会を構造的に支えるいくつかの骨格がある。家族・民族・愛国心・国家・教育・年金制度などだ。ところが私たちは今、その骨格の崩壊を目撃している。

技術の発達と少子化時代

二〇一九年の韓国の出産率は〇・八八で世界の最小値だ。人口学者たちと政府は事態を深刻に受け止め、出産率を引き上げるために、二〇一九年にだけ二三兆ウォンの予算を充てた。少子化という現象が生じた根本的な理由は何だろうか。韓国の場合、社会内で競争が激しく、住宅価格は高く、社会の階層間移動も難しい。このような世知辛い状況が少子化を招いていると思われる。その他にも、働きながら子供を育てにくい社会制度もやはり、出産を躊躇させる理由だ。一回性の支援金だけで状況は変えられない。こうした理由以外に、技術の発展にも要因がある。人間を拘束する根本的な制約は時間的、空間的制約だ。ところが技術が発展し両方の制約に変化が生じた。人間の寿命が一二〇歳へと二倍近く延びて、時間的制約は半分に減った。空間的制約も消えた。高麗時代[2]はパリに行くのに数年かかったのに対して、今は飛行機で一二時間で行ける。時間的、空間的制約に数百倍の変化が生じた。六〇年の人生ならば三〇歳以前に子供を産んで、自分の時間を子供を通して延長させなければならなかったが、一二〇年の人生ではそうしなければならない理由は軽減する。単純に比率だけ考えれば、人生六〇年時代では三〇歳以前に結婚しなければならなかったが、人生一二〇年時代では六〇歳以前に結婚すればよいという計算になる。過去は三〇歳に結婚して三〇年間一緒に暮らしていたが、今は六〇歳に結婚しても六〇年も一緒に暮らすことになる。結婚と出産に対して意識が変わるほかない。一方、寿命が延びると、むしろ自分の生きているあいだに経験すべき空間がより広がる。自分だけのために生きていても手いっぱいなのが現代人の人生だ。このような背景が非婚と少子化につながっている。

技術の進歩で空間が拡張すれば生じるもう一つの問題がある。地域社会間の衝突だ。人間社会の組織はさまざまな社会システムが進歩しながら、サイズも大きくなってきた。最初は宗教がその役割を果たしていた。時間が経つと「民族」や「国家」概念が集団を拡大させた。二〇世紀に差しかかって、「イデオロギー」という理念が生じ、民族国家の国境を超える規模の帝国を作り出すことができた。自由民主主義のイデオロギーでアメリカという帝国が、社会主義のイデオロギーでソ連という帝国が誕生した。こうして集団はその規模がどんどん拡大した。このような形で誕生した組織は、相互に遠く離れていればなんの問題にもならない。ところが交通手段が発達し各集団の空間が拡張すると、互いの空間が重なるようになった。この共通部分で融合的な発展も起こるが、反対に葛藤も生じる。かつて宗教は集団のサイズを拡大して集団内部の紛争を減らし、安全を保障してくれていた。ところが時間距離が短縮する過程で、互いに異なる宗教集団が中間地帯の共通部分で遭遇することになった。この共通部分の地域で、十字軍の遠征戦争が勃発した。韓国もまた、大陸から来た社会主義と海から来た自由民主主義、この両イデオロギーが朝鮮半島で衝突した「朝鮮戦争」という歴史を持っている。

人類社会の大きな変化や葛藤は、技術発展による時空間の変化が、既存の社会と衝突する際に発生する。感染症もやはり、交通手段が発達して時間距離が縮小し、空間が圧縮される過程で広がって大事になる。一四世紀には馬という交通手段があったから、突然モンゴルのペストがヨーロッパまで伝播して問題を引き起こした。二一世紀は飛行機という交通手段が、クモの巣のように全世界をつなげているので、コロナが短期間に全地球に広がった。こういったパンデミック現象は、既存の社会を支える現在のシステムの脆弱性を表すよい事例だ。技術の発達で世界が一つにつながり、地球社会に拡大した。ところがこうした運営と価値のシステムは、二〇世紀に作られたものが使われている。鶏の体で、横・縦・高さがそれぞれ二倍増えて体積が八倍になれば、鶏の骨が折れるように、現在の私たちの社会システムは崩壊しつつある。そのような現象は今、私たちが直面している少子化・家族の崩壊・難民の大規模移動・ブレグジット・アメリカ大統領選挙のトランプ当選、それから新型コロナウイルス感染症の拡散に現れている。私たちは、骨格が折れつつある状況を目の当たりにしている。

新しい骨格が必要な時代

体が大きくなりすぎて骨が折れたら新しい材料の骨格が必要だ。一〇階建てのビルを建てようとすれば、木材ではなく鉄筋コンクリートの柱を使わなければならない。木材から鉄筋コンクリートに変わるぐらいの「思考の革命」が必要だ。尊厳死のようなデリケートな事案も心置きなく話し合える、社会的な雰囲気づくりも必要だ。人生百年時代にふさわしい結婚と出産の新制度や定義も考えてみなければならない。空間的には新しい家・新しい業務環境・新しい学校・新しい商業施設・新しい都市空間構造が必要だと思われる。感染症に強く、社会階層間の両極化を減らし、葛藤を解消することができる空間構造が切実に必要とされる状況だ。一般的に建築と都市が変化するもっとも大きな要素は、気候の変動と感染症だ。氷河期が終わり暖かくなった気候の変化は人間を川辺に集中させ、感染症に強い乾燥した気候帯で都市の発生とともに文明が始まった。人類は二一世紀にも同じく地球温暖化という気候変動や感染症に苛まれている。私たちは明らかに変化の時代のさなかを生きている。

社会にはつねに改革が必要だといわれる。しかし、なかなか改革的な変化は達成されない。その理由は既得権益層の勢力が抵抗するからだ。いかなる時代、いかなる社会にも、変化を恐れて望まない勢力はある。そしてかれらは強い。だがそのような抵抗も、時にはどうしようもない災難によって変わることがある。現在がそういう時代だ。新型コロナウイルス感染症というものは、私たちが日常だと考えていた常識的な行動を不可能にしている。このような制約は空間の運営システムを変える。空間の運営システムが変われば、空間を通して構築された権力構造は瓦解する。こうした時期こそ新しい物事を導入できるチャンスだ。コロナ禍は危機でもあるが、同時に今まで先延ばしにしてきた在宅勤務・遠隔診療・遠隔授業などを試みることができるチャンスでもある。今こそ変化と改革を成し遂げる好期だ。

同時に私たちが警戒しつつ気をつけなければならないこともある。二〇二一年アメリカで、連邦議会議事堂襲撃事件が発生すると、ツイッター・フェイスブック・インスタグラムは、示威行為を扇動したトランプのアカウントを削除した。ツイッターでコミュニケーションと政治活動をしていたトランプは、SNS空間を通した政治権力システムから遮断された。この事件はかつて、宗教指導者・教育者・政治家が建築空間を利用して権力を作り出していたのに対して、今はインターネットの仮想空間の支配者であるIT企業に権力が集中している現象を象徴的に示すものだ。コロナ禍を通して非対面社会になればなるほど、空間を通した権力がＩＴ企業に集中し、違う形の独裁時代が始まった。このような事態を懸念したドイツのメルケル首相は、トランプのアカウントを削除した企業の決定を非難した。

イタリアが統一されると、教皇はバチカンの狭い領土を除いて、すべての土地をイタリア政府に没収された。大きな危機だったが、教皇は当時の新技術であるラジオを通して、全ヨーロッパと南米、周波数の届く地の果てまで影響力を及ぼした。ラジオ電波が作った新しい空間システムが、歴史上いつにもまして強力な教皇を誕生させた。二〇世紀のアメリカの大統領はテレビ放送を利用して強大になった。テレビのおかげで、ハンサムな外見のケネディーがアイルランド系のカトリック信者だったにもかかわらず、大統領になれたという評価もある。マスメディアの技術の変化は権力の地形図を変える。テレビの電波が届く場所まで、政治的影響力が及ぼされるのだ。韓国でも政権交代がおこなわれると、ＫＢＳとＭＢＣの社長の任命をめぐって、政界が鋭く対立する理由がここにある。今はテレビより、インターネットの作るＳＮＳ空間がもっとも普遍的な空間システムだ。その空間を制覇した者はＩＴ企業だ。かれらの唯一の弱点は、ＩＴ企業といっても、政府が設置した光ケーブルのネットワークに依存していることだ。だからイーロン・マスクは一万二千個の人工衛星を打ち上げ、彼だけのインターネットのネットワークを持とうとするのだ。人工衛星の宇宙インターネット網を持つと、政府の干渉を免れ、完全に仮想空間を制覇することになるからだ。新しい多国籍企業と伝統的な強国政府のあいだの権力暗闘はすでに始まっている。おそらく、イーロン・マスクの人工衛星のインターネット網が完成したら、一番大きな被害を受ける側は中国の共産党だろう。中国政府の強力なインターネット統制が、これ以上不可能になると思われるからだ。このように急変する社会では、オフライン空間とオンライン空間の両世界で、〈権力はより分散され、人同士の融合は増える空間システム〉を構築しなければならない。オンライン空間では現在のように、似た者同士の意思疎通だけを増やすアルゴリズムから脱却し、相互に異なる人々が融合する、新しいアルゴリズムが適用されるデザインと法規が必要だ。オフライン空間では、未来を拓く新しい都市空間構造を開発しなければならない。

朝鮮のルネサンスを開いた英祖の清渓川浚渫事業

都市空間構造の変化は社会発展を促してきた。ナポレオン三世はパリに地下下水道システムを構築し、腸チフスやコレラのような水系感染症に強い都市を作った。感染症に強い都市になれば人口が増え、人口が増えれば商業が発達する。商業が発達すれば新興富豪階級が生まれ、新興階級が生まれれば、既存の勢力を牽制しながら社会が変化・発展する。このような進化パターンを見せてくれた時期が朝鮮にもあった。英祖《ヨンジョ》[3]と正祖《チョンジョ》[4]の時代だ。

一五九二年の文禄の役、一六三六年の慶長の役に遭い、地方の多くの流民が都の漢陽《ハニャン》に流れ込んだ。人口が急増し、一六三七年孝宗《ヒョジョン》[5]の時、八万人だった人口は一〇年で二倍を超える一九万人に増加した。当時の漢陽の上水道システムは井戸だった。ソウル周辺は北漢山《プッカンサン》と仁王山《イヌァンサン》のような強大な岩山で囲まれている。漢陽には花崗岩の岩盤から湧き出るきれいな井戸が多かったので、ローマのアクアダクトのような上水道システムを構築しなくても、水の供給が可能だった。問題は下水道だった。当時は下水道施設がなかったので、清渓川《チョンゲチョン》のような河川が下水道施設として使われていた。ところが漢陽の人口が二倍になると、生活排水の急増で河川の汚染が激化し、さまざまな感染症が発生した。木を伐って燃料として使うと裸山になり、雨が降るたびに山の土砂が川に流れ込んだ。これは川の流れを防いで河川の汚染を激化させた。河川の底が高まると、雨がすこしだけ降っても氾濫した。そして清渓川の汚い水が井戸に流れ込み、飲み水を汚染させ感染症を引き起こした。この問題の解決のために、一七六〇年、英祖は清渓川浚渫《しゅんせつ》事業を始めた。浚渫事業は都市が感染症に立ち向かう、インフラ構造の構築の試みだった。そのおかげで漢陽には清渓川の下水道システムが補完され、一九万人の人口でも、感染症の少ない都市づくりが可能となった。

英祖の時代に漢陽の都市空間インフラを再整備したおかげで、漢陽に一九万人の人口が安定的に維持されることになった。それから正祖の時代になると、商業的需要が激増した。当時は禁乱廛権《クムナンジョンクォン》といって、漢陽の中で許可された三七店舗の市廛《シジョン》以外に、都城から一〇里（約四キロメートル）以内の開店や販売行為を禁じる権利が、特定の商人たちに与えられていた。既得権を持った商人たちが政府と結託して確保した独占商業特権だ。都市の人口が増え商取引が増加すると、正祖は禁乱廛権を廃止した。これによって商業が発達し、朝鮮時代後期のルネサンスが始まった。清渓川浚渫という都市整備は、人口密度が高くて感染症に強い都市空間を作り、新しい都市空間は商業を発達させ、商業の発達は朝鮮時代後期のルネサンスの土台になったのだ。英祖と正祖時代の朝鮮は、農業中心の経済から誰もが商業行為をおこなうことが可能なシステムへと、国家運営システムをアップグレードしたのだ。

階層間移動のハシゴになる新しい空間

空間を圧縮するインフラ構築は社会を発展させる。朴正熙元大統領の時代、京釜高速道路を造って、ソウルと釜山との時間距離を四時間に短縮し、これを通して一九七〇〜八〇年代の経済成長という結果を得ることができた。それから金大中元大統領の時代に、高速インターネット網のインフラを構築し、物理的な移動なしでも他人に会える空間の圧縮を成し遂げた。かつてはなかったインターネット商取引が生まれ、さまざまなＩＴベンチャー企業が開業した。アスファルト道路が繊維・鉄鋼・自動車産業を作り出して経済の活性化を促したならば、インターネット網はＩＴ産業を誕生させて経済発展を成し遂げた。道路とインターネット通信網は、遠く離れている人々をつなげる〈空間圧縮〉の道具だ。これらはより多くの人々が出会って関係を結べるようにし、商取引を可能にする。

学生たちに夢は何か、と訊いてみると、「自分の夢は財閥二世なのに、父が努力をしない」と冗談をいう。金持ちになるためには、金持ちの子供に生まれるしかないという意味だ。私たちの社会は、自らの努力だけでは金持ちになる可能性が低い社会になった。現在の韓国社会は階層間移動のハシゴがない社会だ。このような事情なので、政治ではポピュリズムが蔓延し、ベストセラーの売り台は癒しの本で溢れている。こうした社会は階層間葛藤により崩壊するか、成長の動力を失いやすい。

どうすれば新しい金持ちが誕生し、階層間移動のハシゴが復元されるだろうか。新しい空間を作ればよい。私たちはソーシャルミックスを重要視するが、単純なソーシャルミックスだけでは物足りない。金持ちと貧しい人が一緒に混ざり合って暮らすソーシャルミックスはよいことだが、単純なソーシャルミックスだけで終われば、あなたはずっと貧しく、自分はずっと金持ちとして暮らしながらこのまま仲よく生きていこう、で終わるかもしれない。有力な政治家たちが「みんながともに、よい暮らしができる社会を作ろう」といいつつ、自分の子供たちには親の七光りで富と教育を受け継がせることに、国民が公憤を覚える理由はここにある。ともによい暮らしができる社会を作るためには、富の移動が多い社会にならなければならない。自分は貧しいが自分の子供は金持ちになれる世の中のことだ。そうならなければ出産率も上がらないだろう。富の移動が容易になり、階層間移動のハシゴが復元されるためには、商業が発達しなければならないし、そのためには技術革命で新しい空間を作らなければならない。新しい空間を作れば、新しい金持ちが誕生するチャンスが生まれる。

一九世紀のヨーロッパで、下層民として冷遇を受けていた人々は、船で二週間以内でヨーロッパからアメリカ大陸に渡れるようになると、北アメリカの新大陸で新しいチャンスを手に入れた。そしてかれらはアメリカを建国し、ヨーロッパの伝統的富豪を超える富を築くことができた。アメリカ東部でチャンスを摑めなかった下層民は、汽車を利用して西部という新しい空間に移動し、シリコンバレーを作って莫大な富を築いた。韓国は一九七〇年代、田舎で地主になれなかった人たちが、都市という新しい空間でチャンスを摑むことができた。エレベーターと鉄筋コンクリートの技術で、かつては無用だった何もない空間に、集合住宅を建てて不動産資産を作り、誰もが所有できる新しい空間を創造すると、中間層が生まれ近代社会が完成した。一九九〇年代に入って、それまでの若者は、旧世代と既存の財閥に圧倒され、オフライン空間でチャンスを摑めずにいたが、ＩＴ技術によるインターネットのインフラ構築でオンライン空間が作られると、ネイバー・カカオ・ダウム・ネクソン・ＮＣソフトのような企業を立ち上げることができた。資本主義社会で金を儲けるためには資本が必要だ。資本には動産と不動産がある。青年をはじめ低所得層は両方持っていない。このような時、国家が新しい技術革命で安価な空間を提供することは、かれらに不動産資産を与えるのと同じだ。そしてこの空間という資産で、富を築くことができる。こうして新しく作られた空間は、階層間移動のハシゴになる。

未来は到来するのではなく、創造するもの

韓国の経済が発展し社会の階層間移動のハシゴを作るためには、新しい空間を創造しなければならない。オフラインの世界で作ることができる新しい空間とは、人と人のあいだの〈出会いの密度〉が高く、同時に感染症に強い空間だ。私たちの時代に「英祖の清渓川浚渫」のような事業は何だろうか？　線形の公園、自動運転ロボットの専用地下物流トンネル、バルコニーのあるマンション、規

模は小さいが多様性の豊かな学校、多様な特徴を持つ副都心、特色のある地方都市が作られるべきだ。韓国社会の問題は、ビジョンのない不動産政策や税金政策だけでは解決されない。新しい空間、新しい都市インフラを構築しなければならない。

コロナによって全世界の国家と社会は、新しい未来を切り開くスタートライン上に立たされた。過去の空間モデルでは、到来する未来を準備することはできない。新しいモデルが必要だ。かつて近代化に遅れた私たちは、西洋社会が作り出した空間システムを踏襲することばかりしてきた。地下上下水道システム、戦略供給網システム、エレベーターや鉄筋コンクリートによる高層高密度の都市空間、近代式学校など、ほとんどすべてのシステムを、私たちより進んでいた西洋文明という果実を通して取り入れたのだ。これからは私たちがはじめて創造した新しい都市空間システム、私たちだけの固有な教育システムを作って、世界をリードしていくべきではないだろうか。いつまで先進国の成功事例を追いかけるのか。重要な時期だったここ二〇年間、韓国国民は「過去史の再定義」の過程で、赤〔共産主義〕と土着倭《わ》寇《こう》[6]ということばで相手を誹謗しながら分裂していた。歴史を知らない人に未来はない。しかし、歴史ばかり語る人にも未来はない。未来は未来について具体的に夢見る人たちが拓くものだ。過去から方向を変え、みなの視線の焦点を未来に向けてほしい。コロナ禍という危機はそのような機会を提供している。歴史を見れば、重大な決定を下さなければならない時代がある。

一九世紀、石炭を代替する新しいエネルギー源を探し求めていた時期、私たちには二つの選択の道があった。石油と水素。この時代の技術的完成度についていえば、石油と水素が似たようなレベルにあった。ところが当時の人々は、石油の生産単価がわずかに安いという理由で、石油を選んだ。その結果が今、私たちが直面している環境危機の世界だ。もし当時の人々が賢明に水素を選んでいたなら、現在の世界はどうなっていただろうか？　歴史上のある時代の選択が、以降数百年の人類の歴史に影響を及ぼすこともある。今がそういう時代だ。気候変動と感染症の時代を生きている私たちは、百年後の人類の歴史を決定する、神々しい責任を負っている世代だ。未来はただ到来するのではなく、創造するものだ。未来は、私たちが下す今日の選択が集約されて作られる。それぞれの位置で正しい選択をしてほしい。

訳注

[1] 皇龍寺址の木造塔　韓国の慶州《キョンジュ》市にある、古新羅時代の寺址にあった塔。高さ約八〇メートルで六四五年完成されたが、一三世紀モンゴルの侵略により燃やされ、現在は跡だけが残っている。

[2] 高麗時代　九一八年王建《ワンゴン》によって建国され、一三九二年朝鮮を建国した李成桂《イソンゲ》によって滅亡した。

[3] 英祖　朝鮮の第二一代の王（一六九四〜一七七六）。

[4] 正祖　朝鮮の第二二代の王（一七五二〜一八〇〇）。英祖の孫で、ドラマ「イ・サン」の主人公。

[5] 考宗　朝鮮の第一七代の王（一六一九〜一六五九）。

[6] 土着倭寇　代々その地で生きてきたという意味の土着と日本の海賊集団だった倭寇が組み合わされた言葉。韓国を嫌悪する発言をしながら日本を美化し、日本の政治的立場を擁護する人を指す。

本書は、韓国で刊行された『空間の未来――コロナが加速させた空間の変化』（ウリュ文化社、二〇二一年）を訳したものである。私が著者ユ・ヒョンジュンをはじめて知ったのは、『知っておいても役に立たない神秘的な雑学辞典2』（tvN、二〇一七年）というテレビ番組からだった。音楽・文学・歴史・建築・科学・料理など、各分野の専門家たちが食事をしながら、さまざまな話題について語り合うというコンセプトのものだ。ユニークな発想が飛び交い、笑いもあるトーク番組は、知的な会話を好む韓国人の趣向にも合って人気があった。このシリーズは六年間続いたが、二〇二二年の放送では、ＢＴＳのリーダーＲＭが司会を務めた。ＲＭもこの番組をずっと好んで観ていたという。

専門家たちのストーリーテリングがおもしろく、私も毎週の視聴を楽しみにしていたが、特にユ・ヒョンジュンのトークに目を惹かれた。建築と空間、その中の人間の関係性を眺望する観点が奇想天外で、強い説得力を持っていたからだ。ユ・ヒョンジュンはＭＩＴ（マサチューセッツ工科大学）

やハーバード大学の大学院で学び、世界的建築家リチャード・マイヤーの設計事務所で実務経験を積んだのち帰国、韓国の弘益《ホンイク》大学建築学部の教授として教鞭をとりつつ、自身の建築事務所も運営している。数百人の学生が受講する名講義で名を知られ、多数のテレビ番組の出演につながり、全国的な知名度を持つ著名人となった。建築家としても実力が認められており、国内外で多くの賞を受賞している。二〇二一年九月には、ユーチューブチャンネルを開設し（二〇二三年七月現在、フォロワー数は一〇三万人）、韓国をはじめ世界の建築と都市、映画やドラマ、現代人のライフスタイルまで多様なテーマについて解説している。彼の解説は建築だけにとどまらず、私たちの生活や社会にも密接なかかわりを持つ。韓国で「人文建築家」として呼ばれるゆえんである。彼の活躍と人気はとどまることを知らない。二〇一五年から刊行された著書の四冊は、人文社会分野では異例のベストセラーとなり、累計販売部数が六〇万部（それぞれ一〇万部以上の実績）にまで至る。

『知っておいても役に立たない神秘な雑学辞典2』の番組終了後、彼の本を一冊買ってみた。私は興味を失うと途中で読書をやめるタイプの人間である。しかし彼の本は四冊すべて、あっという間に読ませる力を持っていた。彼の本を通じて建築と空間、その中の人間の関係性に目覚めた私は、まったく新しい視線で自分の町や都市を見つめ直すことになった。そして、彼の著書から得た認識の地平を日本の読者と共有したく、ユ・ヒョンジュン建築士事務所の代表メールを通してコンタクトを試みた。驚いたことに著者から返信をいただき、いくつかのハードルを乗り越え（振り返ると大変だった）、今回の出版に辿り着くことができた。

『空間の未来』はユ・ヒョンジュンの著書の初邦訳となる。ポストコロナ時代に住宅・会社・学校・商業施設・公園・都市などが、つまり私たちの生活空間が、どのように変化していくのかを予測するというのがおもな内容だ。はたして都市は解体するのだろうか？　在宅勤務をめぐる仕事と会社のゆくえは？　私たちの住宅やライフスタイルはどのように変化していくのか？　二〇三〇年を軸に世界が大変換を迎えるだろうと予測される中、本書は私たちの生活や都市空間に対する新たな認識や知恵を与えてくれるだろう。

『空間の未来』はけっして難しい本ではない。ユ・ヒョンジュンの著書の特徴は、一見難しく見える内容をわかりやすく、なおユニークな視点から解説してくれるという点だ。彼の読者が若者や社会人、大学の知識人、K-POPのアイドルまで多様である理由がここにある（東方神起のチャンミン、SHINeeのオンユ、俳優イ・ヨンエも彼の本の愛読者だという）。ユ・ヒョンジュンの著書や発言の影響で、ソウルの町は変わり始めている。彼によってソーシャルミックスのための公園やベンチの役割が説かれると、ソウルの町にベンチが増え、公園の塀がなくなった例もある。その考え方はいずれ、ソウルや地方の都市計画にまで影響するだろうと、私は予測している。

日本と韓国は地理的にも近く、似ている面も多い。韓国で迎えるポストコロナ時代は、日本に到来する未来でもある。本書は日本の読者にも、未来を予測するよい手がかりになってくれると思う。

そして最近、日本でも、韓国に対する関心がいっそう高まっているように感じる。韓国の都市やそこで暮らす人々について、一歩踏み込んだ理解を求める方にも、本書は役立つと思う。ぜひ手に取って読んでいただきたい。

建築設計の際に何をいちばん心がけているかという質問に、ユ・ヒョンジュンは「利用者たちにより親しくなってほしいので、できるだけ多くの交流が生まれる空間を作りたい」と答えている。『空間の未来』を通じて、日本と韓国の読者のあいだで内面的交流が深まり、人々がより親しくなっていくことを願ってやまない。

二〇二三年七月、東京の書斎にて

オ・スンヨン

著者・訳者略歴

ユ・ヒョンジュン（兪炫準）

人文建築家。弘益大学建築都市学部教授。ユ・ヒョンジュン建築士事務所、およびスペース・コンサルティング・グループ代表建築士。韓国の延世大学で学士号を、MITとハーバード大学大学院で修士号（建築設計）を取得。その後、世界的な建築家リチャード・マイヤーの設計事務所での勤務を経て現職。主要な作品として、マグハクトン（Mug Hakdong）・アチウル住宅（PLAIT VILLA）・世宗サンソン教会（The HUG）などがある。またInternational Architecture Award Chicago Athenaeum、German Design Awardなど、国内外で40以上の建築賞を受賞。建築と社会についてさまざまなメディアで発言するとともに、テレビ番組や自身のユーチューブチャンネル（シャーロック・ヒョンジュン/셜록현준）への出演でも注目されている。著書『都市は何によって生きているのか』『どこで暮らすべきか』『空間が作った空間』『空間の未来』は、韓国の人文社会分野では異例のベストセラーとなった。

オ・スンヨン（呉順瑛）

韓国生まれ、1995年日本留学。東京学芸大学連合大学院学術博士。新大久保語学院池袋校校長。学習院大学・大妻女子大学で日本文学・ジェンダー・韓国語・日韓関係論など、幅広い講義を担当している。著書に『臨床文学論　臨床心理学的に読む文学の中の〈わたし〉』（ミンソクウォン）、共著に『キーワードで読む日本文学 春に和歌を、秋には俳句を覚える』（グロセウム）、『楽しく学ぶハングル2』（白帝社）、訳書にキム・オンス『設計者』（クオン）などがある。

K-BOOK PASS 06

空間《くうかん》の未来《みらい》

2023年10月5日　初版第1刷発行

著者	ユ・ヒョンジュン(兪炫準)
訳者	オ・スンヨン(呉順瑛)
編集	アサノタカオ
校正	嶋田有里
ブックデザイン	松岡里美 (gocoro)
DTP	アロン デザイン
印刷	大盛印刷株式会社
発行人	永田金司　金承福
発行所	株式会社クオン
	〒101-0051 東京都千代田区神田神保町1-7-3 三光堂ビル3階 電話:03-5244-5426　FAX:03-5244-5428 URL:http://www.cuon.jp/

ISBN 978-4-910214-48-1 C0052

K-BOOK PASSは"時差のない本の旅"を提案するシリーズです。
この一冊から小説、詩、エッセイなど、さまざまな
K-BOOKの世界を気軽にお楽しみください。